JN423008

기독교 협동조합론
- 이론적 근거와 가치 그리고 실천

기독교 협동조합론
- 이론적 근거와 가치 그리고 실천

초판1쇄 인쇄 2024년 2월 14일
초판1쇄 발행 2024년 2월 20일

지 은 이 이종원
펴 낸 이 신일희
펴 낸 곳 계명대학교 출판부
출판등록 제347-1998-1호(1970. 9. 1)
주 소 대구광역시 달서구 달구벌대로 1095
대표전화 053-580-6233
팩 스 053-580-6235
홈페이지 www.kmupress.com

ISBN 979-11-6516-199-6 93210
정가 24,000원

• 잘못된 책은 교환하여 드립니다.
• 이 책은 저작권법에 따라 보호받는 저작물이므로 책의 내용 및 이미지에 대하여
전부 또는 일부를 무단으로 복사, 복제, 배포하거나 전산 장치에 저장할 수 없습니다.

불법복사는 지적재산을 훔치는 범죄행위입니다.
저작권법 제136조(권리의 침해죄)에 따라 위반자는 5년 이하의 징역 또는
천만 원 이하의 벌금에 처하거나 이를 병과할 수 있습니다.

이 저서는 2020년 대한민국 교육부와 한국연구재단의 저술출판지원사업의 지원을 받아
수행된 연구임 (NRF-2020S1A6A4041703)

기독교 협동조합론

- 이론적 근거와 가치 그리고 실천

이종원

계명대학교 출판부

머리말

이 책은 한국연구재단의 저술출판지원사업을 받아 수행한 연구의 결과물로서, 2014년 이후 최근까지 진행된 연구의 결과물이다. 필자가 이 책을 쓰게 된 계기는 계명대학교로 오기 전, 한일장신대학교의 신학부에서 교수로 지낼 때부터 시작되었다. 당시 신학부 교수 3명이 전라북도의 지원을 받아 〈기독교 협동조합 자료집〉을 내게 되었는데, 이때 필자는 "기독교 윤리적 관점에서 본 기독교 협동조합"이라는 부분을 맡아 집필에 참여하였다.

계명대학교로 옮긴 후 〈희생양과 호모 사케르〉라는 주제로 2년 동안 한국연구재단의 인문저술지원사업을 수행하게 되었고, 1년 간의 교정과 윤문을 거쳐 저서를 완성하게 되었다. 그 와중에 틈나는 대로 이전에 집필했던 협동조합 자료집을 바탕으로 기독교 협동조합에 관한 연구를 심화하고 확장하면서 여러 편의 논문을 학술지에 실을 수 있었다.

2016년에 "기독교 협동조합의 가능성"이라는 주제로 「신학과사회」 30집 2호에 발표하였고, 2017년에는 "기독교 윤리적 관점에서 본 사회적 협동조합"으로 「기독교사회윤리」 37집과 "성서적 관점에서 본 협동조합운동"이라는 주제로 「신학과사회」 31집 4호에 발표하였다. 2019년에는 "협력과 호혜의 윤리-공유의 비극을 넘어 협력과 호혜의 경제공동체에로"라는 주제로 「기독교사회윤리」 44집에 발표하였고, 2021년에는 "기독교 윤리적 관점에서 본 공유경제"라는 주제로 「기독교사회윤리」 50집과 "협동조합의 정의와 가치, 그리고 이념"이라는 주제로 「농촌과 목회」 83호에 발표하였다.

이러한 연구를 확장하면서 기독교 협동조합에 관한 주제로 단행본을 집필할 수 있겠다는 기대가 있던 차에 이를 기반으로 『기독교 협동조합론』이라는 주제로 한국연구재단에 저술지원사업을 신청하였는데 감사하게도 선정되었다. 그리고 2022년에는 "언택드 시대의 상생의 윤리"라는 주제로 「기독교사회윤리」52집에 발표하였고, 2023년에는 "기독교 윤리적 관점에서 본 마을공동체 운동"이라는 주제로 「기독교사회윤리」55집에 발표하였는데, 이들을 본 저서의 주제와 내용에 맞게 추가하였다.

이 책은 협력과 호혜의 윤리에 대한 이론적 고찰을 기반으로 신자유주의에 대한 새로운 경제체계의 대안으로 제시되고 있는 협동조합운동을 기독교 윤리적 관점에서 살펴보고자 기획되었다. 이를 위해 협동조합운동이 지닌 강점과 취약점들을 분석하면서 기독교 협동조합의 가능성을 모색하고 취약점을 해결할 현실적인 방안을 찾고자 한다. 먼저 협동조합운동의 이론적 기반이 되는 협력과 호혜에 대한 윤리적 고찰을 통해 협동조합과 같은 사회적 경제운동이 우리 사회를 든든하게 지탱하는 기초가 됨을 논증하고자 한다.

1부에서는 협동조합의 이론적 토대가 되는 협력과 호혜의 윤리를 기반으로 기독교 협동조합의 가치와 실천방안을 살펴보았다. 협력과 호혜의 윤리는 신자유주의적 경제구조로 인한 무한경쟁과 이기주의를 극복하는 대안으로 제시될 수 있는데, 협력과 호혜의 이론적 기초가 되는 여러 학자의 이론을 심층적으로 분석하면서 협동조합의 당위성을 강조하였다. 공유지의 비극, 인클로저 운동, 죄수의 딜레마 등과 같은 이기주의의 문제점을 주목하면서 협력과 호혜의 방식이 이러한 딜레마를 벗어나는 길임을 강조하였다. 이와 더불어 사회적 자본에 기초하여 사회적 경제의 이론적 토대를 살펴보면서 공유경제를 통해 공존과 상생의 가능성을 제시하였다.

2부에서는 성서와 기독교 역사에 기반하여 기독교 협동조합의 가치와 역할을 살펴보았다. 협동조합의 핵심 가치는 협력과 인간 존중이다. 협동조합은 자본보다는 사람을, 경쟁보다 협동을, 영리보다는 공동선을 중시한다. 이러한 점을 염두에 두고 성서와 기독교 역사를 통해 협동의 정신이 구현된 사례들을 살펴보았다.

구약성서의 안식년 제도와 희년 제도는 창조 질서의 온전성을 강조한다. 신약성서에서 예수와 제자들은 자원을 함께 공유하면서 섬김과 나눔을 실천하였다. 초대 예루살렘 교회는 평등과 자발적인 나눔과 섬김을 실천하면서 사랑과 정의를 이상적으로 구현하는 협동의 공동체를 보여 주었다.

3부에서는 기독교 협동조합의 현황을 비교 분석하면서 기독교 협동조합이 지닌 강점과 더불어 현실적인 한계와 어려움을 해결하기 위한 방안을 모색하였다. 사회적 기업, 협동조합, 사회적 협동조합 등과 같은 사회적 경제운동은 이타성과 연대성을 강화하여 공동체를 든든하게 하는 강점을 지닌다. 하지만 규모의 영세성과 지속가능성의 측면에서는 취약하다. 외국의 다양한 사례들을 비교 분석하면서 이러한 문제에 대한 현실적인 해결 방안을 모색하였다. 또한 마을공동체 운동과 연관시켜 고찰하면서 기독교 협동조합을 위한 교회의 역할을 살펴보았다.

이 책이 나오기까지 여러모로 격려해 주시고 도와주신 분들의 사랑과 섬김의 손길에 깊은 감사의 마음을 전합니다. 이 책은 그동안 필자가 쓴 기독교 협동조합과 관련된 여러 논문을 토대로 이루어졌으며, 이 모든 과정에서 한국연구재단의 저술지원사업과 계명대학교의 연구비 지원에 큰 도움을 받았습니다. 이 자리를 빌어 한국연구재단의 저술지원사업 심사자와 담당자, 그리고 계명대학교 신일희 총장님을 비롯한 연구지원처와 이 책의 출판을 위해 여러모로 도움을 준 계명대학교출판부 선생님들에게 깊이 감사드립니다.

교목실장 직무대리와 계명대학교회 담임목사, 그리고 연합신학대학원장 직무대리 보직을 맡으면서 학교의 여러 일로 분주한 저를 늘 사랑과 존경의 마음으로 격려와 응원으로 지지해 준 사랑하는 아내 류은숙에게 깊은 사랑과 감사의 마음을 전합니다. 도움이 필요할 때마다 아낌없는 도움의 손길로 용기를 불어넣는 아내는 저에게 가장 든든한 동반자입니다. 아내는 초고를 검토하면서 논지가 한 편으로 치우치지 않도록 균형을 잡아주고, 글을 매끄럽게 다듬을 수 있도록 도움을 주었습니다.

부족한 아들을 위해 묵묵히 기도하시면서 목회자로서 친히 본을 보이신 아버지와 사위를 위해 늘 기도와 격려를 아끼지 않으신 장인어른과 처가 식구들, 두 분의 누님과 두 여동생, 그리고 매형들과 매제들에게도 깊은 감사의 마음을 전합니다. 사랑하는 두 딸 수인과 수진에게도 감사와 격려의 마음을 전합니다.

궁산자락 아담스채플 연구실에서

이종원

목 차

제 II 부

기독교 협동조합의 가치와 역할

제 III 부

기독교 협동조합의 현황과 방향성 모색

제 I 부

기독교 협동조합의 이론적 토대

제 I 부

기독교 협동조합의 이론적 토대

1. 왜 기독교 협동조합인가?

1) 기독교 협동조합에 주목하는 이유

최근 협동조합은 무한경쟁, 승자독식으로 상징되는 신자유주의 체제로 안한 문제점을 해결할 효율적인 대안으로 주목받고 있다. 극심한 경쟁으로 인해 이기주의가 만연한 현실에서, 협동조합은 호혜적 이타주의와 신뢰를 기반으로 사회적 자본을 증진시키는 효율적인 방식이 되기에 장기적인 전망에서 최선의 결과를 낳는다.

협동조합과 같은 사회적 경제운동이 주목받게 된 배경에는 현 시대가 직면한 위기 상황과 맞물려 있다. 전 세계적으로 빈부격차가 점차 심화되고 있는데 자원이 희소해지고 경쟁이 심해질수록 더욱 악화될 전망이다. 또한 지구온난화, 환경오염, 핵전쟁의 공포, 자원 고갈과 빈곤, 기아 등과 같은 복잡하고 어려운 문제 상황에 직면해 있다. 이러한 문제들은 집단 이기주의가 작동하게 되면 무정부 상태로 갈등하게 되거나 죄수의 딜레마 형태를 띠게 될 가능성이 크다. 이로 인해 공유지의 비극을 초래하게 되어 인류 전체의 생존을 위협하게 된다.

자본주의는 인간의 이기적 본성을 효과적으로 자극하면서 발전하여 왔다. 자본주의 경제 체제는 개인 간, 집단 간 경쟁을 유도하여 창의성을 발휘하게 하고, 승자에게는 그에 상응하는 혜택을 부여함으로써 지속적으로 발전하여 왔다. 인센티브를 통해 탁월한 성과를 거둔 자들에게는 그에 상응하는 혜택을 부여하였다. 자본주의 경제는 성과급이나 인센티브를 통해 경쟁을 유도하여 창의성을 발휘하게 하고 효율성을 극대화시키면서 지속적인 성장을 이룰 수 있었다.

하지만 이기적 본성을 자극하여 경쟁을 부추기는 방식은 성과 못지않게 부작용을 초래하였다. 극심한 경쟁과 승자독식 체제는 양극화를 심화시키는 요인이 되었다. 경쟁에서 우월한 조건을 지닌 승자만이 독식하는 체제하에서 사회적 약자들은 공동체 안에서 설 자리를 얻지 못하고 점점 삶의 극단으로 내몰리게 되었다. 경쟁이 극심할수록 상대적으로 불리한 조건을 갖춘 약자들은 뒤처지게 되고 급기야는 삶의 극단으로 내몰리게 된다.

피터 싱어는 세계화에 편승한 자본주의가 불평등을 심화시키는데, 소수가 부를 독점하는 한편 점점 더 많은 이들이 극심한 빈곤상태로 내몰고 있는 것이 시장경제의 증상이라고 지적하였다.[01] 피터 싱어는 부의 불평등이 확대되는 증거로, 미국 상위 1%에 속하는 부자가 1993년에서 2007년 사이 미국 경제의 일인당 실질 성장의 50%를 차지했지만 2005년을 기준

---

01 Peter Singer, 이재경 옮김, 『효율적 이타주의자』 (파주: 21세기북스, 2016) 73.

으로 하루 2.5달러로 살아가는 사람들이 전체 인류의 절반이나 된다고 지적하였다.[02]

이러한 양극화는 제레미 리프킨이 경고한 '노동의 종말' 시대를 맞이하여 더욱 심해질 전망이다. 전문기술이 세분화되고 노동시장에서 분업화가 진행되면서 경제는 성장하지만, 고용과 일자리는 오히려 줄어들고 있다. 기계화, 자동화로 인하여 노동자들의 일자리를 컴퓨터와 자동화 기계가 대체해버림으로써 "고용 없는 성장"이 가속화될 전망이다. 이로 인하여 사람들의 삶은 점점 메말라가고, 삶의 질도 점점 떨어지게 될 것이라는 우려가 현실화되고 있다.

토마스 홉스에 따르면, 국가가 존재하기 이전의 삶은 외롭고 역겹고 거칠고 궁핍할 수밖에 없었는데, 자연 상태(state of nature)의 인간들은 서로 경쟁하는 이기적인 존재로서 만인의 만인에 대한 투쟁이었다. 이른바 강자만이 살아남는 정글의 법칙이 지배하던 시대였다. 점점 심해지는 경쟁과 줄어드는 일자리는 정글 같은 세상에서 살아남기 위해서 좀 더 이기적이며 비협력적으로 유인하는 환경적 요인이 된다. 이러한 현상은 이미 우리 사회에서 '헬조선'이라는 청년 일자리 부족현상으로 나타나 사회갈등과 분열의 요인이 되고 있다. 따라서 경쟁을 부추기고 승자만이 독식하는 자유시장적 경제 질서는 효과적인 경제체계라고 볼 수 없다.

최근 자유시장적 경제 질서의 부작용을 보완하는 개념으로 사회적 기업, 협동조합, 사회적 협동조합 등과 같은 호혜와 협력, 공존과 상생의 가치를 구현하려는 사회적 경제 운동이 새롭게 조명되고 있다. 이러한 협력에 기반을 둔 경제운동들은 경쟁을 조장하는 이기적 본성 보다는 이타적

---

02 Peter Singer & Jon Elster, 유강은 옮김, 『기빙웰』 (서울: 이매진, 2017), 13.

성향에 기반을 둔 경제운동이라 할 수 있다. 협력과 호혜는 경쟁 중심의 이기적인 구도에서 탈피하여 이타주의(altruism)에 기반하여 공동의 선을 추구하도록 이끈다는 점에서 강점을 지닌다.

협력과 호혜의 윤리가 부각되는 이유는 현시대가 직면한 위기 상황과도 맞물려 있기 때문이다. 공유지의 비극으로 비유되는 기후변화와 지구온난화, 자원 고갈이나 군비경쟁으로 인한 핵 확산, 난민 문제 등과 같은 국제적인 이해관계가 얽힌 문제들은 해결하기가 쉽지 않다. 이들 문제들은 독립적이고 이기적인 국가들 사이에서 조정하기가 쉽지 않고, 집단적 이기주의가 작동하게 되면 무정부 상태가 되거나 죄수의 딜레마로 빠져들어 갈등과 혼란만 가중시킬 수도 있기 때문이다.

협력과 호혜에 기반을 둔 사회적 경제운동은 모든 것이 하나님께로부터 주어진 은혜의 선물이며, 우리는 단지 청지기일 뿐이라는 자의식에서 시작된다. 지혜롭고 충성스러운 청지기로서 최선을 다하여 함께 협력하여 거둔 성과를 서로 공유하며 기쁨으로 나누는 것이다. 이것이 바로 성령 안에서 누리는 의로움과 평화와 기쁨이 넘치는 하나님 나라(롬 14:17)의 이상이다.

사회적 경제운동은 경쟁 위주에서 벗어나 서로 간의 협력과 호혜를 통해 상생을 모색한다는 점에서 현 자본주의 경제 질서에 대한 하나의 대안이 된다. 기업의 사회적 책임을 강조하고 사회공헌 활동을 장려하는 것은 나눔과 상생을 통해 지속가능한 경제를 건설하는 지름길이다. 우리 역사에서도 두레, 품앗이, 계 등과 같이 호혜적 이타주의를 기반으로 한 협동조직이 존재해 왔다. 이들은 모두 신뢰를 기반으로 하는데, 신뢰는 사회적 자본의 근간이 된다.

경제적 양극화가 심화되면서 갈등과 분쟁이 촉발되는 위기를 해소하는 방안으로 국제사회는 새로운 경제모델로서 협동조합과 같은 사회적 경제운동을 주목하고 있다. 협동조합은 영리보다는 사람이 중심이 되어 운영되는 경제모델로서, 사람과 사람 사이의 인적 네트워크가 기반이 되는 사업 분야에서 강점을 지닌다. 협동조합은 서로 간의 신뢰를 바탕으로 호혜를 추구하며 공동체를 든든히 세우는 기반이 된다. 경제란 경세제민(經世濟民)의 약자로서, 세상을 다스리고 백성을 구하는 것이다. 경제가 구현하려는 본질적인 가치는 사람이 중심이 되어 서로 협력하는 가운데 공동체를 든든히 세워나가는 것이다.

협동조합은 공동체성이 강하다. 공동체를 뜻하는 라틴어 코뮤니타스(communitas)는 '함께'라는 뜻의 'cum'과 '의무, 책임, 선물' 등을 뜻하는 'munus'의 조합인데, 공동체란 '의무나 책임, 선물 등을 함께 공유하는 집단'을 의미한다.[03] 협동조합이 지닌 공동체적 성격은 신뢰, 호혜, 연대, 충성과 같은 사회 심리적 구성요소를 갖는다. 협동조합은 구성원 서로 간에 선의와 연대성을 증진시키기 때문에 샬롬의 공동체를 효과적으로 구현하는 방법이 된다.

협동조합은 기독교적 가치관을 토대로 형성되었으며, 기독교인들은 초창기 협동조합의 태동과 발전에 크게 기여하였다. 협동조합은 경쟁과 영리추구에서 벗어나 협력을 통해 상생을 모색한다는 점에서 강점이 있다. 협동조합은 자발적인 참여와 책임을 근간으로 공익적 가치를 추구하면서 기득권을 가진 1%가 아니라 99%를 위한 공정하고 평등한 세상을 만들기 위해 힘쓴다. 협동의 길은 정의로운 사회를 향한 자유롭고 질서정연한 변

---

03 정헌목, "증여의 네 번째 의무," 『비교문화연구』 24(2), 2018년 8월, 494.

천을 도모하게 한다. 그런 점에서 협동조합은 사랑과 정의, 화해와 협력을 강조하는 성서적 가치관을 잘 드러내며 교회의 대사회적 역할과 책임을 구현하는 효과적인 수단이 된다.

협동조합은 경제적인 이윤추구를 넘어 공익의 가치를 추구하고, 승자독식이 아닌 공동체를 기반으로 한다. 또한 정부나 시장에 의존하는 것이 아니라 시민의 자발적인 참여와 책임을 근간으로 1%가 아니라 99%를 위한 공정하고 평등한 세상을 만들어간다. 과거에는 국가가 경제발전을 주도하고 기업이 중심이 되어 경제활동이 진행되었다면, 이제는 시민기반의 새로운 균형자의 역할이 필요하게 되었다. 신자유주의로 인한 시장의 위기를 극복하기 위한 경제 활동은 공정무역, 사회적 기업, 윤리적 소비와 같은 공동체주의를 기반으로 하는 경제활동이라 할 수 있다. 그런 점에서 협동조합은 구조적 실업 문제에 대한 효과적인 대안임과 동시에 빈부갈등과 경제적 양극화를 해소할 수 있는 대안적인 경제활동이다. 연대의 경제, 공유의 경제라고 불리는 협동조합은 경제 민주화를 실현하는 효과적인 도구이자, 상생의 경영과 보편적 복지를 실현한다는 점에서 신자유주의와 금융 자본주의의 폐해를 극복할 대안이 되고 있다.

우리나라의 경우 2012년 12월 협동조합기본법이 시행된 후 협동조합에 대한 관심이 높아지면서 수많은 협동조합이 지역마다 마을 공동체 사업의 형태로 생겨나 활발하게 진행되고 있다. 지방 자치단체에서도 지역의 새로운 일자리 창출에 대한 기대 때문에 협동조합에 주목하면서 다양한 지원 대책을 마련하고 있다.

엘리너 오스트롬(Elinor Ostrom)은 『공유의 비극을 넘어』에서 정부도 시장도 아닌 공동체적 문제해결 방식을 제안한 바 있다. 오스트롬은 협동조합을 통해 경제 거버넌스 또는 경제민주주의에 이르는 제3의 대안을 제시하였다. 다수의 경제주체들이 공익에 반하지 않으면서 사익을 추구하는, 그래서 정부의 실패도 시장의 실패도 발생하지 않을 제3의 대안을 모색하게 되는데, 협동조합은 국가와 시장 사이의 제3섹터의 경제해법으로 사회적 경제(social economy)와 함께 관심을 모으고 있다.

그동안의 국제 금융위기와 유럽 재정위기 속에서도 유럽연합(EU)의 25만 개 협동조합은 540만 개 일자리를 만듦으로써 스스로의 생명력을 입증하였다. 전 세계 상위 300대 협동조합은 2012년 한 해 동안 1조 6,000억 달러의 매출을 올렸다. 그리고 유럽 4대 경제대국 스페인의 국내총생산(GDP)을 앞질렀다. 현재 전 세계적으로 협동조합원 수는 8억 명 이상이고, 시장자본주의 사회인 미국에도 4만 7,000개의 협동조합이 1억 명의 조합원에게 서비스를 제공하는 것으로 알려져 있다.

따라서 기계화 자동화로 인해 일자리가 점점 사라지고, 경쟁이 점점 치열해지면서 이기주의가 범람하는 현실에서 모두가 공존하고 상생하기 위해서는 협력과 호혜의 방식이 최선의 방책임을 논증하고 확산시킬 필요가 있다. 개인이나 집단 간 경쟁을 통해 이기심을 자극하고 부추기는 사회는 위험사회로 가는 지름길이다. 공동체가 지속되기 위해서는 이기적인 성향을 지닌 개인보다는 이타적인 성향을 지닌 이들이 많아야 한다. 또한 공동체 내의 개인들로 하여금 이기적인 성품을 자극하고 조장하기보다는 이타적 성품으로 타인을 배려하고 존중하면서 함께 협력하도록 교육과 계몽이 이루어질 필요가 있다. 어느 공동체 내부에서나 발생하게 되는 긴장이나 갈등을 평화로운 방식으로 해결하는 것이 공동체의 공존 가능성을 높이고 공동체를 든든하게 만든다. 그런 점에서 호혜적 이타주의를 근간으로 하는 기독교 협동조합은 공동체를 든든하게 만들고 풍요롭게 가꿀 수 있는 가치 있는 운동이다.

2) 협동조합과 관련된 선행 연구

(1) 협력과 호혜에 관한 선행 연구

협력과 호혜에 관한 연구는 사회생물학계에서 진행되어 왔다. 사회생물학은 인간의 행동은 유전자가 지배한다는 전제하에 협력을 진화론적 관점에서 분석한다. 마틴 노왁(M. Nowak)은 『초협력자(supercooperators』에서 죄수의 딜레마에서 벗어나 협력을 모색하기 위한 5가지 방법으로서 혈연 선택(kin selection), 직접 상호성(direct reciprocity), 간접 상호성(indirect reciprocity), 그래프 선택(graph selection), 집단 선택(group selection)을 제시하였으며, 액설로드(R. Axelrod)는 『협력의 진화(The Evolution of Cooperation, 2009)』에서 반복적인 죄수의 딜레마 게임을 풀어가는 과정에서 팃포탯(Tit for Tat) 전략을 통해 협력의 타당성을 입증하였다. 팃포탯 전략은 현실에서 효과적인 전략은 채택되어 쓰이고 효과 없는 전략은 버려지고 도태되는데, 이러한 전략 시뮬레이션을 통해 팃포탯 전략이 최종적으로 승리하여 가장 유용한 전략임을 알 수 있었다. 따라서 진화적 관점에서 볼 때 협력이 진화할 수 있었으며, 진화적으로 가장 적합하고 유용한 전략으로 발전하였음을 보여주었다.

윌리엄 해밀턴(W. D. Hamilton)은 사회행동의 유전적 진화에서 포괄적 적합도라는 개념을 도입하였으며, 로버트 트리버스(R. L. Trivers)는 상호적 이타주의를 주장하였다. 상호적 이타주의란 상호작용이 빈번하게 반복될 경우, 개인들은 미래의 보답을 기대하면서 도움을 제공하는 상호부조를 통해 자신의 적합도를 높일 수 있다. 또한 에드워드 윌슨(E. O. Wilson)은 사회생물학적 관점에서 윤리와 이타주의, 종교적 신념 등은 인간 본능이 유전자 풀 내에서 준비된 학습을 거치며 문화적 진화를 거듭해 온 것이라고 주장하였다. 피터 싱어(P. Singer)는 이타심과 윤리의 발전은 이성의 발전과 밀접하게 관련된다고 하였다. 마이클 토마셀로(M. Tomasello) 또한 협동심과 이타성은 어린아이부터 이미 유전적으로 누적되어 있어서 태어나자마자 이를 실천적으로 행동하며, 이러한 이타성과 협력은 소통을 통해서 구체화된다고 하였다.

국내 연구로는 임동욱과 최정규의 연구가 대표적인데, 임동욱은 『소통과 협력의 진화』에서 협력의 문제를 커뮤니케이션이라는 측면에서 포괄적으로 분석하면서 소개하고 있으며, 최정규는 『이타적 인간의 출현』에서 게임이론을 기반으로 인간 본성에 내재하는 이기성과 이타성이 충돌하면서 진화해가는 과정을 소개하고 있다.[04] 이러한 연구들은 협력이나 이타주의적 진화생물학적으로 우월한 전략이라는 점을 보여준다. 하지만 호혜와 이타주의와의 긴밀한 논리적 연관성에 대한 설명은 부족하다고 생각된다.

협력과 호혜를 현실 경제와 연관시킨 학자는 경제사상가인 샤를 지드(Charles Gide)와 칼 폴라니(Karl Polanyi)를 들 수 있다. 지드는 순수 경제학과 사회 경제학을 구분하였는데, 순수 경제학이 부의 생산과 인간과 물질, 사물과의 관계에 대한 연구라면, 사회 경제학은 사회 조직들의 형태, 법, 관습 혹은 사회적 환경을 개선하는 데에 목적을 둔 관계에 대한 연구라고 보면서 협동조합이나 공제조합과 같이 이타적인 협력과 상호 부조의 정신에 의해 운영되는 기업을 사회적 경제로 보았다. 칼 폴라니는 물질적인 경제 가치에 치중하여 거래되는 것만을 대상으로 삼는 시장경제에 반기

04 임동욱, 『소통과 협력의 진화』 (서울: 커뮤니케이션북스, 2015). 최정규, 『이타적 인간의 출현』 (서울: 뿌리와 이파리, 2010).

를 들고 호혜성(reciprocity), 재분배(redistribution), 교환(exchange), 공정, 평등과 같은 개념을 도입하여 돌봄의 경제를 주장하였다.

협력과 호혜를 사회적 자본과 연관시켜 해석한 학자는 피에르 부르디외(Pierre Bourdieu), 제임스 콜먼(James S. Coleman), 로버트 퍼트남(Robert D. Putnam), 니콜라스 실벤(Nicolas Sirven) 등이 있다. 부르디외는 자본을 경제적 자본, 문화적 자본, 사회적 자본으로 구분하면서 사회적 자본이란 특정 집단의 구성원이 됨으로써 획득하는 실제적인 혹은 잠재적인 자원의 총합으로 보았다. 콜먼은 사회적 자본을 물리적 자본과 인적 자본과 구별되는 새로운 유형의 자본으로 보면서, 사회적 자본의 기능에 주목하였다.

퍼트남은 사회적 자본을 상호이익을 위한 협력과 협동을 촉진하는 네트워크, 규범, 그리고 사회적 신뢰와 같은 사회 조직의 특성이라고 정의내리면서 사회적 자본을 사회 공동체의 유지와 발전에 필요한 전제조건으로 보았다. 퍼트남은 시민들이 공식적으로 자원 조직에 참여함으로써 신뢰, 절제, 합의, 호혜성과 같은 시민적 덕목과 민주적으로 토론하고 조직을 운영하는 능력을 교육받을 수 있게 된다고 보았다.

실벤은 인적 자본의 사회적 구성요소로서 사회적 자본을 규정하면서, 이는 집단에 속하는 행위 규범과 같은 사회적 강제력이 사회적 상승 현상(multiplier phenomenon)을 통하여 개인에게 영향을 미칠 뿐만 아니라, 무임승차를 줄이고 교환 비용을 줄인다고 보았다.

이러한 연구들은 협력과 호혜의 윤리를 현실 경제와 연관시켜 해석한 점에서 의의가 있지만 대부분 특정 분야에 치우쳐 있는 실정이다. 이를 보다 현실적인 차원에서 죄수의 딜레마나 공유지의 비극에 빠진 현실 사회의 제반 문제들과 접목시킨 연구는 아직 미진한 실정이다.

(2) 협동조합운동에 관한 선행 연구

협동조합운동에 대한 연구로는 김형미의 공동체운동이란 무엇인가-한국생활협동조합운동을 중심으로」, 김기섭의 『깨어나라 협동조합』, 정태인의 『협동의 경제학』 등의 연구가 주목된다. 이들은 주로 생협(생활협동조합)이나 아이쿱 등과 같은 한국의 협동조합운동에 직접 관여하면서 현장에서 경험했던 협동조합의 현실들을 한국적인 상황에 접목시키고 있다는 점에서 주된 특징이 있다. 이러한 연구들은 협동조합의 유래나 역사에 대한 전반적인 이해를 돕고, 협동조합의 정신과 가치를 일깨우는 측면에서는 유용하지만, 협동조합이 실제 현장에서 구현될 때 발생하는 현실적인 어려움에 대한 세밀한 분석이나 그 해결책을 제시하는 부분에 있어서는 한계를 보인다.

실례로 우리나라의 고용노동부 인증 사회적 기업이 800곳인데, 2007년 이후 5년 남짓 성과를 보면 협동조합이 처한 현실적인 어려움이 여실히 드러난다. 2013년 2월에 발표된 자본시장연구원 자료에서는 2012년 11월 말까지 인증 사회적 기업 723곳 가운데 영업이익을 내고 있는 곳은 79개로 16%에 지나지 않는다. 사회적기업의 이런 저조한 실적은 현재 진행되고 있는 협동조합의 미래와 직결되기에 우려가 제기된다. 정부와 지자체에서 협동조합의 판로개척과 경영지원을 돕지 않으면 자생적으로 버티기가 수월치 않다. 이러한 어려움들은 협동조합이 현실세계에서 존재할 때 생겨나는 상황적 한계라고 할 수 있다.

협동조합의 이념과 협동의 정신에 관한 개괄적인 연구로는 이바노 바르베리니(Ivano Barberini)의 『뒤영벌은 어떻게 나는가?』, 에드가 파넬(Edgar Parnell)의 『협동조합 그 아름다운 구상』, 스테파노 자마니와 베라 자마니의 『협동조합으로 기업하라』 등이 있으며, 협동조합의 역사를 조명하는 연구로는 윤형근의 『협동조합의 오래된 미래 선구자들』, 김성오의 『몬드라곤의 기적』 등이 있다. 이러한 연구들은 서구의 오래된 협동조합의 역사를 통해 협동조합의 장점과 이상적인 모델을 제시하고 있지만, 협동조합운동의 근간이 되는 사상적 뿌리를 깊이 있게 다루지 못한 한계가 있다.

앤드류 매클라우드(Andrew McLeod)는 성서적 관점에서 협동조합을 조명하였다. 그는 구약성서에서부터 신약성서에 이르기까지 협동의 정신이 성서 속에 흐르고 있음을 논증하면서, 교회 역사 속에서 등장하는 협동의 공동체와 이러한 정신을 계승하고 있는 오늘날의 협동조합운동을 소개하면서 협동조합 운영에 관한 지침을 제공한다. 하지만 맥클라우드는 협동조합에 대하여 개괄적으로 소개하는 차원에 머물러 있고, 협동조합이 직면한 현실적인 문제점에 대해서는 세밀하게 다루지 못한 한계를 드러낸다.

국내에서의 기독교 협동조합에 대한 연구는 활발하게 진행되고 있지만 아직 단편적인 연구에 머물러 있어 좀 더 폭넓고도 실천적인 연구가 요청된다. 기독교적인 관점에서 협동조합을 집중적으로 조명한 연구는 『기독교사상』 655호(2013년 7월)에서 특집으로 다룬 부분이 주목된다. 여기서 손은정은 영등포산업선교회를 중심으로 우리나라 협동조합운동의 실태와 한계와 과제를 다루었고, 이혁배는 협동조합의 한계와 가능성을, 정재영은 협동조합운동의 기독교적 가치와 선교적 가능성을, 최혁진은 사회적협동조합의 등장과 교회의 역할을, 한경호는 한국기독교 협동조합운동의 역사와 성격을, 김형미는 협동조합운동에 스며든 기독교사상을 약한 자에게 권능을 부여하는 우애의 경제조직으로 보았다.

가가와 토쿠아키는 일본의 협동조합 운동에 공헌을 했던 가가와 도요히코(賀川豊彦, 1888-1960)의 협동조합운동을 조명하면서 그의 사상을 고찰하였다. 가톨릭에서는 『사목정보』에서 협동조합을 조명하였는데, 김기태가 협동조합과 지역사회 공동체 발전을 위한 협동조합의 역할을 농촌지역과 도시지역을 중심으로 연구하였고, 정재돈의 "왜 협동조합인가?", "한국의 협동조합운동과 국내외 협동조합 모범사례", "가톨릭교회의 가르침과 협동조합운동의 전망" 등을 통해 협동조합을 조명하면서 앞으로의 전망을 고찰하였다. 이러한 연구들은 그동안 진행되어 온 협동조합운동을 이해하는데 기초 연구가 될 뿐만 아니라 앞으로의 방향 설정을 위한 중요한 지침을 제공하고 있다.

기독교윤리적 관점에서 협동조합을 고찰한 연구로는 고재길의 "협동조합의 기독교사회윤리적 함의"와 강정희의 "기독교윤리적 관점에서 본 공유의 경제와 협동조합"과 조용훈의 "협동조합운동에 대한 기독교윤리적 이해" 등이 있다.[05] 고재길은 협동조합의 개념, 가치, 원칙들이 갖는 의미를 분석하였으며, 조용훈은 기독교적 가치를 실현하는데 첫걸음이며 시험장으로서 협동조합운동의 의미를 강조하였다. 또한 강정희는 계시로서의 성경과 교회 전통의 관점에서 협동조합을 조명하였다. 하지만 이러한 연구들은 특정 주제에 관한 단편적인 논의에 그칠 뿐 협동조합이 기반하고 있는 이론적 근거를 폭넓게 고찰하면서 협동조합이 직면한 현실적인 문제점과 그 해결방안에 대해서는 심도 있게 고찰하지 못하고 있다.

최근 이현웅의 『기독교 협동조합: 함께 사는 세상 함께 하는 교회』는 기독교협동조합의 역사와 목회의 실천 현장으로서의 교회에 대한 이해를

---

05 고재길, "협동조합의 기독교사회윤리적 함의," 『선교와 신학』 3 (2016). 강정희, "기독교윤리적 관점에서 본 공유의 경제와 협동조합," 『신학과사회』 30/4, (2016).

기초로 목회 실천을 위한 하나의 대안으로서 협동조합을 개괄적으로 소개하고 있다. 변화하는 시대에 교회가 함께 하기 위해서는 협동조합에 참여하는 것이 바람직하다고 강조하였다. 그동안 기독교 신학계에서 기독교협동조합에 관한 다수의 논문들은 있었으나 기독교협동조합이라는 주제로 협동조합의 역사를 고찰하고 성서와 교회사에 기초하여 협동조합의 발자취를 폭넓게 소개한 이현웅의 연구는 매우 의미 있다. 하지만 기독교협동조합이 어떤 의미에서 필요하며, 기독교협동조합의 정신과 가치가 어떤 방식으로 구현되어야 하는지에 대해서는 폭넓게 논의하지 못하고 있다.

(3) 마을공동체운동에 관한 선행 연구

마을공동체와 마을 목회와 관련한 연구 활동은 대한예수교장로회 통합교단을 중심으로 총회한국교회연구원(소장 노영상)의 활동이 괄목할만한 성과를 내고 있다. 대한예수교장로회 통합교단은 제102회기(2017/2018년) 총회 주제를 '거룩한 교회, 다시 세상 속으로'라고 정하고, 실천전략과 대안으로 '마을 목회'를 제시하였다.

총회한국교회연구원이 중심이 되어 지금까지 발간한 도서로는 약 22권이 있으며[06], 앞으로 마을 목회와 공동체주의, 협치, 마을학교, 주민자치,

---

06 1. 총회한국교회연구원, 『마을 목회 매뉴얼』(2017). 2. 조용훈, 『마을공동체와 교회공동체』(2017). 3. 김도일, 『더불어 행복한 가정 교회 마을 교육공동체』(2018). 4. 성석환, 『지역공동체와 함께 하는 교회의 새로운 도전들』(2018). 5. 노영상 편, 『마을교회와 마을 목회 이론편』(2018). 6. 노영상 편, 『마을교회와 마을 목회 실천편』(2018). 7. 김도일 편, 『성경공부 제1권: 하나님 나라를 구현하는 마을 목회』(2018). 8. 한국일 편, 『성경공부 제2권: 마을과 함께하는 교회』(2018). 9. 신정 편, 『성경공부 제3권: 주민과 더불어 마을 목회 실천하기』(2018). 10. 노영상 편, 『성경공부 제4권: 세상을 살리는 마을 목회』(2018). 11. 한경호 편, 『협동조합운동과 마을 목회』(2018). 12. 한국기독교사회복지실천학회 편, 『마을 목회와 지역사회복지』(2019). 13. 한경호 편, 『마을을 일구

사회적경제, 나눔의 경제, 공유주택, 샬롬도시운동 등 다양한 주제로 발간할 계획을 세우고 준비 중에 있다.

총회한국교회연구원은 마을 목회의 위기를 해결함과 동시에 혁신적인 지역 선교에 활기를 불어넣고자 마을공동체와 마을 목회에 대한 신학 이론과 모범 사례를 지속해서 소개하고 있는데, 이는 한국교회의 대사회적 책무와 연관하여 매우 시의적절하며 의미 있는 노력이라 할 수 있다.

성석환은 공공신학의 측면에서 접근하여 지역공동체 세우기를 통한 선교적 공공성의 실천을 강조하였다.[07] 정재영과 조성돈은 실천신학적 관점에서 농촌교회의 지역공동체 운동에 대한 관심과 참여를 강조했다.[08] 조용훈은 협동조합운동에 대한 기독교윤리적 이해를 폭넓게 조망하면서 협동조합운동의 핵심 가치와 목표, 조직 원리를 고찰하였다.[09] 또한 그는 마을공동체 운동이 지닌 윤리적 가치를 공동체성과 지역성, 지속가능성으로 강조하면서 마을기업을 중심으로 마을만들기 운동의 사례들을 소개하였다.[10] 김혜령은 마을만들기 운동에서 시민사회의 동반자로서 한국교회가 제 역할을 하지 못하고 있는 현실을 비판하면서 마을만들기 운동의 참여

는 농촌교회들』(2019). 14. 노영상 외, 『마을 목회개론』(2020). 15. 오상철, 『사회적 봉사와 섬김을 중심으로 한 한국교회 통계조사』(2020). 16. 송민호, 『나는 선교적 교회를 믿는다』(2020). 17. 노영상 편, 『온누리교회의 더 멋진 세상 만들기 선교』(2020). 18. 유미호, 『생명살림 마을교회』(2020). 19. 총회한국교회연구원 편, 『마을 목회의 프런티어 교회들』(2020). 20. 노영상·김도일 편, 『마을을 품고 세상을 살리는 프런티어 목회』(2021). 21. 노영상 편, 『코로나19 팬데믹 시대의 마을 목회와 교회건물의 공공성』(2021). 22. 가정교회마을연구소 편, 『전 세대와 소통하는 선교적 교회 교육』(2022).

07 성석환, 『지역공동체와 함께 하는 교회의 새로운 도전들』(서울: 나눔사, 2020).

08 정재영·조성돈, 『더불어 사는 지역공동체 세우기』(서울: 예영커뮤니케이션, 2010).

09 조용훈, "협동조합운동에 대한 기독교윤리적 이해," 『기독교사회윤리』 33, (2015. 12), 349-377.

10 조용훈, "지역공동체운동을 통한 농촌교회 활성화 방안-마을기업을 중심으로," 『장신논단』 49/4 (2017), 166-189. 조용훈, "사회윤리적 관점에서 본 지역교회의 마을공동체 운동," 『선교와 신학』 44 (2018), 43-70

자로서 마을교회의 역할을 고찰하였다.[11]

이러한 선행 연구들은 마을만들기, 마을기업, 마을 목회 등과 같은 주제와 연관해서 지역공동체와 함께 하는 교회의 역할이나 선교적 사명을 환기시킨 점에서 의의가 있지만 마을공동체 운동이 농촌운동이나 도시빈민선교, 민중교회운동과의 연계선상에 있다는 점을 주목하지 못했으며, 교회가 마을공동체 운동에 참여해야 할 필요성, 그리고 마을공동체 운동이 직면한 현실 문제에 대해서는 깊이 있게 다루지 못한 아쉬움이 있다.

본 저서는 다음과 같은 목적을 염두에 두고 서술하였다.

첫째, 기독교 윤리적 관점에서 협동조합운동이 기반하고 있는 협력과 호혜의 윤리와 사회적 경제의 기초가 되는 사회적 자본에 대한 다양한 학자들의 이론을 비교·분석하고자 한다. 이와 더불어 구약성서와 신약성서 속에서 협동조합이 추구하는 이상과 가치를 고찰하고, 기독교 역사 속에서 이를 실천한 모범사례들을 살펴보고자 한다.

둘째, 기독교 윤리적 관점에서 협동조합의 정신과 가치를 살펴보고 협동조합의 이상이 구현되었던 역사적인 발자취를 고찰하면서 현실에 적용 가능한 협동조합의 활성화 방안과 현실적인 문제를 효과적으로 해결하기 위한 방안을 모색하고자 한다. 이를 통해 협동조합이 구현하려는 협동의 정신은 성서에서 강조하는 화합과 연합의 정신이며, 이러한 정신을 한데 묶는 것이 아가페의 사랑임을 강조하고자 한다.

셋째, 기독교 협동조합이 진행되고 있는 현실의 다양한 사례들을 살펴보면서, 협동조합이 태생적으로 안고 있는 현실적인 문제들을 분석하고

11 김혜령, “마을공동체 운동과 마을교회,” 『기독교사회윤리』 27(2013. 12).

이에 대한 해결책을 모색함과 동시에 바람직한 모델을 통해 통찰력을 얻고자 한다. 이를 통해 경쟁을 통해 효율성을 극대화하려는 이기주의적 방식은 제로섬(zero sum)게임이 되겠지만, 호혜성에 입각하여 협력을 추구하는 이타주의적 방식은 사회적 자본을 형성할 뿐 아니라 기독교 협동조합을 더욱 활성화시키는 선순환적 경제구조를 확산시키는 포지티브섬(positive sum)게임이 됨을 역설하고자 한다.

넷째, 교회가 참여하는 협동조합 운동은 마을교회를 중심으로 마을공동체 운동과 맞물려 진행되고 있는 실정이다. 따라서 마을공동체 운동이 농촌운동과 도시빈민선교의 연장선에 있음을 주목하고, 교회가 마을공동체 운동에 참여해야 할 필요성을 살펴보면서 교회가 참여하는 마을공동체 운동 현황과 의의를 함께 살펴보고자 한다. 마을공동체 운동이 직면한 현실 문제를 살펴보면서 이러한 문제에 대한 대안을 모색하고자 한다. 이러한 과정을 통해 영리 위주의 경제활동에서 자칫 간과할 수 있는 협력과 호혜의 정신을 일깨움과 동시에 신뢰와 같은 사회적 자본을 통해 공동체의 연대를 더욱 든든히 세우는 디딤돌로 삼고자 한다.

2. 딜레마에 빠진 이기주의

1) 이기적 유전자

리처드 도킨스(Richard Dawkins)는 『이기적 유전자』에서 인간을 포함한 모든 생명체는 유전자에 의해 창조된 '생존 기계'이며, 자기의 유전자를 후세에 남기려는 '이기적인' 행동을 수행하는 존재로 보았다. 인간과 모든 동물은 "유전자에 의해 프로그램된 대로 먹고, 살고, 사랑하면서, 자신의 유전자를 후대에 전달하는 존재"일 뿐이라는 것이다.

도킨스에 따르면, 유전자는 수많은 사본 형태로 존재하는 불멸의 '자기 복제자'로서 여러 세대에 존속하는 유전 단위이자 자연선택의 기본 단위이다. 유전자는 자연선택에 성공하는 단위가 가져야 할 이기적인 특성을 지닌다. 도킨스는 자연 선택에 성공하는 유전자 단위가 지녀야 하는 특성으로서 장수, 다산성, 복제의 정확도를 제시하면서 이러한 자격요건을 모두 갖춘 실체는 종이나 집단, 개체가 아니라 유전자임을 강조하였다.[12] 자연선택이 작용할 만큼 수없이 많은 세대에 걸쳐 유전 정보를 충실히 후대에 물려주는 실체는 유전자뿐이라는 것이다. 따라서 유전자 수준에서 볼 때, '이타주의는 열세하고 이기주의는 우세하다는 것'이다.

도킨스는 생물의 다양성을 유전자의 표현형으로, 생명 개체 간의 협력을 결과적으로 유전자의 증식에 이롭기 때문에 진화적으로 안정된 전략(evolutionarily stable strategy)의 결과로 해석하였다. 그는 자연선택의

---

12 Richard Dawkins, 홍영남·이상임 옮김, 『이기적 유전자』 (서울: 을유문화사, 2011), 88.

기본 단위는 종도 그룹도 개체도 아닌 유전자이며, 우리는 유전자의 기계로 만들어져 밈(Meme)의 기계로 자라났다고 주장하였다. 또한 그는 유전적 진화와 인간의 문화적 변화 과정을 밈이라는 새로운 문화적 자기 복제자 개념으로 연결시켰다. 그는 밈의 예로서 "노래, 언어, 의복과 음식의 유행, 의식과 관습, 예술과 건축, 기술과 공학" 등을 제시하였다.[13] 그는 밈이라고 하는 문화적 유전자 역시 자연선택의 결과에서 비롯되었다고 주장하였다. 그에 따르면, 문화도 결국 유전자의 확장된 표현형인 것이다.

도킨스의 주장에 따르면, 자연계에서 이타적인 경향을 보이는 개체나 집단을 볼 수 있지만, 이러한 이타주의적 행동은 유전자의 이기주의를 효과적으로 달성하는 하나의 전략이라는 것이다. 외견상 혈연 이타주의도 유전자의 이기주의가 개체 이타주의로 그 모습을 바꾸었기 때문이며, 이타적 행위의 배후에는 이기적 유전자가 작동한 결과라고 보았다. 즉 선한 행위를 하는 이유는 궁극적으로 행위자 자신에게 즐거움(쾌락)이 존재하기 때문이며, 이는 결국 행위자의 이익을 추구한 결과라는 것이다. 따라서 외견상 이타적으로 보이는 행위도 면밀히 살펴보면, 위장된 이기성을 발견하게 된다. 새들이 부리로 서로의 깃털을 손질해 주는 아름다운 미덕 배후에는 감정이나 의지도 없는 이기적인 유전자만 있다. 따라서 도킨스는 인간의 생물학적 본성에 이타주의가 있다고 기대할 수 없기 때문에 관대함과 이타주의를 가르치지 않으면 안 된다고 주장하였다.[14]

그런데 도킨스는 유전자를 오직 자신만의 이익을 위해 수단과 방법을 가리지 않는 이기적 존재로 그리고 있는 점이 문제시된다. 도킨스의 논

---

13 같은 책, 320-325.
14 같은 책, 243.

리대로라면, 이 세상은 유전자의 이기성에 의해 프로그램된 대로 행동하는 존재들로 인해 비정한 경쟁과 속임수로 가득 찬 곳이 될 것이기 때문이다. 도킨스의 주장은 유전자 결정론과 생물학적 결정론과 맞물려 있다. 유전자 결정론은 인간의 본성이 유전자에 의해 결정된다는 주장이며, 생물학적 결정론은 인간의 행동 또한 생물학적 특성에 의해 결정된다고 보는 입장이다. 그런데 유전자 결정론이나 생물학적 결정론은 극단적인 환원주의로 빠질 위험성이 있다.

유전자만으로는 인간의 감정이나 의식을 포함한 인격성을 온전히 설명할 수 없다. 생명이란 하나의 과정이며, 복잡한 상호작용의 그물망에서 이루어진다. 따라서 생명을 올바로 이해하기 위해서는 유전자의 관점에서 벗어나서 유전자와 세포, 조직, 기관, 신체 그리고 유기체를 둘러싼 환경 사이의 상호작용까지 포함하는 유기적이고 통전적인 관점에서 접근하는 것이 바람직하다.

2) 공유지의 비극

애덤 스미스는 《국부론》에서 "우리가 식사를 준비할 수 있는 것은 정육점이나 술집, 빵집 주인들의 자비심 때문이 아니라 그들 자신의 이익에 대한 그들의 관심 때문이다. 우리가 호소하는 바는 그들의 인류애가 아니라 그들의 이기심이다."라고 하였다.[15] 애덤 스미스는 인간의 본성은 이기적(利己的)이며, 행동의 근본 동기는 이기심에 있다고 보았다. 그는 이기적인

15 Adam Smith, 최호진·정해동 옮김, 『국부론』 (서울: 범우사, 1993), 31-32.

본능이 타인에 대한 배려나 박애, 희생정신 같은 이타적인 본능보다 강력하며, 각 개인의 이익뿐 아니라 궁극적으로는 국가 공동체의 이익을 증진시키는 지속적인 동기부여의 수단이 된다고 보았다.

하지만 인간의 지나친 이기심은 탐욕을 유발하여 도덕성을 떨어뜨리고 사회적 갈등을 일으킨다. 이기심이 만연한 사회에서 사람들은 서로 믿지 못하고, 경쟁에 노출될 경우 공동체 전체에 부정적 결과를 초래하게 된다. 그 대표적인 예가 공유지의 비극이다.

(1) 공유자원의 특징

자원이나 재화는 사유재와 공유재로 나뉜다. 사유재(private goods)는 개인이 재산이나 소유권을 갖기 때문에 배제성과 경합성의 특징을 가진다. 이에 반해 공유재(공유자원)는 공동으로 소유하거나 이에 접근하여 누리는 재화나 토지를 의미한다.

공유재(common goods, commons)나 공유자원(CPRs, common-pool resources)은 공기나 물, 자연환경, 야생동물 보호구역, 천연자원에 이르기까지 모두가 공유하는 소중한 자산이다. 공유자원은 비배제성(non-exclusion)과 경합성(Contestability) 또는 편익감소성(subtractibility)의 특징을 지닌다.[16]

비배제성이란 다수가 함께 공유하면서 사용하기에 잠재적인 사용자를 배제하기가 불가능하다는 것을 의미한다. 즉 한 사람이 공유재(공유자원)

16 강은숙·김종석, 『엘리너 오스트롬, 공유의 비극을 넘어』 (서울: 커뮤니케이션북스, 2016), 2.

를 사용하는 동안 다른 사람의 사용을 막을 수 없거나 이를 막으려면 상당한 비용이 들어가게 된다.

경합성 또는 편익감소성이란 사용 빈도에 따라 자원의 총량이 점차 줄어들게 되는 특징을 의미한다. 공유하는 재화가 한정되어 있기에 개인이 사용하는 양이 증가하게 됨에 따라 다른 이가 그만큼 사용할 수 있는 양이 줄어들어, 사용의 기회나 빈도가 상대적으로 감소하는 특징을 지닌다.

공유재는 적용되는 개념이나 특징에 따라 다음과 같이 분류할 수 있다.[17]

① 공유지(commons)는 특정 개인이나 사적 집단(私的集團)이 아닌 국가나 지방자치단체 등과 같은 공공단체 등에 소유되는 토지를 의미한다.

② 공유재(common pool resource)는 다수의 개인이 공유하여 사용하는 재화를 의미한다.

③ 공유자원(common resources)은 소유권이 특정 개인에게 있지 않고, 사회 전체에 속하는 자원으로서 자연자본(自然資本) 또는 사회적 공통자본(社會的 共通資本)을 의미한다. 공기·하천·호소(湖沼) 및 국가나 지방자치단체가 소유하고 있는 토지 등이 이에 해당한다. 이를 형성하는 토지나 산하(山河)가 비록 개인의 소유일지라도, 이것이 가져다주는 아름다운 자연경관 등은 공동체 모두의 것이라고 할 수 있다. 자연적으로 형성된 것뿐만 아니라, 항만(港灣)·도로 등과 같이 공공의 목적으로 축조된 사회간접자본도 사회 전체에 속하며 모든 개인에게 필요하고 이용도 가능

---

17 이승길, "공유지의 비극과 관광공유재의 함수관계," 『관광연구저널』 31/5 (2017. 5), 77 참고.

하다. 그런 점에서 공유자원은 비배제성과 경합성의 특징을 지닌다.

④ 공공재(public goods)는 모든 사람들이 공동으로 이용할 수 있는 재화 또는 서비스를 의미한다. 그 재화와 서비스에 대하여 대가를 치르지 않더라도 소비 혜택에서 배제할 수 없는 성격을 가지며 국방·경찰·소방·공원·도로 등과 같은 재화 또는 서비스를 의미한다. 공공재는 비배재성과 비경합성(non-rival)의 특징을 가진다. 시장에서 거래되는 재화나 서비스를 이용하려면 그에 상응하는 대가를 지불해야 하는데 공공재는 시장의 가격 원리가 적용될 수 없고 그 대가를 지불하지 않고도 재화나 서비스를 이용할 수 있다는 점에서 비배제성을 지닌다. 또한 일반적인 재화나 서비스는 사람들이 이것을 소비하면 다른 사람이 소비할 기회를 줄여 사람들 사이의 경합관계에 놓이게 되지만 공공재는 사람들이 소비를 위해 서로 경합할 필요가 없는 비경합성의 속성도 가지고 있다.

공유재나 공유자원은 모두가 공유하면서 사용하기에 사용자들이 의식적으로 노력하지 않으면, 마구잡이로 사용할 가능성이 많으며(혼잡 효과), 헤프게 사용할 가능성(남용)이 많다. 공유지나 공유자원은 어디에나 존재하지만 눈에 잘 드러나지 않는 특징을 지니기에 오·남용의 가능성이 많으며 심지어는 회복이 불가능할 정도로 붕괴될 수도 있다.

(2) 무임승차의 문제

공유자원은 함께 공유하면서 공동으로 사용하거나 이용하기 때문에 사익을 추구하는 무임승차자로 인해 갈등이나 혼란을 겪을 수 있다. 무임승차자는 편익의 산출을 위해 비용은 부담하지 않으면서도 편익만을 향유하려는 기회주의자들이다. 공동의 노력으로 획득한 성과를 누리는 과정에서 무임승차를 규제하기 어려울 때 개인은 수고와 희생 대신에 무임으로 편승하려는 유혹을 느끼게 된다. 사익을 추구하는 무임승차자에 대한 아무런 규제나 통제가 없다면, 공동의 질서가 무너지면서 공동체는 혼란과 갈등에 휩싸일 수 있다. 따라서 무임승차자가 발생하지 않도록 공동체 구성원들의 자발적인 참여를 통한 자율적인 규제와 감시체제를 확립할 필요가 있다.

3) 인클로저 운동

공유지는 사익을 추구하는 자들로 인해 잠식당하면서, 공동체 정신도 함께 붕괴되었는데, 그 대표적인 예가 인클로저(enclosure) 운동이다.

(1) 존 로크의 노동가치론

존 로크는 신이 인류에게 공동으로 대지를 주었지만, 일정 정도의 사유재산은 인간들로 하여금 열심히 일하도록 동기를 부여하기 때문에 정당화된다고 믿었다. 그는 사람들이 획득할 수 있는 사유재산의 한계를 두 가지 기준으로 설정하였다. 첫째, 사람들이 노동을 통하여 생산할 수 있는 것보다 많아서는 안 되며, 둘째, 다른 사람들과 공유지를 위해 충분할 만큼 남아야 한다는 것이었다.[18] 각자가 투자한 노동력에 따라 그 자원에 대한 사적 자격을 갖는다고 주장한 존 로크의 노동가치론은 개인의 재산권,

---

18 Jay Walljasper, 박현주 옮김, 『우리가 공유하는 모든 것』 (서울: 검둥소, 2013), 111.

즉 시장 인클로저에 대한 도덕적 논리와 법적 근거가 되었다.[19] 어떤 땅을 찾아 개간하느라 노동을 들였다는 이유만으로 그 땅을 소유할 자격을 얻는다면 아직 개발되지 않는 땅은 먼저 개간하는 사람의 소유가 된다. 빈 토지(res nullius)나 황무지는 먼저 개간하여 가치 있게 만드는 이의 노동과 재능이 개입할 때만 가치가 있다는 생각이다. 그런데 이러한 생각에는 그곳에서 이미 터전을 잡고 살아가는 원주민이나 자연 생태계에 대한 고려가 전혀 없다. 황무지나 자연은 그저 사적으로 소유되어 이용될 수 있는 대상일 뿐이라는 것이다.

(2) 영국의 인클로저 운동

로크가 주장한 노동가치론에 따라 왕과 귀족, 지주들은 이전까지 일반 서민들(commoner)에 의해 자유롭게 이용되던 목초지, 삼림, 야생동물 구역, 물 등을 사유지로 전환시켰는데, 때로는 의회의 도움을 받아 토지를 몰수하거나 무력으로 빼앗기도 했다.[20] 그리하여 1600년대 후반에서 1800년대 중반까지 150년 동안 영국 전체 공유지의 7분의 1이 분할되어 사유화되었다.[21] 사유지로 전환시킨 구역에는 울타리나 담을 세워 수렵을 금지시키고 출입조차 금지시켰다. 그 결과 사회적 불평등이 심화되었는데, 가난으로 피폐해진 소작농과 평민들은 도시로 흘러들어가 산업 노동자가 되거나 도시 빈민으로 전락하였다.

---

19 David Boiler, 배수현 옮김, 『공유인으로 사고하라』 (서울: 갈무리, 2015), 157.
20 David Boiler, 『공유인으로 사고하라』, 74.
21 같은 책, 77.

(3) 미국의 홈스테드 법

영국에서 시작된 인클로저 운동은 미국에서도 비슷한 양상으로 전개되어 1862년 홈스테드 법(Homestead Act)이 제정되었다. 홈스테드 법(자영 농지법)은 미국 서부의 미개발 지역을 개척하기 위한 목적으로 백인 정착민들에게 공유지를 사유화할 수 있도록 소유권을 승인한 법으로 한 구역당 160에이커씩 무상으로 제공한다는 것이었다. 그리하여 1862년에서 1986년 동안 160만 명의 자영농이 불하받았으며, 이들의 면적은 총 2억 7천 에이커로서, 미국 총 면적의 10%에 달한다. 그런데 이 법으로 인해 수많은 원주민들이 피해를 입게 되었고, 법의 본래 취지에서 벗어나 물이나 광물 같은 천연자원을 독차지하기 위해 교묘하게 악용되기도 했다.

데이비드 볼리어(David Bollier)는 공유자원을 특정 소유자의 자산으로 귀속시키는 행위를 특수 형태의 절도 행위로 보았다.[22] 경제성의 논리로 보면 공유지를 사유지로 귀속시켜 토지를 개발하고 시장에서 거래하는 것은 토지의 생산성을 높임과 동시에 토지의 가치를 높이는 지름길이다. 하지만 공유지의 사유화는 사회 불평등을 야기하여 공동체 정신을 훼손하고 급기야는 생태 균형을 무너뜨리는 토지수탈 행위가 된다.

토지의 사유화는 지대추구(rent-seeking) 조장으로 인해 오히려 성장을 더디게 만드는 요인으로 작용하기도 하였다. 조지프 스티글리츠(Joseph Stiglitz)는 자원 부국이 자원 빈국보다 경제성장이 더딘 이유로 지대추구 때문이라고 지적하였다. 즉 풍부한 천연자원을 보유한 나라 중에는 자원 독점을 통해 부를 누리려고 한 결과, 부정부패와 자원 낭비를

22 같은 책, 72.

초래하게 되었다는 것이다.[23]

인클로저 운동은 토지에서 시작되었지만 점차 대양과 지구의 환경까지 상품화하면서 확산되고 있다. 토양과 생물 다양성의 감소, 전 지구적 기후 변화, 식량 주권의 감소, 훼손되는 자연 생태계 등은 인클로저의 확장으로 인해 초래된 결과들이다. 칼 폴라니(Karl Polanyi)는 인클로저가 진행되면서 노동, 토지, 화폐가 상품으로 재정의되고 사적 이익을 추구하게 된 것을 비판하면서 이를 허구적 상품(fictional commodities)이라고 불렀다. 칼 폴라니에 따르면, 노동이란 인간 활동의 다른 이름이며, 토지란 자연의 다른 이름이며, 화폐는 구매력의 징표일 뿐이기에 이들 중 그 어떤 것도 판매를 위해 생산되는 것이 아니기에 이들을 상품으로 묘사하는 것은 전적으로 허구라는 것이다.[24] 인간과 모든 동식물이 공존하는 자연 생태계는 대체가능한 재화와 같은 단위로 쪼개질 수 없기에 결코 상품화되어서는 안 되는데, 인간이 자신의 탐욕을 채우기 위해 거짓 상품으로 변질시켰다는 지적이다.

---

23 오영호, 『신뢰경제의 귀환』 (서울: 메디치, 2013), 102.
24 Karl Polanyi, 홍기빈 옮김, 『거대한 전환』 (서울: 길, 2009), 243.

4) 죄수의 딜레마

(1) 죄수의 딜레마가 지닌 특징

죄수의 딜레마 게임은 1950년 미국 군사연구소인 랜드연구소의 수학자 메릴 플러드(M. Flood)와 멜빈 드레셔(M. Dresher)가 고안한 비협동 게임(noncooperative game)이다.

	죄수 B 협력(묵비권 행사)	죄수 B 배신(상대의 범죄 폭로)
죄수 A 협력(묵비권 행사)	죄수 A: 2년 죄수 B: 2년	죄수 A: 5년 **죄수 B: 풀려남**
죄수 A 배신(상대의 범죄 폭로)	**죄수 A: 풀려남** 죄수 B: 5년	죄수 A: 4년 죄수 B: 4년

죄수 A와 B는 서로 의사소통이 차단된 상태에서 경찰의 조사를 받고 있다. 만약 두 사람이 서로 협력해서 범죄 사실을 은폐하면 둘은 증거불충분으로 가벼운 형을 받을 수 있다. 하지만 경찰은 죄수들에게 상대방의 범죄 사실을 밝히고 자백하면 풀어주겠다고 제안한다.(배신의 유혹) 이때 둘은 동료를 배신할지 서로를 믿고 협력할지 고민하게 된다.

만약 동료의 혐의를 밝히고 자백하면 동료는 가장 무거운 5년 형을 받는 대신 자신은 무혐의로 풀려날 수 있다. 단 동료가 범죄 사실을 숨기고 은폐했을 때(동료의 협력)만 그렇고, 만약 동료 또한 자신처럼 상대의 범죄를 밝히고 자백한다면(동료의 배신) 두 사람 모두 상호배신이 되어 무거운 형(4년 형)을 선고받게 된다. 자신이 협력하고 동료가 배신할 경우 동료는 풀려나게 되고, 자신은 멍청한 짓을 한 대가로 가장 무거운 5년

형을 받게 된다.

두 사람 모두 상대방을 의식하면서 협력과 배신 사이를 고민하다가 얼간이가 아닌 이상, 배신을 선택하는 것이 가장 합리적인 선택이라고 생각하여 배신을 선택하게 된다. 결국 양쪽 모두 상호 배신의 딜레마에 빠지게 된다. 이것을 내가 받을 이득(보상) 순으로 정리하면 다음과 같다.[25]

	상대방의 협력	상대방의 배신
나의 협력	Reward **상호 협력**에 따른 보상	Stupid(**최악**의 선택) 배신당하여 **봉으로 뜯김**
나의 배신	Temptation(최상의 선택) 배반으로 **최상의 이득을 챙김**	Penalty **상호 배반**에 따른 큰 손해

죄수의 딜레마가 지닌 첫째 특징은 네 가지 경우에서의 보수의 순서이다. 보수의 순서에서 가장 우월한 전략(dominant strategy)은 상대가 협력할 때 내가 배반하는 것이다. 반면 최악의 선택은 상대가 배반할 때 내가 협력하여 봉으로 뜯기는 것이다. 그리고 상호협력에 대한 보상은 상호 배반에 대한 처벌 보다 더 낫다. 그런데 위의 네 가지 중에서 배신의 유혹이 크다는데 문제가 있다.

보수의 크기를 비교하면 Temptation(나의 배반 & 상대의 협력) 〉 Reward(상호 협력) 〉 Penalty(상호 배반) 〉 Stupid(나의 협력 & 상대의 배반)의 순서가 된다. T(배반에 대한 유혹)가 R(상호 협력으로 인한 보상) 보다 이득이 크기에 상대가 협력한다면 나는 배신하는 것이 낫다. 또한 P(상호배반)가 S(봉으로 뜯김)보다 이득이 되기에 만일 상대가 배신한

25 Richard Dawkins, 『이기적 유전자』 341 참고.

다면 나도 배신하는 것이 낫다. 또한 T(나의 배신)가 S(봉으로 뜯김) 보다 훨씬 이득이 되기에 협력자와 배신자가 한 쌍으로 묶였을 때 내가 배신을 택하는 것이 좋다. 이러한 배신의 유혹이 없다면 협력은 가장 유리한 선택이 될 것이다.

죄수의 딜레마가 지닌 두 번째 특징은 서로 번갈아 가면서 상대를 이용하고 이용당해도 딜레마에서 벗어날 수가 없다는 것이다. 이기적인 두 사람이 '딱 한 번'만 게임을 한다면 둘 다 자신에게 유리한 배반을 선택할 것이고, 결국 서로 협력을 선택했을 때보다 낮은 점수를 얻게 된다. 여러 번 게임을 하게 되더라도 게임의 횟수가 미리 정해져 있고 이 사실을 참가자들이 알고 있다면, 서로 협력할 동기가 없어진다. 이러한 상황은 특히 마지막 게임일 때 더욱 뚜렷하게 나타난다.[26] 더 이상 게임이 없으므로 상대방 눈치를 보지 않고 배반을 선택하기 때문이다.

죄수의 딜레마는 두 사람이 하는 게임이지만 참여자의 수가 많아지면 공공재 게임이 된다. 한 사람이나 집단이 자원을 남용하면 다른 이들이나 집단이 누려야 할 이익을 가로채는 것이다. 동료가 이러한 배신에 보복하는 방식은 그들 역시 배신하는 것이고, 이는 결국 공유지의 비극으로 치닫게 된다. 그런 점에서 공유지의 비극이나 죄수의 딜레마는 협력과 신뢰를 불가능하게 만드는 외부환경적 요인이며, 이러한 딜레마에 빠져 있는 한 비극에서 벗어날 수 없다.

---

26 Robert Axelrod, 이경식 옮김, 『협력의 진화』 (서울: 시스테마, 2012), 33.

(2) 죄수의 딜레마에서 벗어나는 방법

우리는 제로섬 게임에 익숙해져 있지만 세상은 그렇지 않다. 광범위하고 다양한 상황에서 상호협력이 상호배반보다 양쪽 모두에게 이득이 될 때가 더 많다. 탁월하고 효율적인 성과를 내는 비결은 상대방을 누르고 이기는 게 아니라 상대에게서 협력을 유도하여 함께 상생하는 것이다. 죄수의 딜레마 게임에서는 이기심 때문이든 상대에게 이용당할지 모른다는 두려움 때문이든 배신을 선택할 강력한 유혹이 존재한다. 그럼에도 많은 실험들에서 상당히 많은 참가자들이 배신이 아닌 협력을 선호하여 선택하였다.[27] 양자가 모두 협력할 경우 최상의 보상은 아니지만 차선의 결과를 얻을 수 있으며(보수의 순서에서 두 번째), 어느 한쪽이 일방적으로 희생되는 최악의 상황도 피할 수 있으며 상호배신의 딜레마에서도 벗어날 수 있다.

---

27 Samuel Bowles, & Herbert Gintis, 최정규 외 옮김, 『협력하는 종』 (서울: 한국경제신문, 2016), 49.

3. 협력의 윤리

1) 협력의 이론적 토대

도킨스의 '이기적 유전자'로 인해 인간은 이기적인 유전자에 의해 본성적으로 이기적일 수밖에 없다는 오해를 낳고, 이기적 행위에 대한 합리화의 근거로 작용할 위험소지가 있다. 하지만 도킨스는 '자연선택에 의해 복제성공도가 최대화되는 실체는 유전자'라는 낯선 개념을 일반 대중들에게 쉽게 이해시키려는 의도에서 유전자를 이기적이라고 표현하였을 뿐이다.[28] 이는 과학 언어를 의인화하여 사용한 데에서 비롯된 오해이다.

(1) 요아힘 바우어

요아힘 바우어(Joachim Bauer)는 투쟁이나 생존경쟁과 같은 개념들은 경제학에서 파생되어 생물학에 적용된 인위적인 개념일 뿐이며, 자연의 투쟁이라는 다윈적 모델이 지나치게 단편화된 결과라고 지적하였다.[29] 그는 이기성보다는 협력 메커니즘이 모든 생명체의 기본이라고 주장하면서 세포 하나하나는 유전 물질, 유전 물질을 둘러싸고 있는 단백질, 세포소

---

28 도킨스는 2006년판 서문에서 '이기적 유전자'라는 제목보다는 '불멸의 유전자'라는 제목이 더 나았으리라고 언급하였다. 불멸의 유전자는 오랜 세월에 걸친 자연선택의 단위는 오직 유전자뿐이라는 저자의 원래 의도를 더 잘 전달하는 은유적 표현이다. 전중환, "진화생물학의 은유 — '이기적인 유전자'와 '스팬드럴'을 중심으로," 『대동철학』 54 (2011. 3), 127.

29 Joachim Bauer, 이미옥 옮김, 『인간을 인간이게 하는 원칙』 (서울: 에코리브르, 2007), 17.

기관, 세포막이 서로 협력하지 않으면 작동할 수 없기에 생물학의 중심에는 상호관계와 협력이 자리 잡고 있음을 강조하였다.[30]

(2) 프란스 드 발

프란스 드 발(Frans de Waal)은 영장류의 사회적 행동 연구를 통해 도덕성이 무리 간 상호작용에서 갈등 해소와 협동과 나눔을 위해 진화한 역량 중 하나라고 하였다.[31] 침팬지는 무리를 지어 영역 순찰에 나서기도 하고 일부는 협력하여 사냥하기도 한다. 또한 벌과 흰개미 등 사회적 성향을 갖는 곤충들은 높은 수준의 협력을 유지하고 있으며, 이러한 협력은 대규모 집단에서도 동일하게 관찰되고 있다.[32]

(3) 표트르 크로포트킨

표트르 알렉세이비치 크로포트킨(Князь Пётр Алексе́евич Кропо́ткин)은 귀족 출신으로 러시아의 최정예 사관학교를 졸업하였다. 그는 청년 시절 시베리아 연대에 자원하여 교통로를 개척하고 지리와 역사에 관해 공부와 탐험을 병행하면서 저명한 지리학자가 되었다. 하지만 그는 시베리아에서 정치범 수용소의 참담한 상황을 직접 경험하면서 공산주의 체제에 대한 회의와 혐오감에 사로잡히게 되었다. 이러한 체제에 대한 혐오는 그의 마음 속에서 혁명의 싹을 틔우게 되었다. 그는 스위스를 여행하다가 무정부주의자 미하

30 같은 책, 108-109.
31 Peter Singer, 『효율적 이타주의자』, 106.
32 S. Bowles & H. Gintis, 『협력하는 종』, 23.

일 바쿠닌(Michael Bakunin)을 만나게 되면서 과격한 무정부주의자로 전향하게 되었다. 러시아로 돌아온 그는 보로딘(Borodin)이라는 가명으로 혁명을 선동하는 글을 쓰다가 그만 경찰에 꼬리가 밟히게 되었고, 급기야 그는 체포되어 상트페테르부르크(Saint-Petersburg) 교도소에 갇히게 되었다.

그런데 그가 교도소에 갇힌 지 2년이 되던 어느날, 그는 상상도 못할 대담한 방법으로 탈출하여 삼엄한 체포망을 피해 망명에 성공하였다.[33] 그의 극적인 탈출은 매트 리들리(Matt Ridley)가 다음과 같이 드라마틱하게 그리고 있다.[34]

> 그가 교도소 마당을 산책하던 중, 옆 건물의 창문에서 활기찬 바이올린 연주가 울려퍼졌다. 바이올린 연주는 탈옥이 준비되었다는 그들만의 신호였다. 하지만 그는 교도소 정문과는 정반대쪽에 있었다. 그는 교도관이 눈치채지 못하게 기습적으로 탈옥해야 했는데, 한번 실수하면 끝나는 위급한 상황이었다. 그는 당장 죄수복을 벗어 던지고 교도관이 뒤쫓아 오기 전에 정문까지 내달려야 했다. 때마침 날마다 같은 시간에 실려 오는 땔감을 들여놓기 위해 교도소의 정문은 활짝 열려 있었다. 교도소 문만 벗어나면 동지들이 그를 마차에 태우고 거리를 가로질러 사라질 것이다.
>
> 이러한 탈출계획은 오래 전 한 여자 면회객이 차입해 준 손목시계를 통해 그에게 전달되었다. 손목시계 속에는 앞으로 진행할 치밀한 탈출계획이 암호로 적혀 있었다. 탈출계획에 따르면, 동지들은 3Km쯤 되는 거리 곳곳에 잠복해서 저마다 담당한 구역의 도로 상황을 비밀 신호로 주고 받으면서 탈출을 돕기로 한다는 내용이었다. 바

33 Matt Ridley, 신좌섭 옮김, 『이타적 유전자』 (서울: 사이언스북스, 2017), 11-12.
34 같은 책, 10-11.

이올린의 활기 넘치는 콘스키(Konski) 마주르카 연주 소리는 이 모든 탈출 준비가 끝났다는 신호였다.

그는 떨리는 걸음으로 정문 방향으로 발길을 돌려 천천히 걷기 시작했다. 산책로 끝에 다다랐을 때, 그는 뒤따라오는 교도관을 흘깃 훔쳐보았는데, 교도관은 다섯 걸음 뒤에서 따라오고 있었다. 갑자기 그는 무거운 수의를 벗어 던지고는 정문을 향해 쏜살같이 내달리기 시작했다. 깜짝 놀란 교도관은 소총을 휘두르며 그를 대검으로 찌르려고 뒤쫓아왔다. 그가 사력을 다한 덕분인지, 그는 교도관보다 몇 발짝 앞서 있었고, 열린 정문 사이로 비밀 혁명 당원인 동지의 얼굴을 알아보고는 마차에 뛰어올랐고, 마차는 쏜살같이 내달리기 시작했다.

마침 그의 동료들이 인근의 마차를 모두 매수한 덕분에 거리는 텅 비어 있었다. 그가 탄 마차는 뒤쫓아오는 추격대를 따돌리고 도시의 거리 속으로 유유히 사라졌다. 그는 먼저 이발소로 가서 수염을 말끔히 밀어버리고, 저녁 무렵에는 비밀경찰이 꿈에도 의심하지 못할 최고급 레스토랑에서 만찬을 즐기고는 다음날 이웃 나라로 망명했다.

크로포트킨은 오랜 세월이 흐른 뒤 자신이 누리는 자유가 저절로 주어진 것이 아님을 깨달았다. 면회를 통해 손목시계를 넣어준 여자와 바이올린을 연주한 여자, 마차를 몰았던 동료와 마차 뒤에 앉아 있던 의사, 마차가 도주하는 동안 길이 막히지 않게 도와준 수많은 동료들의 용기와 협력 덕분이었음을 깨달았다. 그의 동료들이 힘을 모아 한 치의 오차도 없이 일사분란하게 협력했기 때문에 그는 삼엄한 감시망을 뚫고 무사히 탈옥할 수 있었다. 이러한 기억은 오랜 동안 그에게 남아 상호부조와 협력에 관한 이론으로 발전하였다.

크로포트킨에 따르면, 상호부조(mutual aid)는 자연의 법칙이며 진화의 중요한 요소다.[35] 그는 자연에는 상호 투쟁의 법칙과 별도로 상호부조의 법칙이 있다고 보면서 협력과 연대에 기초한 상호부조가 인간 사회를 이끌어 온 힘이라고 보았다. 삶을 위한 투쟁에서 성공을 거두기 위해서, 특히 종의 발전적 진화를 위해 상호부조는 상호경쟁보다 훨씬 더 중요하다. 동물들은 상호부조와 상호지지(mutual support)를 통해 경쟁을 배제하고 보다 나은 생존 상태를 만들어간다. 유전자가 협력해서 염색체를 만들고, 염색체는 협력해서 게놈(genome)이 되고, 게놈은 협력해서 새로운 세포를 형성하고, 세포가 협력해서 복합 세포를 만들고, 복합 세포가 협력해서 개체를 만들고, 개체가 협력해서 군체를 이룬다.[36] 공생은 생명체들이 지닌 창조성의 근원이다. 공생자들이 장기간 지속적으로 공생 관계를 이룸으로써 새로운 조직과 기관이 생겨나고, 새로운 생물과 새로운 종이 생겨나는 것을 '공생 발생(symbiogenesis)'이라고 한다.[37]

크로포트킨에 따르면, 상호부조와 협력이 이기성보다는 더 본질적이다. 상호부조와 협력은 사회적 관계망을 통해 서로 협력하며 살아가는 인간에게 좀 더 효율적인 삶의 방식이다. 집단을 이루며 살아가는 군집 생활을 선호하며 친사회적인 성향을 보이는 인간에게 협력과 이타적인 본성은 공동체 생활에서 매우 중요한 요소가 된다. 시장 교환의 경우 협력은 공생(mutualism)으로 나타나 행위자와 타인 모두에게 순이득을 발생시킨다. 기업 역시 기업의 공동목표와 이익을 위해 모든 구성원들이 서로 협력할 때 지속적으로 성장할 수 있다.

---

35 Petr Kropotkin, *Mutual Aid: A Factor of Evolution* (Boston: Extending Horizons Books, 1919), 6.
36 Matt Ridley, 『이타적 유전자』, 30.
37 박만준, "사회생물학적 인간학에 대한 비판적 고찰," 『철학논총』 68 (2012. 4), 313.

(4) 마이클 토마셀로

마이클 토마셀로(M. Tomasello)는 협동심과 이타성은 어린아이부터 이미 유전적으로 누적되어 있어서 태어나자마자 이를 실천적으로 행동하며, 이러한 이타성과 협력은 소통을 통해서 구체화된다고 보았다.[38] 토마셀로는 소통의 방식을 포함한 인간만의 특징적인 발전을 문화적 진화라고 보면서 어린아이들이 이를 어떻게 실천하고 행동하는가에 주목하였다.

인간의 협동심과 공동체적인 협력은 인류가 선사시대부터 생존할 수 있었던 힘의 원천이었다. 나약한 인간이 거칠고 험한 야생에서 생존하기 위해서는 공동의 결집된 힘이 필요했다. 특히 크고 사나운 짐승을 사냥할 때는 다수의 힘이 필요하며, 집단의 단결력과 지혜를 결집시킨 사냥 기술이 필요했다. 가령 들소같이 크고 힘센 동물을 사냥하기 위해서는 여럿이 협동심을 발휘하였고, 누군가는 들소 뿔에 받히는 위험까지도 감수해야 했다. 이는 초기 인류에게 이미 협동심과 협력이 내재해 있었으며, 이러한 협력을 통해 열악한 조건과 환경을 극복하고 생존할 수 있었다.

인간은 서로의 필요와 욕구를 충족시키기 위해 공동의 목표를 세우면서 협업에 참여하게 되었고, 참여자들은 성공하기 위해서는 서로를 믿고 의지해야 함을 인식했다. 이러한 협력 활동은 사회제도에서 관찰되는 것과 같은 다양한 노동 분업과 역할뿐만 아니라 행위자의 권리와 의무에 관한 일반화된 규범적 판단의 맹아도 품고 있다. 이는 인간의 이타적인 행위와 인간 고유의 협력적인 의사소통의 탄생지이기도 하다.[39]

---

38 Michael Tomasello, 유강은 옮김, 『도덕의 기원』 (서울: 이데아, 2018).
39 임동욱, 『소통과 협력의 진화』, 222.

토마셀로는 협력하는 인간의 놀라운 능력을 집단 내부의 상호작용을 통해서 진화해 온 것으로 보면서, 협력의 집단 중심성을 강조한다. 토마셀로는 문화적 성장, 문화적 유물, 사회적 실천을 언급하며 협력의 사회 문화적 진화를 강조한다. 그는 협동심이 혈연선택 보다는 집단선택의 결과라고 명시적으로 주장하지는 않지만, 협동심이 집단 내부의 상호작용의 결과라고 말하는 것을 볼 때, 그가 혈연선택 보다는 집단선택에 무게중심을 두고 있는 듯하다.[40]

(5) 로버트 액설로드

로버트 액설로드(Robert Axelrod)는 호혜적인 협력을 했을 때만이 최선의 결과를 얻을 수 있다는 점을 예로 들면서 상호 호혜주의에 입각한 협력의 진화를 강조한다. 팃포탯 프로그램이 컴퓨터 대회에서 승리했듯이 이기적인 개인들도 호혜주의에 입각한 협력을 하면 인간 사회에서도 상호 공존이 가능하다는 것을 보여 주었다. 지속적으로 반복되는 죄수의 딜레마라는 상황에서 좋은 성과를 내기 위해서는 협력이 중요하다. 협력을 유지하기를 원한다면 질투하지 말고, 먼저 배신하지 않으며, 상대가 협력하든 배반하든 그대로 되갚고, 지나치게 영악하지 말아야 한다.

액설로드에 따르면, 무조건적으로 배신만 하는 비협력적인 세계에서도 협력은 싹틀 수 있으며, 바로 이것이 수많은 전략들이 난무하는 세상에서 호혜주의를 기초로 한 전략이 살아남은 비결이라고 보았다.[41] 아주 작게나

---

40 임동욱, 같은 책, 237.
41 Robert Axelrod,『협력의 진화』, 44.

마 협력을 바탕으로 서로 상호작용하는 무리가 있다면 이들로부터 협력이 퍼져나갈 수 있다.

(6) 로버트 트리버스

로버트 러들로 트리버스(Robert Ludlow Trivers)는 호혜적 이타성(1971년), 부모 투자(1972년), 선택적인 성비 결정(1973년), 부모-부부 간의 갈등(1974년) 등의 이론을 통해 호혜적 이타주의를 주장하였다. 그에 따르면, 동물들이 서로 돕는 이유는 그들이 직접적인 경쟁을 통해 얻는 단기적인 이득보다는 큰 가치를 갖는 장기적인 집단의 이득을 획득하기 때문이라는 것이다.[42] 호혜성의 원칙은 서로에게 도움이 될 수 있는 행동으로서 대가 형식으로 도움을 주고받는 관습에서 시작되었다. 사람들은 진정으로 타인의 복지에 관심을 갖고 규범을 지키기 위해 노력하고, 윤리적으로 행동하는 것 자체를 가치 있게 여긴다.

(7) 마틴 노왁

마틴 노왁(Martin Nowak)은 지금 세상은 그 어느 때보다도 초협력자들(Super Cooperators)의 협력을 필요로 하고 있음을 강조한다.[43] 협력은 혁신의 기초가 된다. 창조성을 이끌어 내고 독창적인 아이디어를 유도하기 위해서는 경쟁보다는 협력이 더욱 효과적이다. 협력은 세포에서부터

---

42 Leonard D. Katz, 김성동 옮김, 『윤리의 진화론적 기원』 (서울: 철학과현실사, 2007), 18.

43 Martin Nowak & Roger Highfield, 『초협력자』 (서울: 사이언스북스, 2017), 23.

다세포 생물, 개미집, 마을, 도시에 이르기까지 모든 진화에 걸쳐 창조성을 책임지고 있다. 만약 협력이 없다면 진화에서 건설적인 창조나 복잡성이 사라지게 되었을 것이다.

변이(mutation)는 유전적 다양성을 일으키고, 선택(selection)은 주어진 환경에 가장 적합한 개체들을 솎아낸다. 진화의 창조적인 측면을 이해하기 위해서 우리는 협력이 제3의 원칙이 되어야 한다는 점을 받아들여야 한다. 선택을 위해서는 변이가 필요하듯, 협력을 위해서는 선택과 변이 모두가 필요하다. 협력에서 진화의 건설적인 면, 유전자에서 유기체, 언어, 복잡한 사회적 행동에 이르는 것들이 창발한다. 협력은 진화의 가장 능숙한 설계자이다.[44]

우리는 모두 초협력자들이다. 협력의 메커니즘 모두를 활용할 수 있는 지상의 유일한 종이고 이미 상당한 정도로 이를 해내고 있다. 우리 앞에 놓인 심각한 도전을 넘어서기 위해서 우리는 이 메커니즘들을 최대한 활용할 수 있도록 노력해야 한다.

2) 협력의 원리

협력을 설명하는 원리로는 상호성의 원리와 집단선택설이 있다. 상호성의 원리는 직접 상호성과 간접 상호성으로 나뉜다. 직접 상호성(direct reciprocity)은 서로 주고받는 원칙으로서 "내가 너의 등을 긁어주면 너도 그에 대한 보답으로 나의 등을 긁어줄 것"으로 기대하는 팃포탯(tit for

---

44 같은 책, 22.

tat, 맞대응)전략이 이에 해당된다. 출애굽기 21장의 "눈에 눈, 이에는 이, 생명은 생명으로"의 탈리온 법(Lex Talionis)에서 발견되는 원리이다. 직접 상호성의 실례는 흡혈박쥐들의 먹이 교환에서 발견할 수 있다. 충분히 먹이를 섭취한 박쥐들은 먹이를 섭취하지 못한 동료를 위해 피를 토해 낸다. 이 때문에 굶어죽는 박쥐들이 거의 없다.[45]

(1) 팃포탯 전략

팃포탯 전략은 우선 협력으로 시작하고 그 다음부터는 상대의 대응방식(협력 또는 배신)에 따라 그대로 맞대응하는 인과응보(因果應報) 전략이다. 팃포탯 전략이 컴퓨터 프로그램으로 진행하는 시뮬레이션 게임에서 최종 우승하였다.[46] 시뮬레이션 게임에서 효과적인 전략은 계속 채택되어 사용되고, 효과 없는 전략은 버려졌는데, 팃포탯 전략은 이러한 게임을 통해 협력이 진화할 수 있음을 보여주었다. 팃포탯 전략이 최종적으로 우승할 수 있었던 이유는 함께 높은 점수를 얻을 수 있는 행동을 상대방에게서 끌어내었기 때문이었다.

팃포탯 전략은 상대방을 패배시킴으로써 성공한 것이 아니라 상대방에게서 협력을 이끌어냄으로써 성공을 거두었다. 팃포탯 전략은 처음부터 끝까지 상대방과 함께 높은 점수를 얻을 수 있도록 상대방을 유도함으로써 다른 어떤 전략보다 높은 점수를 기록하여 우승할 수 있었다. 팃포탯 전략에 따르면 사람들의 이타적 행동은 상대방이 내게 줄 이타적 행동에

45 Leonard D. Katz, 『윤리의 진화론적 기원』, 54.
46 Robert Axelrod, 『협력의 진화』, 11-12.

대한 기대, 이타적으로 행동하지 않을 때 받게 될 보복에 대한 두려움에서 비롯된다. 당장은 배신하는 것이 이득이 되더라도 다음 게임에서는 배신으로는 더 이상 이익을 얻을 수 없으므로, 장기적으로는 협력하는 것이 오히려 유리하다는 결론을 끌어내었다.

팃포탯 전략의 성공요인은 신사적이고, 보복적이고, 관대하고, 명료한 특성들이 조합된 결과였다. 신사적이기에 쓸데없는 문제에 휘말리지 않았고, 보복적이기에 상대가 배반을 시도할 때마다 가차 없이 응징함으로써 더 이상 배반하지 못하게 하였다. 또한 관대함을 통해 상호협력을 회복시켰으며, 상대가 이해하기 쉽도록 명료함을 통해 장기적으로 협력하게 만들었다.

(2) 직접 상호성

직접 상호성이 제대로 작동하기 위해서는 지금의 협력이 다음의 협력으로 이어질 수 있는 기회나 환경이 지속되어야 한다. 지속적인 관계에서는 호혜주의를 기반으로 하는 상호협력이 안정적으로 자리 잡을 수 있기 때문이다. 게임에 참여하는 양측 모두 결코 먼저 배반하지 않고 서로 협력을 선택하면 이러한 협력 관계가 지속되면서 상승작용을 일으키게 된다. 직접 상호성은 양자가 지속적으로 접촉하는 소규모의 공동체에서 효과적으로 작동한다. 하지만 공동체가 소규모의 집단을 넘어 거대 도시화 될 경우 직접 상호성은 한계에 부딪힐 수 있다. 따라서 대규모의 집단이나 도시 같은 환경에서는 간접 상호성이 요긴하게 작동된다.

(3) 간접 상호성

간접 상호성(indirect reciprocity)은 당사자 간이 아닌 제3자에 의해 이루어지는 상호성으로서 우호적인 다자 연대를 통한 내리갚기(pay forward)라 할 수 있다. "내가 너의 등을 긁어주면 다른 누군가 나의 등을 긁어 줄 것이다"는 태도로 내가 먼저 선을 베풀면서 협력하는 것이다. "주어라 그리하면 너희에게 주실 것이니 곧 후히 되어 누르고 흔들어 넘치도록 하여 너희에게 안겨 주리라(눅 6:38)", "주는 것이 받는 것 보다 복되다(행 20:35)", "무엇이든지 남에게 대접을 받고자 하는 대로 너희도 남을 대접하라(마 7:12)"는 황금률의 정신이다.

간접 상호성에 기반을 둔 경제적 교환이 촉진되면 사회는 보다 거대하고 복잡하며 상호 연결된 사회로 발전하게 된다. 간접 상호성이 상호 연결되고 확장되기 위해서는 평판이 중요하다. 선한 일에 대한 소문이나 평판이 잘 작동하는 투명한 사회일수록 협력은 극대화되기 때문이다. 평판의 힘 덕분 때문에 즉각적인 보상이 없더라도 제3자를 돕게 되며, 별다른 의심 없이 선물 값을 낯선 이에게 먼저 지불하고, 다른 낯선 이가 그 물건을 배달해 주기를 기다린다. 비록 만나 본 적도 없고 만날 일도 없는 사람들의 노고로 선물은 착오 없이 전달된다. 오늘 내가 다른 이들에게 선을 베풀면 내일 또 다른 누군가가 나에게도 선을 베풀 것이라고 믿는다. 이러한 방식으로 간접 상호성은 우리의 뇌, 기억을 담아두는 능력, 언어 및 도덕 원칙의 발달에서 핵심 역할을 수행한다.[47]

---

47 Martin Nowak & Roger Highfield, 『초협력자』, 105.

(4) 집단 선택설

집단 선택(group selection)은 어떤 집단에 이기적인 특성과 이타적인 특성을 갖는 사람의 비율에 따라 그 집단의 생존가능성이 결정되는데, 이때 이타적인 성향을 지닌 사람이 많을수록 그 집단의 성공가능성이 더 높다. 이타적 행위를 "개인에게는 희생 혹은 비용이 들지만, 다른 구성원들에게는 혜택을 주는 행위"로 정의한다면 한 사회에 이타적인 개인이 많을수록 그 집단은 성공할 확률이 높으며, 생존을 위협하는 혹독한 환경에서도 살아남을 가능성이 더 높다.

개인 간의 경쟁(individual selection)에서는 이타적인 사람들이 이기적인 사람들에 비해 상대적으로 불리할 수 있다. 그러나 집단 간의 경쟁에서는 전세가 역전되어 이기적인 성향의 집단이 이타적인 집단에 비해 상대적으로 불리하다. 왜냐하면 이기적인 성향이 많은 개인들로 이루어진 집단은 사익을 추구하는 개인들이 모래알처럼 흩어지면서 집단의 신뢰도가 떨어져 경쟁력이 떨어지고 결국 도태될 수밖에 없기 때문이다. 하지만 이타적인 사람들이 많은 집단은 서로 간에 신뢰도가 높을 뿐 아니라 타인을 도우려 하고, 공동체를 위해 기꺼이 희생하려는 경향을 지닌 사람이 많기에 집단 간의 경쟁에서 우위를 점하게 된다.

협력하는 사람들은 유유상종으로 네트워크를 형성하면서 서로에게 도움을 주면서 협력을 촉진시킨다. 이렇게 형성된 네트워크를 통해서 협력하는 사람들은 이기적 성향의 사람을 이길 수 있게 된다. 집단선택의 과정이 협력과 호혜와 같은 이타적 행동을 확산시키는 메커니즘으로 작동하게 된다. 신뢰와 공정을 바탕으로 한 상호부조와 협력하는 분위기는 집단의 사회적 적응도를 높이고 장기적인 성장을 이루게 하는 핵심요소가 된다.

마크 뷰캐넌(Mark Buchanan)은 이타적인 행동을 대규모 협력이 가능하게 만드는 사회적 원자의 핵심 특성이라고 보았다. 여러 시대에 걸쳐, 이타적 행위를 하는 사람들로 이루어진 집단은 그렇지 않은 집단을 압도했고, 이렇게 해서 자연스럽게 그런 행동이 널리 퍼지게 되었다는 것이다.[48]

3) 협력의 미늘

일단 호혜주의를 원칙으로 협력이 정착되면 덜 협력적인 전략들에 맞서 스스로를 지켜낼 수 있으며 협력의 톱니바퀴는 역회전을 방지하고 앞으로만 돌아가게 하는 미늘(ratchet)로 작용하게 된다. 미늘은 꿀벌의 침처럼 한번 박히면 잘 빠지지 않는다.

따라서 협력은 이기적이고 비정한 세상에서도 서로 알아보고 협력하는 아주 작은 무리에 의해 시작될 수 있다. 일단 협력이 발생할 조건이 존재하기만 하면 협력은 싹트고, 전혀 가능할 것 같지 않은 상황 속에서도 협력은 유지된다. 적절한 조건만 갖추어진다면 적대적인 관계에서도 호혜주의에 입각한 협력이 생겨날 수 있다. 협력이 호혜주의를 바탕으로 자리 잡게 되면, 그 어떤 비협력적인 전략의 침범도 막고 스스로를 지켜낼 수 있다.

꿀벌의 침에는 화살촉처럼 미늘이 있어서 침입자에게 침을 쏘면 벌도 죽게 된다. 또한 사회성이 강한 곤충들은 생식능력이 없는 노동자들이 많다. 이러한 특징은 개체에게는 좋지 못하지만 집단 전체를 위해서는 유익

---

48 Mark Buchanan, 김희봉 옮김, 『사회적 원자』 (서울: 사이언스북스, 2017), 176.

하기에 집단 선택은 이타주의의 진화를 가능하게 하는 요인이 된다.[49]

4) 협력의 경제학

경제학적 관점에서 경쟁은 시장 중심의 시스템에서 본질적 요소이다. 경쟁은 부족한 자원의 효율성을 최고의 효율성으로 증진시키는 데 중요한 역할을 한다. 그런 점에서 경쟁은 시장에서 "필요악(necessary evil)"으로 간주한다.[50] 하지만 장기적인 관점에서 본다면 협력은 실제로 경쟁보다 더 많은 이윤을 창출한다. 최첨단의 기술을 강조하는 IT 기업에서도 협력은 필수적이다. 기술적 협업은 더욱 효율적인 성과를 낳기에 필연적이다. 높은 수준의 신뢰를 기반으로 한 협력은 엄청난 비용을 절감하는 효과를 가져올 수 있다.

협력은 경쟁이 치열한 현실에서 서로 간의 지나친 경쟁으로 인한 공멸을 막는 효율적인 장치임과 동시에 장기적인 관점에서 볼 때 모두가 함께 윈-윈할 수 있는 가장 바람직한 전략이다. 협력이 탁월한 전략이라는 점은 컴퓨터 시뮬레이션 게임에서 팃포탯 전략이 상대로 하여금 협력을 끌어냄으로써 최후에 승리할 수 있었던 점에서 증명되었다.

협력은 모두가 더불어 상생하고 발전하기 위해 경제학에서도 적용가능하다. 진정한 경제학은 모두가 풍요롭고 행복하게 살아가도록 힘쓰는 것이다. 경제 본래의 진정한 가치를 구현하는 경제운동은 영리가 주목적이

---

49 Leonard D. Katz, 『윤리의 진화론적 기원』, 166.
50 Neil Pembroke, "Trust and Moral Commitment in Co-operative Business: A Covenantal Perspective," *Practical Theology* 6/3 (2013), 338.

아니라 사람이 중심이 되어 서로 협력하는 가운데 상생을 모색하는 것이다.

협력은 경제가 양적 성장에서 질적 성숙으로 나아가는 핵심이다. 사회적 약자에 대한 공감과 배려, 계층과 세대 간의 연대와 협력 없이는 지속가능한 발전을 이룰 수 없다. 경쟁으로 인한 사회적 갈등은 사회통합을 저해하고 경제성장의 발목을 잡는다. 따라서 다양한 갈등을 관리하고 해소할 수 있는 갈등관리 시스템을 갖추고 원활하게 소통하며 협력하는 것이 상생하는 길이다.

'사회적기업', '협동조합', '사회적협동조합' 등은 사람 중심의 사회적 경제운동이다. 이러한 협동의 조직체들은 서로 간의 신뢰를 바탕으로 호혜를 추구하며 공동체를 든든히 세우는 특징을 지닌다. 호혜와 신뢰에 기반을 둔 선물의 경제(Gift Economy)는 등가 교환과 화폐경제가 지배하는 시장 경제와는 달리 선물이나 증여 등과 같은 부등가 교환과 비화폐경제가 중심이 되어 운영되면서 협력을 증진시킨다.

4. 호혜의 윤리

1) 호혜의 이론적 토대

협력을 방해하는 무임승차자나 탐욕적인 개인이나 집단을 규제하고 공동의 목적을 달성하기 위해서는 정부에 의해 규제하는 방법과 시장의 자율적인 조정 기능에 맡기는 방법과 당사자의 자율적인 규제에 맡기는 세 가지 방법이 있다. 정부에 의한 규제 방법은 집행 및 행정 비용이 너무 많이 소요될 뿐만 아니라 규제자의 기회주의적 행동 때문에 목표달성이 쉽지 않다. 정부가 감시를 강화하고 규칙위반자에게 제재를 가할 경우 감시 비용, 집행 비용 등 추가적인 행정 비용이 들어가게 된다. 만약 추가적인 행정 비용이 예상외로 크다면 정부의 개입은 타당성을 잃게 된다.[51]

시장의 자율적인 조정 기능에 의존하여 해결하는 방법은 정부에 의한 강제적인 방법이 아니라는 점에서 장점이 있지만 재산권 설정이나 불확실성에 대비하는 비용을 추가로 지불해야 하는 한계가 있다. 또한 독과점처럼 강력한 시장 지배력을 지닌 소유권자가 높은 가격을 고수한다면 이를 통제하거나 제어할 장치가 없으며, 과다이용자를 감시하고 적발할 강제력이 없으며 수자원이나 어족 자원처럼 이동성을 지니고 있는 자원은 재산권 설정 자체가 불가능한 경우도 있다.

따라서 가장 효과적인 해결책은 당사자들이 자발적으로 조직을 구성하여 공유재의 생산 및 공급 과정에 참여하면서 자치적인 규율을 통해 스스로 관리하는 방법이다.

(1) 엘리너 오스트롬(Elinor Ostrom)

1933년 대공황기에 태어난 엘리너 오스트롬(Elinor Ostrom)은 고등학교 때 말더듬증을 고치려고 연설반과 논쟁반에 참여한 것이 정치학자가 된 출발점이 되었다. 그녀의 어머니는 여성 인권이 열악했던 당시 미국에

---

51 강은숙·김종석, 『엘리너 오스트롬, 공유의 비극을 넘어』, 12.

서 안정된 직업을 얻으려면 교사가 되어야 한다고 설득했지만, 오스트롬은 UCLA 대학에서 정치학 개론 수업에 매료되어 정치학을 전공하고 경제학을 복수전공하였다. 졸업 후 취업을 위해 보스턴에서 면접을 보게 되었는데, '타이핑할 수 있느냐'라는 물음에 답하고 수출입 서류 타이피스트로 취업했다.

당시만 해도 여성은 비서 이외의 자리는 고용하지 않는 사회적 분위기였다. 그녀는 기독교계 백인 남성만 채용하던 회사의 인사 담당자에게 "몇 달간 봉급을 받지 않고 일해 볼 테니 한번 평가해 달라"고 당차게 제안하였고, 이러한 제안이 받아들여져 일하게 되었다. 오스트롬은 인사 부서에서 채용 면접관과 직원 관계 관리자로 근무하면서 여성, 흑인, 유대인을 적극 채용하였다.

오스트롬은 7년간의 보스턴 생활을 청산하고 모교인 UCLA 사무직원으로 일하다가 당시 ULCA 정치학 교수였던 빈센트 오스트롬을 만나 결혼했고 학문적 동반자가 된다. 이후 남부 캘리포니아주의 지하수 공유 문제를 다룬 박사 논문을 제출하고 남편과 인디애나 주립대학교로 옮겨 정치학과 조교수로 임용되었다. 오스트롬의 주요 관심사는 지방 공공서비스의 공급이라는 연구주제로, 개인은 합리적이면서도 이기적인 선택을 한다는 주류 경제학을 비판했다. 오스트롬은 공유자원에 대한 합리적 선택은 공동체 구성원의 합리적 선택으로 가능하고 서로의 약속을 규제로 만들어 지키고 이를 감시·감독할 수 있는 구성원의 자발적 행동으로 공유자원을 관리할 수 있다는 이론을 증명했다.[52]

오스트롬은 공유자원을 자율적으로 관리하면서 지속가능성을 성공적으로 유지한 지역 공동체 9곳을 분석하였는데, 스위스 퇴르벨 지역의 고

52 허광진, "공유자원은 어떻게 관리해야 하나," 『산위의 마을』 38 (2020. 6), 85 참고.

산지대 목초지 관리, 일본의 히라노, 나가이케, 야마노카 마을 3곳의 고산 지대 목초지 관리, 스페인의 발렌시아, 무르시아, 오리우엘라, 알리칸데 4곳의 물 관리 체계, 필리핀 잔제라 지역의 물 관리 체계 등이다.[53] 오스트롬은 공유자원을 성공적으로 관리하는 이들 지역 공동체의 특징을 다음과 같이 분석하였는데, 이를 8가지 설계 원리(design principle)라고 한다.[54]

1. 명확하게 정의된 경계
2. 사용 및 제공 규칙의 현지 조건과의 부합성
3. 규칙 변경의 가능성
4. 자발적인 감시 활동
5. 위반자에 대한 단계적으로 강화된 제재조치
6. 갈등 해결 메커니즘
7. 자치조직권에 대한 정부의 법적 인정
8. 중층의 정합적 사업 단위

이들 지역공동체는 지역 주민 모두가 자발적으로 참여하여 공유자원에 대해 책임 있는 관계를 맺음으로써 공유지를 유지하고 확장시킬 수 있었다. 오스트롬이 제시한 8가지 설계 원리 중 자발적인 감시 활동과 반복적 위반에 따른 단계적으로 강화된 제재조치 원리는 자율적인 제도를 통해 공유지의 오남용을 효과적으로 방지하였다. 이 원리는 감시에 비용을 적게 들이면서도 효과적으로 제재함으로써 개인의 비용-편익 계산에 영향을 미쳐 개인의 행동을 변화시켰을 뿐 아니라 다른 사람들도 규칙에 따를

---

53 Elinor Ostrom, 윤홍근·안도경 옮김, 『공유의 비극을 넘어』 (서울: 랜덤하우스코리아, 2010), 26.
54 같은 책, 404-405.

것이라는 믿음을 갖게 하여 모두가 자발적으로 참여하게끔 협력적 분위기를 만들었기 때문이다.

(2) 공유의 비극을 넘어서

공유된 규범은 감시와 제재의 비용을 줄여 주며 공유지의 비극을 해결하는 데 적극 활용될 수 있는 사회적 자본이라 할 수 있다. 공유자원을 효과적으로 관리한 이들 공동체들은 사회적 자본으로 활용 가능한 호혜성과 신뢰라는 일반화된 규범을 공유한 특징을 지닌다. 호혜성과 신뢰의 구축은 새로운 제도를 도입할 때도 중요하게 기능하였다. 제도 공급 초기에 서로 믿고 협력할 수 있는 집단이라는 인식은 새로운 제도로의 변화를 가능하게 했고, 서로 간에 감시를 용이하게 만들어 조건부 협력이 발생할 수 있게 했으며 감시 및 집행 비용 또한 적게 들어 새로운 제도가 잘 정착되고 지속적으로 작동할 수 있게 하였다.

공공 신탁(public trust) 원칙은 물 같은 공유자원들이 사적인 이해관계에 따라 소유되기 보다는 대중 전체의 편익을 위해 국가에서 맡는 법률적 원리인데, 이는 공유지 보호를 위한 강력한 도구가 되었다. 뉴멕시코의 아세키아(acequias) 샘이나 하천이 대표적인 사례이다.[55] 아세키아라는 말은 '물지게꾼' 혹은 '갈증을 푸는 것'을 뜻하는 아라비아어에서 기원하였는데, 공동 용수지로부터 도랑의 연결망을 통해 물을 공급하는 관개 시스템이다. 뉴멕시코의 지역사회에 기초한 관개 시스템은 수세대에 걸쳐 지속되어 온 전통이며, 갓 도착한 사람들로 하여금 자연스럽게 아세키아 문화

---

55 Jay Walljasper, 『우리가 공유하는 모든 것』, 139.

를 받아들이도록 만들었다.

2) 호혜의 경제 윤리

(1) 마르셀 모스의 증여론

마르셀 모스(Marcel Mauss)는 북아메리카 원주민의 포틀래치(potlach), 남태평양의 쿨라(kula), 뉴질랜드의 하우(hau) 등을 중심으로 다양한 민족지적 연구를 통해 선물교환은 단순히 물건의 교환을 넘어 부와 권력, 위세와 명예를 드러내는 삶의 모든 측면과 관계되며 이를 통해 사회적 결속을 강화한다고 주장하였다. 모스는 증여 및 교환 체계는 자발적인 의무임과 동시에 호혜와 교환의 경제에 기반하고 있음을 포착하였다.

도움이나 선물을 받으면 반드시 답례를 하는 것은 오스트레일리아 북동쪽 멜라네시아 원주민, 알래스카 해안의 하이다족, 브리티시컬럼비아 해안의 콰키우틀족 등지에서도 찾을 수 있다.[56] 이처럼 누군가에게서 도움이나 선물을 받으면 반드시 답례를 하는 호혜의 의무는 지구촌 어디에서든 흔히 볼 수 있는 아름다운 전통으로서 공동체를 든든하게 세우는 풍속이다.

호혜성은 단순한 규범의 차원이 아니라, 등가물을 교환하는 체계 속에 내재된 구조에 의해 작동하는 커뮤니케이션 체계이다. 상품 거래와 선물(gift) 거래의 차이점은 호혜성을 수반하느냐의 여부이다. 선물 또는 증

56 이경숙, 『산타와 그 적들』 (서울: 굿모닝미디어, 2013), 7.

여는 주기와 받기, 그리고 답례라는 삼중의 의무를 뜻하는 것으로, 이는 단순한 물건의 교환을 넘어 명예와 관련된다. 많이 베푼 사람이 가장 힘있고 영향력 있는 사람이라고 인식하기 때문이다. 그리하여 누군가 자신에게 베풀면 그만큼 혹은 그 이상으로 베푸는 것이 당연했고, 많이 베푸는 것은 힘 있는 자들의 당연한 의무였다.

① 포틀래치

선물을 주고받는 관습인 포틀래치(potlach)는 치누크족의 과시적 소비의례로서, '식사를 제공하다(nourrir)' 또는 '소비하다(consommer)'라는 뜻이다.[57] 치누크족은 증여에 따라 위계의 서열이 확립된다. 누군가에게 무엇을 주는 행위는 주는 사람이 받는 사람보다 더 우월하며 위대하다는 것을 드러낸다.[58] 또한 누군가에게로부터 무엇인가를 받는 행위에는 증여자의 위세를 인정하는 것이다. 따라서 이에 대해 답례하지 않거나 더 많이 답례하지 않으면서 받는 것은 손님이나 하인으로 종속되는 것이며, 더 낮은 지위로 전락하는 것이 된다.

② 쿨라

쿨라(kula)는 뉴기니 북동부(특히 트로브리안드 군도)의 섬들을 연결하는 부족 간 그리고 부족 내 교역 체계로서, 말리노프스키의 고전적 연구 『서태평양의 항해자들』을 통해 널리 알려진 것이다. 쿨라에서 핵심적인 것은 이웃 섬의 수장들 사이에서 행해지는 위광재, 특히 바이구아라고 불리

57 Marcel Mauss, 류정아 옮김, 『증여론』 (서울: 지식을만드는지식, 2011), 26.
58 류정아, 『마르셀 모스, 증여론』 (서울: 커뮤니케이션북스, 2016), 24.

는 조개 팔찌와 조개 목걸이 선물이다. 각각은 한 방향(팔찌는 시계방향, 목걸이는 반시계방향)으로만 순환될 수 있는데, 이는 곧 팔찌는 목걸이와만 맞바뀌질 수 있다는 뜻이다.[59]

③ 하우

증여는 갈등 관계로 번질 수 있는 경쟁과 다툼을 내기와 후함의 형태로 전환시킴으로써 공동체의 안정과 응집을 효과적으로 유지시키는 역할을 한다. 이들은 선물교환을 통해 주고받는 물건에는 '하우(hau)'라고 하는 영적인 힘이 내재해 있다고 믿는다.[60] 하우는 선물교환을 가능케 하는 영적인 힘을 설명하는 개념이다. 선물교환을 통해 주고받는 물건에는 '하우'라고 하는 영적인 힘이 내재해 있다. 폴리네시아 마오리족 단어인 '하우'는 라틴어의 'spiritus'와 마찬가지로 바람과 영혼을 동시에 의미하며, 무생물·식물의 영과 힘을 의미하기도 한다. '물건에 깃든 영(靈)'이라는 신비적인 의미가 들어가 있다.

모스는 선물교환을 통해 주고받는 물건들에 '하우', 즉 영적인 힘이 내재해 있으며, 받거나 교환된 선물이 사람에게 되갚을 의무를 지우는 것은 받은 물건에 바로 그 영적인 힘이 있기 때문이라고 설명한다.[61] 하우는 증여자의 인격에 배어있는 생명력으로서 증여자의 소유물과 함께 전이된다. 증여 행위를 통해 영적인 힘이 사물로 이전되면서 인격의 순환이 이루어지게 된다.[62]

---

59 박세진, "선물과 이름: '근본적인 인정 행위'로서의 증여," 『비교문화연구』 22/1 (2016. 1), 267.
60 Marcel Mauss, 『증여론』, 33.
61 정헌목, "증여의 네 번째 의무", 472.
62 박정호, "마르셀 모스의 증여론," 『문화와 사회』 7 (2009. 11), 36.

멜라네시아와 폴리네시아에서 선물은 답례가 있으리라는 확실성과 함께 순환하는데, 이를 '보증'하는 것은 제공된 물건의 효력이며 물건 자체가 그 '보증물'이다. 어떤 사회에서나 답례의 의무는 선물의 본성에서 비롯된다.

모스는 증여된 사물이 갖는 힘의 실체를 '선물의 혼'이라고 하는 하우를 통해 설명하는데, 선물의 이러한 '영성'은 증여자로부터 이전된 것이다. 어떤 사람에게서 무엇인가를 받는 것은 그의 정신적인 본질, 즉 영혼 일부를 받는 것으로 해석한다.[63] 우리가 '마음을 담은 선물'이라는 표현을 쓰듯이, 선물에 증여자의 '영혼'이 달라붙어 있다는 생각 때문이다. 선물은 받는 자에게 주술적·종교적 영향력을 미치기 때문에 증여자에게 상환되어야 한다. 받는 자가 증여자의 영혼을 담은 물건을 오래 간직하는 것은 위험하며 죽음을 초래할 수도 있다. 이러한 생각 때문에 선물은 또 다른 사람에게 전달되는 선순환의 구조를 갖는다.

이처럼 교환과 함께 비로소 사회적 삶이 시작된다는 설정 속에서 호혜성의 원리가 목적론적 필연성을 획득하게 된다. 사회가 있기 위해서는 교환해야만 하며, 그러한 사회에 기여하기 위해서 교환은 호혜적이어야 한다. 모스는 호혜성을 그것이 요구되지 않는 것처럼 보이는 증여 과정의 '기대하지 않는 결과'로 파악했고, 그렇기에 돌려줄 의무가 수수께끼로 드러나게 된다. 반면 레비스트로스는 호혜성의 원리에 가상의 필연성을 부여함으로써 수수께끼를 해소한다. 모든 인간은 사회 안에서 살아가기 위해서, 그리고 또한 그의 무의식에 의해, '교환을 위한 존재'일 수밖에 없고,

---

63 박세진, "선물과 이름: '근본적인 인정 행위'로서의 증여", 277.

그렇다면 선물은 오고 가게 되어 있다는 것이다.[64]

따라서 선물을 받았음에도 이에 대해 답례하지 않는 자는 체면을 영원히 잃어버림과 동시에 '썩은 얼굴'을 갖게 됨을 의미한다. 인간의 혼(하우)을 사물 속으로 이전시키는 증여 현상이 궁극적으로 암시하는 것은 사회적 관계를 창조하는 참된 메커니즘은 인격의 순환에 의존하고 있다는 사실이다. 주어지고 받아들여지고 되갚아지는 물건을 통해 증여자와 수여자가 교대로 그 역할을 바꾸며 서로를 향해 움직이고 결국에는 체계적인 인격의 흐름을 창조한다.[65]

'하우'라는 주술적 힘은 주는 이와 받은 이 양자 모두가 감당해야 할 인격의 양도라는 위험을 일으키지만 동시에 이 위험으로부터 빠져나올 수 있는 상상적 해결책을 제시한다. 주어진 것 속에 양도된 인격은 답례물을 통해 다시 증여자가 재점유할 수 있기 때문이다.

모스는 선물의 혼이라는 관념을 도입함으로써 선물교환에서의 줄 의무, 받을 의무, 되갚을 의무가 단순히 물권법적인 채권-채무관계를 의미하는 것이 아니라 영적 관계를 수반하고 있음을 보여주고 있다. 즉, 계약적 의무가 주술적이고 신화적인 상상 속에 표현된다고 할 수 있다. 선물교환에서의 영적 관계에 대한 모스의 설명이 주로 주술적 힘의 작용이란 측면에 치중되어 있다는 점에 주목할 필요가 있다. 영적 관계에서 도출될 수 있는 도덕적, 윤리적 가치보다는 비가시적이고 초자연적인 힘과 영향력의 작용을 부각시킨다.[66]

---

64 같은 책, 279.
65 박정호, "마르셀 모스의 증여론", 36.
66 오명석, "선물의 혼과 신화적 상상력: 모스 『증여론』의 재해석," 『한국문화인류학』 43/1 (2010. 1), 11.

모스에 의하면, '원시사회'와 '고대사회'에서 사물은 '살아 있는 존재(animated being)'로 인식되며, 그 자체로 생명과 혼을 가졌을 뿐 아니라, 그것과 소유, 교환, 소비의 방식을 통해 관계하는 사람(개인 또는 집단)과 영적 유대에 놓여 있음을 강조한다.

왜 선물을 해야만 하는 것일까? 포틀래치에 대한 분석에서 모스는 "줄 의무가 포틀래치의 본질"이라고 하면서 다음과 같은 논리를 전개한다. (1) 수장이 가족, 마을, 부족에 대한 권위를 유지하고 또한 수장들 사이에서 지위를 지키기 위해서는 (2) 자신이 정령들의 비호 속에 큰 재산을 소유하고 있다는 것을 증명해야만 하는데, (3) 이 증명은 부의 분배를 통해 다른 이들을 "자기 이름의 그림자" 아래에 놓을 때 달성된다. 부와 관대함을 증명하려는 수장은 타집단의 엘리트들(수장+귀족)을 대상으로 포틀래치를 연다.[67]

모스의 증여론이 지닌 미덕은 우리에게 인간적 삶의 가장 근본적인 활동 중의 하나가 증여활동이며, 이때의 증여는 재화의 교환이 아닌 상징적이며 제의적인 교환활동이다. 즉 증여자가 타인에게 증여하는 것은 이윤추구나 어떤 경제적 계산이 아니라 단지 사회적인 인정을 위해서 하는 것이다. 증여론이 우리에게 교훈하는 바는 재화가 가능한 많은 사람들의 선과 행복을 위해 골고루 분배되어야 한다는 것이다. 선과 행복은 노동을 통한 부의 축적과 재분배, 상호 존경과 관대함 속에서 확산되기 때문이다.

피에르 부르디외(Pierre Bourdieu)는 증여 가능성의 조건이 상호성의 규칙 자체가 아니라 시간적 지연이라고 본다. 부르디외는 증여와 답례 사이의 시간적 지연은 증여자와 수혜자 사이의 신용이라는 새로운 교

---

67 박세진, "선물과 이름 : '근본적인 인정 행위'로서의 증여", 287.

환 조건을 창출하기에 선물교환은 상호신뢰의 경제로 전환되는 계기를 마련한다고 보았다. 선물교환에 참여하는 쌍방의 상호신뢰와 신용은 교환의 구조 안에서 이미 제도적으로 조직되고 보장되는 오인(guaranteed misrecognition)에 기초하는 것으로서 어느 정도 계산된 관대함이다. 오인은 사회규칙의 일부로서, 구조화된 구조이며, 행위자의 주관성 속에 내면화된 사회질서라고 부르는 아비투스의 일부분이다.[68]

도덕경제는 시장의 논리, 경제중심주의, 비용효과로 압축할 수 있는 현대사회의 지배적인 공리주의적 경제윤리에 대항하는 새로운 가치규범체계를 정립하는 기초가 된다. 도덕경제는 자원의 희소가치로 인한 적자생존의 냉엄한 생존규칙으로 인한 비인간화에 대항하며, 인간을 소외시키고 물상화하는 상품경제를 비판한다. 따라서 진정한 도덕경제는 인간과 사물, 인간과 인간 사이의 상호연관성과 경제에 있어서 인간성의 회복을 추구하는 도덕적 감수성에 기반을 두는 경제이다.

(2) 데리다와 리꾀르의 선물론

자크 데리다(Jacques Derrida)는 모스의 증여론이 언제나 되돌려 받음이 없는 증여가 아니라 답례의 의무를 지켜야 하는 증여를 전제하기 때문에 모스의 증여론을 교환으로 변질된 증여, 경제에 포획된 증여에 불과하다고 비판하였다.[69] 모스는 증여를 가능하게 하는 원인을 탐구하고 그 구조를 설명하는 것 같지만, 이는 오히려 증여의 본질적 의미와 가치를 훼

68 Pierre Bourdieu, *The Logic of Practice*, 1990, 53. 김성례, "증여론과 증여의 윤리," 『비교문화연구』 11, (2005. 1), 173 재인용.
69 손영창, "데리다의 증여이론," 『대동철학』 76, (2016. 9), 112.

손하는 결과를 빚는다는 것이 데리다의 지적이다.

데리다가 볼 때 증여에 대한 답례는 증여를 결국 경제적 순환성에 빠지게 하는 문제가 있다. 모스의 증여론은 증여, 수령, 역증여의 세 형태로 구성되는데, 모스는 이러한 행위에서 답례의 의무를 매우 중시한다. 그러므로 증여는 언제나 되돌려주어야 할 어떤 것으로 규정된다. 증여는 빚, 반환, 대출, 역증여의 연쇄과정으로 순환된다. 증여를 이러한 일련의 의무로부터 해방시키기 위해서는 증여와 관련된 모든 지각과 의식 그리고 인정의 방식과 근본적으로 단절될 필요가 있다. 증여는 그 자체로 지각되지 말아야 하며, 인정되지 말아야 한다.

따라서 데리다에게 있어 진정한 증여는 대가나 기대가 없는 순수한 의미의 증여이며 되돌려 받음이 없는 증여이다. 이는 은폐된 교환과의 근본적인 단절을 전제한다. 주는 자가 어떤 보상을 기대하거나 받는 자가 일종의 채무의식을 느끼는 순간, 증여는 더 이상 순수한 의미를 지닐 수 없기 때문이다. 받기 없는 주기, 보상 없는 소비, 부채 없는 받기, 채무 없는 수용 등은 증여의 본질적 계기를 이룬다.

증여는 모든 보상이나 보답 혹은 회수의 논리와 근본적으로 구분된다는 점에서 절대적으로 일방향적일 뿐 아니라 비등가적이고, 무원인적이다. 그것은 어떤 원인이나 근거 그리고 의무도 심지어 어떤 의도나 욕망도 허락하지 않는다. 따라서 진정한 증여는 모든 증여에 대한 기대와 계산으로부터 해방, 교환의 순환구조로부터의 해방을 의미한다. 증여자는 증여를 하면서 어떤 의도나 계산을 갖지 않는 채 증여해야 한다. 증여자의 편에서 어떤 의식의 개입도 허용되지 않는다. 이렇게 증여의 주체가 작동을

중단한 곳에서 증여는 이뤄질 수 있다.[70]

폴 리꾀르(Paul Ricoeur)는 증여를 타자의 인정을 위한 행위로 보면서 증여가 지닌 미덕을 상호성에 기반을 둔 사회적인 인정, 즉 증여를 통한 감사와 그의 존재에 대한 인정이라고 보았다. 모스가 증여에서 답례를 중시했다면, 리꾀르는 사회적 인정의 욕구를 강조하기 위해 최초의 증여활동을 강조한다. 첫 증여자의 관대함은 증여가 시장에서 발생하는 거래와는 근본적으로 다른 측면을 알려준다. 증여는 타자의 인정을 위한 행위이다. 이때의 인정은 상호성에 기반한다. 주고 받음보다 더 중요한 것이 타인의 증여를 통한 감사와 그의 존재의 인정이다.[71]

리꾀르는 호혜성보다 상호성을 강조한다. 상호성은 증여자와 피증여자 사이의 관계로서 한쪽이 대가 없이 증여를 하고, 이 증여의 대가 없음에 대한 인정, 즉 감사를 표하는 것에서 상징적 교환이 성립한다. 그러기에 증여의 상호성은 수익으로 인한 경제적 이익에 대한 감사라기보다는 증여 속에 드러난 증여자의 존재에 대한 인정이라 할 수 있다.

증여와 선물로 파생되는 호혜성이나 신뢰, 상호 인정은 공동체의 연대를 강화시키는 요소가 된다. 증여나 선물은 다른 사람들이나 집단, 그리고 공동체를 위한 자발적 헌신을 전제로 시작된다. 이를 현대적 의미로 적용하면, 이타적인 인류에 대한 사랑(philos anthropos)이 될 것이다. 필란트로피는 공공선과 공동체의 목표를 위해 자발적으로 기여하고자 하는 시민과 자선단체, 교회, 기업의 헌신으로 이루어졌다. 이는 자선(Charity)

---

70 같은 책, 118-119.

71 같은 책, 125.

으로 지칭되는데, 교회와 부유한 시민들은 가난한 자들, 병자, 떠돌이, 노인, 과부와 고아들에게 도움을 베풀었다.[72] 자선의 동기는 기독교인으로서의 의무, 이웃에 대한 사랑, 배려, 기부에 따른 보상, 사회적 평판 등 다양하다. 음식이나 돌봄 같은 기본적 필요에서 어려움을 겪는 개인이나 단체에 대한 재정 지원과 봉사활동으로 이루어진다.

공동체를 뜻하는 라틴어 코뮤니타스(communitas)는 '함께'라는 의미의 'cum'과 '의무, 책임, 선물'을 뜻하는 'munus'의 조합으로써, '의무, 책임, 선물 등을 함께 하는 집단'을 가리킨다. 여기서 우리가 주목하는 점은 공동체 구성원들을 묶어주는 '무누스(munus)'라는 특정한 형태의 증여가 갖는 역할이다. 무누스는 "주지 않을 수 없기에 주어야만 하는 증여"로 개념화된다. 이는 구성원 각자가 '공공의 것'에 대해 주어야만 하는 선물로서, 일방적이고 비대칭적인 선물을 가리킨다. 따라서 실존적 공동성의 표상으로서 공동체는 다름 아닌 '주어야 하는 의무'에 의해 구성된다.[73]

기독교윤리적 관점에서 호혜와 선물에 접근할 때, 증여의 차원을 넘어설 필요가 있다. 타인으로부터의 인정이나, 보상이나 보답을 기대하는 등가적 교환을 넘어 이미 받은 사랑이 너무나 놀랍고 크기에 자발적으로 나누는 무조건적인 은혜에 기초할 필요가 있다. 하나님의 무조건적인 사랑과 은총이 너무나 크고 감사하기에 나누게 되며, 그렇게 될 때 더 많은 사랑과 은혜를 세상에 확산시킬 수 있게 된다.

---

72 Theo N. M, Schuyt, 박상은 옮김, 『이타주의자의 시대』 (서울: 경향신문사, 2017), 22.
73 정헌목, "증여의 네 번째 의무", 494.

3) 호혜의 경제학

(1) 기업의 사회적 책임

로마의 대(大) 플리니우스의 기록 중에는 한 발명가가 티베리우스 황제에게 깨지지 않는 유리라는 놀라운 발명품을 보여주는 이야기가 나온다. 황제 앞에 선 발명가는 일부러 유리잔을 떨어뜨렸는데, 놀랍게도 유리잔은 깨어지지 않고 바로 튀어 올랐다.

그러자 발명가는 작은 망치로 찌그러진 유리잔을 조심스레 두드려 원래 모양으로 복원했다.

"다른 사람도 이 발명품에 대하여 아는가?"

황제가 발명가에게 묻자, 발명가는 "그렇지 않습니다."라고 대답했다.

그러자 티베리우스는 이 새로운 물건 때문에 자신이 쌓아둔 금과 은의 가치가 떨어질지도 모른다는 우려 때문에 그 남자를 참수하라고 명령했다.

라틴어로 '위트룸 플렉실레(vetrum flexile)'라 불리던 휘어지는 유리는 역사에서 자취를 감추었다가 2천 년이 지나서야 뉴욕 증권시장 상장사 코닝(Corning) 덕분에 다시 출현하게 되었다.[74] 티베리우스는 전혀 예상하지 못했던 가치 있는 발명품이 세상에 알려지게 되면, 자신이 얻는 것보다 잃을 것이 더 많으리라 단정하고는 아예 없애 버렸던 것이다. 티벨리우스의 이기적이고 근시안적인 탐욕이 인류가 누릴 수 있는 위대한 발명

---

74 Alex Stephany, 위대선 옮김, 『공유경제는 어떻게 비즈니스가 되는가』 (서울: 한스미디어, 2017). 279.

을 2천 년 동안이나 쓸모없게 만들었다.

17세기 프랑스 상인들은 인도 캘리컷(Calicut, 현지명 Kozhikode)에서 날염한 저가 직물인 캘리코(calico)를 수입하기 시작했다. 프랑스의 소비자들은 국내산 염색 천보다 가격이 훨씬 싼 캘리코에 열광했다. 하지만 프랑스 직공들은 엄청나게 분노했다. 이들은 날염 천을 생산할 생각은 하지 않고 정부에 캘리코 수입을 금지하라고 로비했다. 결국 1683년 프랑스 정부는 날염한 면직물의 수입, 생산, 사용을 금지시켰다. 신기술을 이용하여 새롭게 번창하던 사업은 불법이 되었고 수백만 소비자는 값싼 천을 구할 수 없게 되었다.

캘리코가 금지되었던 70년 동안, 프랑스에서는 그 누구도 이 법을 통해 아무런 이익을 보지 못했다. 오히려 캘리코 금지법과 연관된 무장봉기 때문에 죽거나 처형된 사람은 16,000명으로 추정된다. 조르조 리엘로의 주장에 의하면, 프랑스가 당시 캘리코를 금지하지 않았다면 유럽 면직물 산업에서 1위가 되었을 것이다.[75]

세상을 이롭게 하고 많은 사람의 삶을 풍요롭게 만드는 혁신적인 생각이나 계획이 사익에 눈이 멀어 탐욕에 사로잡힌 개인이나 권력 집단에 의해 억압당할 때 역사는 후퇴하게 된다. 권력자가 기득권에 집착할 때 현상 유지를 택하게 될 가능성이 크다. 이처럼 자기중심적인 사고를 벗어나지 못하면 자신뿐 아니라 그 피해는 고스란히 집단 전체에게 미친다.

2008년 리먼 브라더스(Lehman Brothers Holdings Inc.) 파산 사태가 발생했을 때, 미국 정부는 어려움에 빠진 은행들을 살리기 위해 긴급경제안정화법(Emergency Economic Stabilization Act)을 통과시켜 2,500

75 같은 책, 279.

억 달러에 달하는 천문학적인 구제금융을 월가에 투입했다. 하지만 2011년 8월 말 기준 미국에서 압류주택 통보를 받은 주택은 이전보다 7% 늘어나며 9개월 연속 증가하는 등 국민의 삶은 갈수록 피폐해졌다.

자본주의에 대한 분노는 극에 달했고, 뉴욕의 월가에서 "월가를 점령하라(Occupy Wall Street)"는 대규모 시위로 표출되었다. 이 시위는 캐나다의 소비절제주의 및 환경운동 단체이자 잡지사인 애드버스터즈(Adbusters)의 주도하에 2011년 9월 17일 시작되어 사회경제적 불평등에 분노한 사람들의 주목을 받아 세계 곳곳으로 빠르게 확산되었다.[76]

월가 점령 시위대의 핵심 구호는 "우리가 바로 99%이다"였다. 미국의 가장 부유한 1%와 나머지 99% 간의 소득 및 부의 불균형이 극심한 차이를 보이는 데 대한 강한 저항이었다. 이들은 기득권을 누리는 극소수의 부유층과 거대 기업들이 보다 적극적인 방식으로 사회 대다수를 구성하는 서민의 삶을 풍요롭게 할 수 있도록 하는 새로운 체계를 꿈꾸었고, 이러한 경제 사상은 기업이 이윤극대화만 맹목적으로 추구해서는 안되며 사회 구성원으로서 갖는 책임을 보다 적극적으로 실천해야 한다는 기업의 사회적 책임을 강조한다.

윤리적 기업은 경영활동으로 발생한 이윤과 수익의 일부를 사회에 다시 환원함으로 사회적 책임(CSR: Corporative Social Responsibility)을 감당한다. 기업의 윤리적 이미지는 다시 기업의 이윤 창출로 이어진다. 기업이 사회적 책임을 성공적으로 수행한 실례는 한국의 유한양행이 있다. 유한양행은 '좋은 상품을 만들어 국가와 동포에게 도움을 주자'는 창립이념을 실현하기 위해 국민 건강에 유익한 의약품을 도입하였고, 1933년 진

---

76 조동성 외, 『자본주의 5.0』 (서울: Weekly BIZ, 2017), 49.

통 소염제 '안티푸라민'을 개발하여 기업의 이익을 사회에 환원했다.

(2) 기업의 공유가치창출

기업은 사회적 책임을 넘어 공유가치창출(CSV, Creating Shared Value)로 한 단계 더 나아가야 한다. 공유가치창출은 마이클 포터가 2011년 하버드 비즈니스 리뷰를 통해 제시한 개념으로서, 기업의 경영활동은 해당 기업의 문제뿐 아니라 사회 전체의 문제를 해결하기 위해 공유가치를 창출하기 위해 힘써야 한다는 주장이다.

공유가치창출은 기업이 영리를 추구하면서도 공유가치를 깊이 인식하고 이를 창출하는 것이 바람직하다는 인식에 기반하고 있다. 따라서 기업은 영리활동을 통해 얻을 경제적 가치와 더불어 사회 공동체가 함께 얻게 될 공적 가치를 함께 창출하는 방법을 동시에 고민하고 실천할 필요성이 제기되었다. 기업이 공유가치를 실현하기 위해서는 제품과 시장에 대한 개념을 재인식하여 가치사슬의 변혁을 통하여 기업의 생산성뿐만 아니라 지역 산업 클러스터를 형성하여 건강한 사업생태계를 구축하고 경제주체들 간의 동반성장과 화합을 이끌어내야 한다.

공유가치창출은 두 가지 방식으로 진행되는데, 첫째 방식은 이윤 창출과 사회적 책임 이행을 동시에 달성하는 신규사업을 창조적으로 개발하여 집행함으로써 이익을 내면서 각종 사회문제를 동시에 해결하는 프로젝트 기반 CSV(Project-Based CSV)이다. 두 번째 방식은 기업이 기존사업을 평가할 때, 투자회수기간, 투자수익률, 내부수익률과 같은 경제적 기준과 일자리창출, 사회문화 창달, 환경보존과 같은 사회적 기준을 동시에 적

용하는 프로세스 기반 CSV이다.[77]

기업이 공유가치를 성공적으로 창출한 실례는 올람과 네슬레 등에서 찾을 수 있다. 올람 인터내셔날은 캐슈너트 생산자로 이전에는 아프리카에서 생산한 너트를 생산성이 높은 아시아의 공장으로 운송하여 작업 한 후, 시장으로 한 번 더 운송하는 과정을 거쳤는데, 이제는 각 생산 지역에 너트 작업을 할 수 있는 작업장을 함께 운영함으로 작업비와 운송비는 물론 이산화탄소 배출량도 약 25%를 절감하였다. 또한 지역 내 농장들과 협력하여 1만 7천 여 명을 고용하고, 그 외 간접적인 고용창출 효과도 일으켜 지역 성장에 크게 기여하였다.[78]

네슬레는 인류의 건강을 핵심 경영방침으로 정하여, 생산자와 소비자, 회사의 구성원 모두를 위한 웰빙에 중점을 두면서 공유가치창출을 위해 힘썼다. 네슬레만의 제품의 신뢰도와 재료의 품질기준을 충족시키기 위해 지역경제를 활성화시키고, 토양을 비옥하게 하고 원활한 관개시설을 위해 지원을 아끼지 않았다. 또한 원료수입 보다는 자국의 원자재를 이용한 지역 내 생산을 통해 수송비를 절감하고 환경오염을 감소시켰다.

또한 네슬레의 농업지원 프로젝트는 농업전문가 및 경제전문가 외에 약 5천 명의 현장기술자 및 농업들로 구성되어 21개국에서 여러 프로젝트를 진행하고 있다. 이를 통하여 전 세계 10여만 명의 농업인들에게 제품관리, 안전보장 시스템 등과 함께 일련의 훈련, 재정지원, 가격책정 등의 편의를 실시하면서 유통업, 정부, 비영리기관 등의 파트너들과도 지속적인 발전을 모색하고 있다.[79]

---

77 같은 책, 56.
78 박흥수 외, 『공유가치창출전략』, (서울: 박영사, 2016), 26.
79 같은 책, 34-35.

4) 협력과 호혜의 경제공동체

토머스 프리드먼(T. Friedman)은 개방되고 평등한 세상을 위해서는 신뢰가 중요하다고 역설하였다.[80] 신뢰가 없으면 열린사회도 없고, 평등한 세계도 있을 수 없다. 신뢰는 차별의 벽을 허물고, 서로를 차단하는 장애물을 없애고 갈등을 극복하고 평화를 회복하는 데 중요한 덕목이다. 마틴 노왁은 세상은 그 어느 때보다도 초협력자들(SuperCooperators)을 필요로 하며 오늘날 인류는 새로운 방식으로 협력의 창조적인 힘을 활용할 필요가 있음을 강조하였다.[81]

파피아뉴기니의 오우(Au)족과 구노우(Gnau)족은 최후통첩 게임에서 파이의 절반 이상을 상대의 몫으로 제안하였다.[82] 이들은 자신의 이익 보다 상대를 더 많이 배려하는 이타적 성향을 강하게 드러내는데, 이러한 배경에는 일상생활에서 선물을 주는 관행이 널리 확산되어 있기 때문이다.

협력과 호혜에 기반을 둔 사회적 경제운동은 모든 것이 하나님께로부터 주어진 은혜의 선물이며, 우리는 단지 청지기일 뿐이라는 자의식에서 시작된다. 모든 것이 은혜로 주어진 것이기에 감사함으로 받아들이며, 지혜롭고 충성스러운 청지기로서 최선을 다하여 협력의 성과를 내고, 함께 협력하여 거둔 성과를 공유하며 기쁨으로 나누는 것이다. 이것이 바로 성령 안에서 의로움과 평화와 기쁨이 가득 넘치는 하나님 나라(롬 14:17)의 특징이다.

협동조합은 기독교적 가치관을 토대로 형성되었으며, 기독교인들은

---

80 오영호, 『신뢰경제의 귀환』, 188.
81 Martin Nowak & Roger Highfield, 『초협력자』, 23.
82 보울스 & 긴티스, 『협력하는 종』, 97.

초창기 협동조합의 태동과 발전에 크게 기여하였다. 협동조합은 경쟁과 영리추구에서 벗어나 협력을 통해 상생을 모색한다는 점에서 강점이 있다. 협동조합은 자발적인 참여와 책임을 근간으로 사회의 공익적 가치를 추구하면서 기득권을 가진 1%가 아니라 99%를 위한 공정하고 평등한 세상을 만들기 위해 힘쓴다. 그런 점에서 협동조합은 사랑과 정의, 화해와 협력을 강조하는 성서적 가치관을 잘 드러내며 교회의 대사회적 역할과 책임을 구현하는 효과적인 수단이 된다.

협동의 길은 정의로운 사회를 향한 자유롭고 질서정연한 변천을 도모하게 한다.[83] 협동조합이 지닌 공동체적 성격은 신뢰, 호혜, 연대, 충성과 같은 사회 심리적 구성요소를 갖는다. 협동조합은 구성원 서로 간에 선의와 연대성을 증진하기에 샬롬의 공동체를 효과적으로 구현하는 방법이 된다. 협동조합의 시스템은 닫힌 조직이 아니라 참여자 모두에게 열려 있으며, 타인의 희생을 대가로 자기들만의 이익을 추구하지 않으며, 모두가 함께 협력함으로써 사랑과 정의의 경제공동체를 건설하려고 한다.

우분투(Ubuntu)란 남아프리카 반투어에서 유래한 말로서, "네가 있기에 내가 있다"는 뜻으로, 나눔, 공동체, 관용의 철학을 반영하는 전통적인 아프리카식 표현이다.[84] 이러한 우툰부의 정신을 현실에서 잘 드러낼 수 있는 것이 사회적 경제운동이다. 이러한 사회적 경제운동은 약자들까지도 함께 품고 함께 협력에 이끌어 삶의 기반을 굳건하게 만들어 사회경제적 지위를 향상시킨다.

사회적 협동조합은 취약계층의 일자리 창출뿐만 아니라 공공의 사회

---

83 Andrew McLeod, 홍병룡 옮김, 『협동조합, 성경의 눈으로 보다』 (서울: 아바서원, 2013), 134.
84 Jay Walljasper, 『우리가 공유하는 모든 것』, 399.

서비스 생산에 시민들이 참여하여 시너지 효과를 낼 수 있다는 점에서 사회적 경제의 좋은 모델이 된다. 사회적 협동조합은 호혜와 협력의 가치를 가지고 세상을 보다 건강하고 행복하게 만들기 위해 노력하는데, 이러한 사회적 협동조합의 이념은 기독교가 구현하려는 사회정의와 평화의 정신과 일맥상통한다. 교회가 다른 이들에게 의존할 수밖에 없는 사회적, 경제적 약자들의 편에 서서 이들이 인간답게, 하나님의 형상을 구현하며 살 수 있도록 돕는 것은 교회의 선교적 사명을 구현하는 길이 되며, 교회의 대사회적 책임에 신실하게 응답하는 길이 된다.

기업(company)이라는 말의 어원은 함께(com) 빵을 나누다(pany)는 의미이다. 초대 예루살렘 교회는 모든 소유를 함께 공유함으로 이상적인 공동체의 이념을 구현하였다. 함께 빵을 나누는 집단이 조합원일 때는 협동조합이고, 사회일 때는 사회적기업이 된다. 형태가 어떠하든지 공동체를 든든히 세우고 협력과 호혜를 증진시키면 그 조직은 사회에 선물 같은 존재가 된다. 선물과 호혜에 기초한 경제 운동은 적자생존의 냉엄한 비인간화에 대항하며 인간을 소외시키는 상품경제에 대한 비판과 함께 상호연대성과 도덕적 감수성을 고양시키는 대안적 경제운동이라 할 수 있다.

이기적 본성에 따르면 당장 편익을 누릴 수 있겠지만 그로 인한 비극적인 결과는 개인뿐 아니라 공동체 전체가 함께 지게 된다. 이러한 문제점을 인식하게 될 때 호혜와 협력의 방식이 더욱 효율적이며 공동체를 든든히 세우는 방식임을 깨닫게 된다. 따라서 시장 패러다임이 이끄는 방식에 따라 남들보다 경쟁에서 앞서가려고 힘쓰기보다는 타인을 배려하면서 함께 협력하는 것이 진정한 성공의 비결이 된다.

신자유주의로 인해 경쟁이 심해지고 삶은 점점 메말라가고 있는 현실에서 서로를 보듬을 수 있는 새로운 경제 건설 운동이 절실하다. 경쟁에서 이긴 자가 모두 독식하는 룰을 거부하고, 모두가 함께 '공동의 풍요로움'을 위해 둘러앉는 선물과 호혜의 경제운동의 중요성을 깨닫고 실천할 필요가 있다. 협력은 구성원들의 헌신과 이타성, 자기희생이 뒤따를 때 더욱 확산될 수 있다. 또한 협력은 이기적이고 비정한 세상에서도 서로 협력하는 작은 움직임으로 시작될 수 있다. 일단 협력이 생겨나면 전혀 가능할 것 같지 않은 상황 속에서도 협력과 호혜는 시너지 효과를 내면서 확산될 수 있다.

협력과 호혜의 경제는 협력과 호혜의 정신을 기반으로 창의력과 상상력, 그리고 열정과 개척정신을 가지고 구성원들의 자발적인 참여와 연대를 도모하고 사회적 약자들까지도 품을 수 있는 창조적인 경제운동이다. 서로에게 선물을 제공하고 서로에게 선물이 되는 경제, 공유가치를 실현하는 경제가 확산될 수 있도록 노력을 멈추지 않아야 한다. 교회는 협력과 호혜를 실천할 수 있는 다양한 자원을 갖고 있으며, 이를 잘 활용하며 효과적인 선교의 매개체로 삼을 필요가 있다.

5. 공유경제와 사회적 자본

1) 공유경제

전통적인 경제관에서 볼 때 인간의 공유 속성은 설명하기가 쉽지 않다. 공유는 독점욕구에 따른 경제적 합리성과는 역행하기에 편치 않은 개념이며, 심지어 거부감마저 들기도 한다. 하지만 스마트폰으로 연결되는 세상에서는 과거에 누릴 수 없었던 엄청난 자원을 누릴 수 있는데, 이런 자원의 소유는 공유로 가능하다.[85] 기존의 자원은 공유에 제약이 많았지만, 다양한 전자 상거래 플랫폼의 구축에 따라 공유가 활발하게 이루어지고 있다.

(1) 지식의 공유와 확산

우리는 각자 단편적인 지식만을 갖고 있는데, 다양한 소통과 공유는 흩어져 있는 단편적인 지식을 효과적으로 활용하는 수단이 된다. 그런데 지식의 활용이 기존 자본주의의 문제점을 고착화하는 경우가 있다. 자본주의의 모순 중 하나는 생산이 집단적인 협력과 노동으로 이루어지는 공동체적인 성격을 띠지만, 소유는 개인적이고 사적인 경향이 강하다는 점이다. 이로 인해 공동의 노력으로 생산된 성과를 소수 자본가만 취득하는 경우가 많다.

지식 또한 사회적 과정을 통해 구축되지만, 그 결과물은 지적 재산권을 통해 소수만이 독점하는 경우가 많다. 전문직 종사자들이 지식을 배타적으로 독점하고 그에 따른 이익을 취하는 경우가 이에 해당한다. 선택받은 소수만이 전문 교육기관에서 교육받고, 졸업과 자격시험을 통과하여야 자격을 부여한다. 이러한 폐쇄적인 구조는 관련 지식의 남용을 방지하고 전문 지식의 깊이를 더하면서 지식산업을 발전시키는 데 중요한 역할을 하였다. 하지만 지식과 정보에 대한 배타적인 독점을 통해 과도하게 권리

---

85 이민화, 『호모 모빌리언스』 (서울: 북콘서트, 2012), 288.

를 요구하거나 창작자가 아닌 기업의 이익을 대변하는 것은 문제시된다.

지적 재산권이나 특허 관련 주장은 지식의 불평등을 심화하는 등 여러 부작용을 낳는데, 최근 들어 기술 개발 건수의 증가율보다 기술 관련 특허 건수의 증가율이 현저하게 증가하는 추세가 이를 방증한다.[86] 과거에는 특허를 출원하지 않았을 기술도 지적 재산권으로 편입됨에 따라 비싼 비용을 부담하게 되었고, 그 수익은 극소수에게만 돌아가는 부작용을 낳는다. 실례로 특허를 통한 지식의 독점은 소프트웨어의 가격을 상승시켰는데, 그 이득은 소프트웨어 완제품 판매에 의존하는 소수에게만 주어진다.

1980년대 제작된 〈아이즈 온 더 프라이즈(Eyes on the Prize)〉와 같은 다큐멘터리는 촬영에 담긴 모든 장면과 관련된 법적 문제로 인해 오랫동안 공개할 수 없었다. 확장된 지적재산권에 따라 이용 허락을 받아야 했는데, 그 비용은 제작비보다 훨씬 더 많이 들었다.[87] 대학 또한 특허 이용에 따른 로열티 지불로 인해 특허권 취득 경쟁에 뛰어들었으며, 특허가 당장 필요 없는 기업조차 경쟁 기업에 의한 잠재적인 소송 위협을 대비하는 차원에서 엄청난 비용을 들여가며 특허 포토폴리오를 구축하고 있다. 이처럼 지적 재산의 과도한 권리 주장은 이해당사자는 물론 산업 전체의 성장을 가로막는 부작용을 빚는다. 상표권, 라이선스, 특허권 등 지적 재산권의 과도한 적용으로 눈에 보이지 않는 울타리가 쳐지고, 이로 인해 지적 재산에 접근할 수 없는 이들은 지식 경제 시스템에서 소외될 수밖에 없

86 최영, 『공유와 협력, 소셜 미디어 네트워크 패러다임』 (서울: 커뮤니케이션북스, 2013), 113.

87 Yochai Benkler, *The Wealth of Network: how social production transforms markets and freedom* (New Haven : Yale University Press, 2006, 462.

다.

앨빈 토플러(Alvin Toffler)는 지식의 특성을 다음 열 가지로 분석하였다. 첫째, 지식은 본질적으로 비경쟁적이다. 둘째, 지식은 형태가 없다. 셋째, 지식은 비선형적이다. 넷째, 지식은 관계적이다. 다섯째, 지식은 다른 지식과 짝을 이룬다. 여섯째, 지식은 다른 어떤 상품보다 이동성이 크다. 일곱째, 지식은 상징이나 추상적인 개념으로 압축할 수 있다. 여덟째, 지식은 점점 더 작은 공간에 저장할 수 있다. 아홉째, 지식은 명시적일 수도 있고 암시적일 수도 있으며, 표현될 수도 표현되지 않을 수도 있으며, 공유하거나 아니면 자신만 간직할 수도 있다. 열 번째, 지식은 밀봉하기가 어려워 퍼져나간다.[88]

토플러에 따르면, 지식은 누구나 이용할 수 있으며, 창조하거나 교환할 수 있다. 지식은 사용하는 이가 많으면 많을수록 집단 지성의 토대가 마련되어 더 많은 지식을 창출할 가능성이 커진다. 지식은 네트워크를 통해 동시다발적으로 유통할 수 있기에 시간을 거듭할수록 그 효용가치가 기하급수적으로 늘어나며, 작은 통찰력이 거대한 결과를 낳을 수 있다. 또한 지식은 다른 지식과 연결되어야 비로소 의미를 얻으며, 지식의 양이 많을수록 융합하여 창조성을 극대화할 수 있다.

지식은 독점할 때보다 공유할수록 더 큰 파급효과가 있다. 실례로 영국 학술원의 전신인 17세기 중반의 보이지 않는 대학은 연구 결과를 공유함으로써 화학, 생물학, 천문학, 광학 등 다양한 분야에서 큰 업적을 이루었다.[89] 보이지 않는 대학의 구성원들은 창의성과 유연한 사고 그리고 공

---

88 Alvin Toffler & Heidi Toffler, *Revolutionary wealth* (New York : Knopf, 2006), 100-101 참고.

89 최영, 『공유와 협력, 소셜 미디어 네트워크 패러다임』, 11 참고.

유에 대한 열린 마음을 갖고 공기펌프, 현미경, 망원경 등 다양한 실험 도구를 발명하고 개선하였다. 지식은 누구나 쉽게 습득하고 자유롭게 활용할 수 있도록 허용할 때 더 큰 힘을 발휘한다. 테슬라 모터스는 자사가 보유한 전기차 핵심 기술인 전기 구동장치와 동력전달장치 관련 특허를 모두 공개하였는데, 이로 인해 전기차 기술이 발전하는 계기를 제공하였다.[90] 또한 구글의 엔지니어들은 플루(Flu)라는 검색어를 추적하여 미국 질병통제예방센터보다 더 빨리 전 세계 어느 곳에 이 질병이 퍼졌는지 파악했고, 치료제와 백신의 수요를 예측하는 데 큰 도움을 주었다.[91] 이처럼 지식은 공개하고 공유할수록 유용하게 활용할 가능성 또한 커진다.

과도한 지식의 독점이 지닌 문제점을 인식한 이들은 지식 공유를 위해 카피레프트 운동을 펼쳤다. 카피레프트는 독점적인 의미의 저작권인 카피라이트에 반대하는 개념이다. 카피레프트는 저작권에 기반을 둔 사용 제한(카피라이트)이 아니라 저작권을 기반으로 한 정보의 공유를 강조하는데, 지식과 정보는 소수에게 독점되어서는 안 되며, 모든 사람에게 열려 있어야 한다고 본다.

카피레프트 운동은 리처드 스톨먼(R. M. Stallman)이 시작하였다. 스톨먼은 1985년 자유 소프트웨어 재단을 설립하고 카피레프트 개념을 제시했으며, 2001년부터는 로렌스 레식(Lawrence Lessig)과 함께 일반 공중 사용 허가서(GPL), 소프트 라이선스 개념을 도입하면서 오픈 소스의 대중화를 이끌었다. 오픈 소스 운동을 통한 지식 공유는 혁신적 가치를 창출하는 매개체가 되었으며, 이러한 여파로 공유지는 더욱 비옥해지게 되

---

90 차두원·진영현, 『초연결시대, 공유경제와 사물인터넷의 미래』 (서울: 한스미디어, 2017), 36.
91 Jeff Jarvis, 『공개하고 공유하라』 (서울: 청림출판, 2013), 106.

었다.

데이비드 볼리어(David Bollier)는 공유가 지닌 특징을 다음과 같이 정리했다. 첫째, 공유는 보편적으로 적용될 수 있는 세계관이자 감성이다. 공유는 경직된 전체주의적인 이념이 아니라, 제약 없는, 유연한, 다양한 문화와 사회에 열려 있는 변화를 위한 기초적인 틀을 제공한다. 둘째, 공유는 시장 문화를 비판하고 협력과 공동체의 타당성을 입증할 수 있게 해주는 지적 분석틀이자 담론이다. 셋째, 공유는 효과적인 자원 공급과 권한 분산을 위한 다양한 종류의 실행 모델들로 구성된다.[92]

공유와 협력의 가치를 바탕으로 지식과 정보를 유용하게 구축한 대표적인 사례로는 위키피디아가 있다. 위키피디아는 공동체를 위해 글을 쓰는 즐거움만 생각할 뿐 보상을 바라지 않는 자원자들에 의해 지속적으로 구축된 결과물이다. 위키피디아는 누구든지 자료를 편집할 수 있고, 다른 누군가의 수정 부분을 삭제하고, 더 바람직한 내용에 관해 토론하거나, 예전 변경 부분의 기록을 검색할 수 있도록 공개한다. 또한 관련 내용에 대한 문제가 제기되면 합의에 이르기 위한 공개 담론을 거치게 된다.[93] 2001년 2월 지미 웨일스(jimmy Wales)가 자발적인 기고에 전적으로 의존하는 인터넷 플랫폼을 만들자는 무모한 아이디어를 제안했을 때만 해도 이 플랫폼이 브리태니커에 버금가거나 그것을 능가하리라 예측하지는 못했다.[94]

위키피디아 같은 오픈 소스 소프트웨어는 협력과 공유 문화가 어떻게 엄청난 양의 정보를 구축하여 선한 영향력을 발휘할 수 있는지를 여실히

---

92 David Bollier, 『공유인으로 사고하라』, 249-250.
93 Yochai Benkler, *The Wealth of Network*, 72 참고.
94 Yochai Benkler, 이현주 옮김, 『펭귄과 리바이어던: 협력은 어떻게 이기심을 이기는가』 (서울: 반비, 2013), 204.

보여준다. 위키미디어 재단은 2009년 사용자들이 위키피디아 편집에 투입한 시간을 합산하여 그 노력을 비용으로 환산했다. 조사와 글쓰기에 들어간 시간은 추적할 수 없었고, 편집에 들어간 시간만 분석한 조사에 따르면, 인건비를 시간당 10달러로 적용해도 편집에 기부한 총 인력의 비용은 연간 7억 달러로 추정되며, 총 40억 달러 이상의 자산이 구축되었다.[95]

크리에이티브 커먼즈 라이선스(Creative Commons Licens, CCL)는 정보·지식·문화를 창작하는 개인들에게 저작물의 이용 가능 범위를 알려주는 다양한 라이선스를 개발하는 이니셔티브다. 어떤 이용이 허용되어 있고, 어떤 이용이 불가능한가를 저작물에 부착된 간단한 라이선스에 표시하여 이용자들에게 알려준다. 그 바탕에는 저작권 시스템이 자리 잡고 있지만, 크리에이티브 커먼즈 라이선스의 도입은 타인들이 저작물을 이용하도록 허락하는 관행을 만든다는 점에서 혁신적이다. 이 라이선스 이전에는 "특정한 제약 조건만 지키면 내 저작물을 누구나 자유로이 이용할 수 있어요"라고 세상에 공개적으로 알리는 법적 형식은 존재하지 않았다.[96] 현재 크리에이티브 커먼스 라이선스는 다른 사람들에게 즐거움과 도움을 주기 위해 개인들이 시간, 경험, 지혜, 창의력을 모아 새로운 형태의 정보재, 지식, 문화 상품을 창출하고 있다.

유튜브(YouTube)의 성공 이면에는 초창기 무급의 아마추어들이 수고한 덕분이다. 초기 유튜버들은 영상 콘텐츠를 만들어 올리면서도 한 푼의 대가도 받지 않고 무료로 올렸다. 그들은 단지 자신의 생활을 담고, 경험을 공유하고, 때로는 단순히 웃기기 위해 영상을 만들어 올렸다. 수백만

95 Jeff Jarvis, 『공개하고 공유하라』, 103 참고.
96 Yochai Benkler, *The Wealth of Network*, 455.

명의 유튜버들은 수익 창출보다는 공유에 더 관심이 많았다. 그런데 구글이 광고주의 환심을 사는 공유 아이디어로 이 영상들의 가치를 16억 5천 달러로 평가하였다.[97] 오늘날 수많은 구독자를 거느린 유튜버들은 광고로 발생하는 수익을 얻지만, 이들이 올린 영상 콘텐츠는 소비자에게 무료로 유용하게 제공되고 있다.

(2) 협력적 생산과 소비

공유자원이 협력의 원리에 따라 운영되면 효율성을 개선할 수 있다. 협력 문화가 풍부한 공동체에서는 사유재산권보다 공유가 효율성을 보장해 줄 가능성이 크기 때문이다.[98] 경쟁은 내가 성공하기 위해서는 상대가 실패해야 하는 제로섬게임이라면, 공유재 기반의 협력은 협동적 프로젝트의 특징을 드러내는 파지티브섬 게임이다. 즉 공유재 기반으로 생산된 산출물은 모두에게 공평하게 분배되어 저마다의 재량에 따라 자유로운 사용이 가능하다.

구글, 아마존, CNN 웹 서버는 GNU/리눅스 운영 시스템을 사용하고 있다. 그 이유는 이 시스템이 무료이기 때문이 아니라 동료 생산에 기반한 작동 시스템이 다른 제품보다 더 신뢰할 만하기 때문이다. 프리 소프트웨어 덕분에 향상된 설비의 구축과 더 나은 서비스 제공이 가능해졌으며 공적 분야에서 더 원활하게 역할을 수행할 수 있게 되었다.

프리 소프트웨어는 리처드 스톨먼(Richard Stallman)이 GNU(GNU's

---

97 Yochai Benkler, 『펭귄과 리바이어던』, 209-210 참고.
98 최배근, 『탈공업화와 무형재경제 그리고 협력의 경제학』 (서울: 집문당, 2015), 21.

Not Unix)라고 불리는 프로젝트에서 시작되었다. 스톨먼은 소프트웨어가 사람들의 정보 이용을 자유롭게 만드는 세상을 원했다. 소프트웨어를 필요에 꼭 맞게 수정할 필요가 생겼을 때 그 누구의 허락을 얻지 않아도 되며, 소프트웨어를 유용하게 사용하려는 이들과 공유할 수 있는 세상이었다. 하지만 현실은 자신만의 소프트웨어를 만들고 공유할 수 있는 자유는 시장과 재산권에 의존하는 기존의 방식과 양립할 수 없음을 깨달았다. 소프트웨어 이용 시장을 장악하려는 소유권자들이 이를 막으려 할 것이기 때문이었다.

이런 현실적 이유에서 스톨먼은 소프트웨어를 직접 제작하였고, 소프트웨어 코드의 일부분을 공개하면서 누구든지 원하는 방식대로 복제, 배포, 수정이 가능하다는 내용의 라이선스를 덧붙였다. 그는 이런 방식으로 프로그램을 개발하기 위해 다른 개발자들의 협력을 끌어냈다. 개발자들이 원한다면 자신들이 공헌하고 이바지한 부분(새로 추가하거나 개발한 프로그램)도 다른 사람들이 자유롭게 이용할 수 있도록 공개한다는 조건을 덧붙였다. 이 라이선스는 GPL로 불리는 일반 공중 라이선스(General Public License)가 되었다.

스톨먼에 따르면, 프리 소프트웨어의 프리(free)는 공짜라는 의미보다 자유롭다는 의미이다. 즉 누구나 이용할 수 있고 다시 만들 수 있다. 스톨먼이 소프트웨어가 모든 이에게 공개되는 공동의 자원이어야 한다고 처음 생각했을 때는 매우 낯선 개념이었다.[99] 그렇게 하려면 우선 소프트웨어를 개발한 다음, 원작자에게 지켜야 할 어떠한 의무도 없는 상태에서 누구든 그 소프트웨어를 복사하고 배포하고 심지어 판매할 수 있도록 허가

---

99 Yochai Benkler, *The Wealth of Network*, 64-65.

해줄 수 있어야 했다. 허가받은 사람들은 그와 동일한 조건으로 허가하는 한, 소프트웨어를 개선한 뒤 다시 나누어줄 수 있었다. 이는 호혜를 필요로 하고 지속적인 개선을 격려하는 것이었다.[100] 스톨먼은 호혜의 사이클이 중단되지 않는 한, 사람들이 자유 소프트웨어를 판매하는 데 반대하지 않았다.

공유경제에서 새로운 혁신과 가치 창출을 위해 필요한 요소는 협력과 공유, 그리고 호혜성이다. 크라우드소싱(crowdsourcing)은 군중(crowd)과 아웃소싱(outsourcing)의 합성어로 일반 대중이 기업 내부의 인력을 대체하는 협력적 생산방식의 비즈니스 모델이다. 소비자인 대중들이 제품에 대한 아이디어를 내고, 기업은 그 아이디어를 바탕으로 제품을 설계 및 생산한다. 이를 통해 기업은 제품 개발 및 서비스에 대한 리스크를 감소시킬 수 있다. 소비자가 직접 아이디어를 내기 때문에 제품에 대한 고객 만족을 높일 수 있으며 마케팅 비용 또한 감소시킨다. 크라우드소싱은 소비자와 공급자 사이의 경계를 해체하고 기업과 소비자의 소통을 통해 가치를 창출하는 비즈니스 모델이다.[101]

기술 기반 기업이 새로 개발한 제품을 베타 버전으로 출시하여 제품 개발 과정을 누구나 볼 수 있도록 드러내는 것은 기술공유를 통해 고객들과 협업하기 위한 전략이다. 베타 버전은 '이 제품은 아직 완성되지 않았으니 완성하도록 도와 달라'고 고객들에게 요청하는 것이다.[102] 이는 개발 기업 혼자 일하는 것보다 고객들과 함께 협력하는 것이 더 탁월하다는 것을 인정하는 방식이다.

---

100 Yochai Benkler, 『펭귄과 리바이어던』, 205.
101 최배근, 『탈공업화와 무형재경제 그리고 협력의 경제학』, 59.
102 Jeff Jarvis, 『공개하고 공유하라』, 104.

공유경제는 협력적 소비를 진작시킨다. 공유경제가 지닌 가치는 사용 빈도가 낮은 자산에 접근할 수 있도록 하여, 공동체가 이러한 자산을 소유할 필요성을 감소시키며 자산의 효율성을 극대화하는 강점이 있다. 공유경제를 통해 자산은 공동체 안에서 순환하게 되고, 사용자들은 서로 관계를 맺고 신뢰하게 되면서 사회적 자본을 증가시킨다. 공유경제는 상품이나 서비스를 공유함으로써 소비 대상뿐 아니라 소비 방법까지 재창조한다. 퍼트넘에 따르면, 시민적 품성은 호혜적 사회관계의 촘촘한 네트워크 속에 자리 잡고 있을 때 가장 강력한 힘을 발휘한다.[103] 그런 점에서 공유와 협력이라는 기본 가치가 내재된 생산방식에는 관대함, 이타주의, 동료애, 호혜, 연대 등과 같은 다양한 시민적 미덕과 가치들이 포함되어 있다.

(3) 신뢰를 통한 선순환 경제

투명성과 명료성은 공유를 위한 중요한 규범이 되며 이는 신뢰를 담보로 한다. ICT 기반 플랫폼 서비스는 높은 편리성을 제공해주지만, 기본적으로 비대면 거래 관계에서 프라이버시, 보안 등의 잠재적 문제점들이 위험 요소로 나타나고, 이점은 사용자들의 서비스 사용을 결정하는 중요 요소가 된다. 따라서 공유경제는 신뢰가 전제되어야 한다. 가령 승차공유 플랫폼 서비스가 원활하게 운영되고 수요자를 안정적으로 확보하기 위해서는 서비스 운영자에 대한 신뢰, 운전자 및 탑승자 등 플랫폼 참여자 상호 간의 신뢰, 안전한 서비스가 안정적으로 유지되기 위한 사회적인 신뢰

103 Robert D. Putnam, 정승현 옮김, 『나 홀로 볼링』 (서울: 페이퍼로드, 2018), 17.

등이 중요하다.[104]

한 번 소프트웨어가 되면, 그 상품의 원가와 가격이 공짜가 되는 것은 디지털 시대의 독특한 특성이다. 이러한 공짜는 한계비용이 0에 가까운 디지털 경제가 지배하는 인터넷 세상에서 발생한다. 사진 공유 사이트인 플리커(Flicker)는 대부분의 유저들에게 공짜이며, 구글이 제공하는 것들도 대부분 공짜이고, 광고 또한 없다.[105]

또한 3자 간 시장에서는 콘텐츠, 서비스, 소프트웨어 등이 무료 상품으로 모든 사람에게 혜택을 제공한다. 두 당사자가 무엇인가를 무료로 교환함으로써 창출되는 시장에서 제삼자가 그 비용을 대신 지불한다. 가령 언론사는 소비자에게 무료로 상품을 제공하고, 광고주들은 양자 사이에 끼어들기 위해 그 비용을 대신 보조한다.[106] 구독자들에게 간행물(재화)을 파는 기존 모델에서 광고주들에게 구독자(사람)를 파는 형태로 변환되면서 간행물은 공짜가 되었다. 이때 웹이 플랫폼을 제공하는데, 0에 가까운 배급 비용이 공유경제를 활성화하는 조건이 된다.

아룬 순다라라잔(Arun Sundararajan)에 따르면, 공유경제에서 볼 수 있는 교환 속성은 경제적 목적만 아니라 사회적 문화적 기능이 크게 작용한다는 점에서 시장경제보다는 선물 경제의 속성으로 보았다.[107] 하지만 교환은 시장경제와 선물 경제의 속성이 적절히 혼합된 속성이라 할 수 있

---

104 민슬기·박병호, "신기술로서 소비자의 공유경제 플랫폼의 수용에 영향을 미치는 요인들에 대한 분석: 차량 승차공유 서비스 플랫폼을 중심으로," 『2019년 한국경영정보학회 추계학술대회 자료집』 (2019), 179.

105 Chris Anderson, 정준희 옮김, 『프리: 비트 경제와 공짜 가격이 만드는 혁명적 미래』 (서울: 랜덤하우스코리아, 2009), 45.

106 같은 책, 51.

107 Arun Sundararajan, 이은주 옮김, 『4차 산업혁명시대의 공유경제』 (파주: 교보문고, 2018), 59.

다. 그런 점에서 공유경제는 시장경제와 선물 경제의 연장선상에 있다. 공유경제에는 선물 경제를 통하여 물건이나 용역이 전달되기도 하는데, 여들(Yerdle)을 이용하는 이들은 필요 없는 물건을 선물하고, 이때 받은 포인트로 다른 물건을 구매한다.[108]

상품을 판매하는 것과는 다르게 선물을 주는 행위는 관련 당사자 간에 사회적 관계를 형성하는 경향이 있다. 더 나아가 한 집단 안에서 선물이 순환되는 과정에서 상호 작용이 반복되고 이를 통해 상호연관성이 구축된다. 이러한 일련의 과정을 통해 일종의 분권적 집단 응집력이 형성된다. 이러한 선물 경제개념은 공동체 구축과 밀접한 관련이 있다. 선물의 가치는 자산 가치 또는 소비 가치와는 거리가 있다. 선물교환의 진정한 목적은 사회적 유대감을 증진하는 것이다.[109] 선물은 순환이 계속될수록 주고받기의 흐름이 더욱 강화된다. 그런 점에서 선물 교환은 사회적 가치와 공동체의 연대를 강화하는 수단이 된다. 따라서 순환되지 않고 한곳에 멈춰 있는 선물은 이러한 목적을 달성하는 데는 무용지물이다. 상품 교환과 달리 선물 교환에서는 순환할수록 그 선물의 효용가치는 증가한다.

이처럼 공유경제는 사용 빈도가 낮은 자산에 인터넷으로 접근할 수 있도록 하여, 공동체가 이러한 자산을 소유할 필요성을 감소시킨다. 공유는 소유의 필요성을 감소시키는데, 과잉 소비로 불필요한 재화를 낭비하지 않도록 한다. 공유경제는 소비자 관점에서 볼 때 소유보다는 공유를, 과잉 소비보다는 협력적 소비를 추구하며, 공급자 관점에서는 이윤 창출보다는 가치 창출을, 경쟁보다는 신뢰를 기반으로 운영되는 특징을 지닌

108 Alex Stephany, 『공개하고 공유하라』, 33.
109 Arun Sundararajan, 『4차 산업혁명시대의 공유경제』, 78.

다. 이처럼 공유경제는 소비자가 상품을 효율적으로 사용하도록 돕게 되고 순환 경제의 선순환 효과를 증가시킨다. 공유경제는 낯선 사람과의 교류와 소통 빈도를 높여 풍요로운 삶을 약속한다.

2) 사회적 경제

(1) 샤를 지드

'사회적 경제'라는 용어는 1900년 전후에 활동한 프랑스의 경제사상가인 샤를 지드(Charles Gide)에 의해 처음 사용되었다. 지드는 자본주의 시장경제로 인해 유발되는 갖가지 사회적 위험을 예견하면서, 시장경제가 한층 더 사회적이고 공평한 경제체제로 전환될 것을 강조하기 위해 이 개념을 사용하였다. 그는 순수 경제학과 사회 경제학을 구분하였는데, 순수 경제학이 부의 생산과 인간과 물질, 사물과의 관계에 대한 연구라면, 사회 경제학은 사회 조직들의 형태, 법, 관습 혹은 사회적 환경을 개선하는 데에 목적을 둔 관계에 대한 연구라고 보았다.[110] 그는 협동조합이나 공제조합과 같이 이타적인 협력과 상호 부조의 정신에 의해 운영되는 기업을 사회적 경제로 규정하였다. 그는 사회적 경제에 연대의 원리에 기초한 경제조직뿐 아니라 부를 사회정의에 맞게 분배하기 위한 국가의 규제까지도 폭넓게 포함시켰다.[111]

---

110 신창환, "사회적 경제의 실천 조건과 정책을 통해 본 사회적 협동조합의 과제," 『사회과학 담론과 정책』 8/2 (2015. 10), 93-94.

111 신명호, "사회적경제의 이해," 김성기 외, 『사회적경제의 이해와 전망』 (홍천: 아르케,

(2) 칼 폴라니

칼 폴라니(Karl Polanyi)는 물질적인 경제 가치에 치중하여 거래되는 것만을 대상으로 삼는 시장경제에 반기를 들고 호혜성(reciprocity), 재분배(redistribution), 교환(exchange), 공정, 평등과 같은 개념을 도입하여 돌봄의 경제를 주장하였다[112] 그는 경제를 형식적인 경제(formal economy)와 실체적인 경제(substantial economy)로 구분하였는데, 형식적인 경제가 추상적이며 논리적 차원의 경제라면, 실체적인 경제는 실제 사회에서 경제가 작동하는 사실적인 측면을 대상으로 삼는다. 실체적인 경제는 실제 사용을 위해 생산이 이루어지는 경제이며, 이윤(교환)을 위한 생산과 별개의 개념이다. 실체적인 경제는 인간의 물질적 욕구를 충족시키는 상호작용의 제도화된 과정을 의미하며, 모든 인간 공동체의 중요한 일부이다. 실체적인 경제 없이는 사회가 존재할 수 없다.[113] 따라서 실제 사회에서 경제가 작동하는 바를 알기 위해서는 실체적인 경제에 기초해야 함을 강조한다.

폴라니는 사회적 경제를 단순한 시장의 원리를 넘어 상호배려의 정신에 입각한 호혜성의 원리와 나눔을 원칙으로 하는 재분배의 원리가 작동하는 영역으로 보았다. 사회적 경제는 1970년대 이후 전 세계적인 경제위기와 재정위기로 인한 복지국가의 후퇴, 사회주의권의 몰락, 신자유주의적 처방의 실패 등으로 실업과 빈곤 문제 등이 사회문제로 증폭되자 이를 해결하기 위한 유용한 수단으로 유럽 등에서 국가와 시장을 대신하여 부각

2014), 18.

112 김영진, 『시장자유주의를 넘어서 : 칼 폴라니의 사회경제론』 (파주: 한울, 2005), 33.

113 이윤재·강달원·이화진, 『나눔과 상생의 경제: 사회적 기업』 (서울: 탑북스, 2012), 301.

되기 시작하였다. 유럽의회는 2009년 사회적 경제 결의안을 채택하였는데, 이 결의안의 내용은 이윤 동기가 아니라 사회적 편익에 의해 추동되는 다른 방식의 기업가 정신에 입각한 경제의 필요성(제8조)을 강조하고, 기업의 사회적 책임과 적극적인 사회적 통합을 촉진하며, 노동시장 불균형의 3대 요소인 실업과 고용 불안 및 사회적 배제를 바로잡기 위해 상조회와 민간단체, 재단을 포함하는 제3섹터 전반에 대해 법 제도와 통계 장치를 적절히 갖출 것을 촉구(제20조)하고 있다.[114]

3) 사회적 자본

흔히 자본을 말할 때 경제적 자본만을 생각하기 쉬운데, 사회적 경제에서는 자본에 대해 보다 폭넓은 관점으로 접근하며, 이를 사회적 자본이라고 한다. 뉴욕 47번가의 다이아몬드 딜러 클럽(Diamond Dealers Club)은 '마잘'이라는 계약서 한 장 없는 악수 거래는 뉴욕 다이아몬드 시장의 오랜 전통이다. 이 클럽의 회원은 일종의 신용 보증서 기능을 하는데, 회원을 얻기 위한 자격은 매우 까다롭다. 평판이 좋아야 하고, 거래 실적이 뛰어나야 한다. 다이아몬드를 거래하는 유대인 6명의 신용 평가서를 받아 개인 인터뷰를 하고 마지막 결정 심사를 한다. 결정 심사를 할 때는 10년 전, 20년 전에 거래했던 기록부터 은행 신용까지 빠짐없이 조사한다. 이 중 하나라도 요건이 충족되지 않으면 가차 없이 탈락시킨다.[115] 마치 가

114 신명호, "사회적경제의 이해", 21.
115 KBS사회적 자본 제작팀, 『사회적 자본』 (고양: 문예춘추사, 2011), 35.

족같이 친밀한 인맥들로 이루어져 있는 신용조합 형태의 이 클럽 회원의 90% 이상은 유대인이다. 유대인들은 먼 거리를 쉽게 이동하기 위해 다이아몬드나 보석, 향신료 같은 작은 물건을 다뤘고, 그 전통이 자연스럽게 이어져 다이아몬드를 거래하게 되었다.

다이아몬드 판매상들은 일본, 인도, 유럽 등 전 세계 클럽에 가입한 구매자에 대한 모든 정보를 새 회원에게 제공한다. 마잘을 하고 나면 약속을 꼭 지켜야 한다. 마잘은 종이에 적힌 어떤 거래 계약서보다 믿음직스러운 '외상'이다. 일단 악수를 하고 나면 그 사람이 은행에 돈이 있는지 없는지 여부도 묻지 않고 무조건 물건을 내준다. 수천만 달러짜리 다이아몬드라도 구매상이 가져다 달라고 이야기만 하면 바로 물건을 가져온다. 게다가 언제 대금을 지불하겠다는 거래 계약서도 없다. 회원들 간에 분쟁이 생기면 클럽에서 개입해서 중재를 한다. 만약 신용에 금이 가는 심각한 문제가 생겼을 때는 당사자에게 클럽의 명예를 훼손하고 손상을 입힌 책임을 물어 자격증을 박탈한다. 클럽의 휴게실 게시판에 명단을 사진과 함께 붙여 놓는다.[116] 마잘의 예에서 보듯이 신뢰를 기반으로 한 사회적 자본은 불필요한 거래비용을 줄이고 효율성을 증가시키는 것이 장점이다.

사회적 자본은 사회를 구성하는 구성원과 집단 간 상호관계의 질과 특성을 나타내는 개념으로 설명될 수 있다. 사회적 자본은 개인의 특성이나 능력뿐 아니라 개인들 간의 관계를 표현하는데, 이런 관계가 신뢰와 협력으로 돈독할 때 그 사회는 경제적으로 번영하게 된다. 그런 점에서 신뢰와 협력은 사회적 자본의 핵심요소이다. 신뢰와 협력은 거래비용을 줄이고 경제발전을 촉진하는 사회의 윤활유라고 할 수 있다.

---

116 같은 책, 36.

사회적 자본의 중요성에 대한 인식은 갈수록 확산되고 있다. 세계은행의 연구에 따르면 저개발국의 경우 국부의 창출에 천연자원의 비중이 중요하지만, 선진국일수록 천연자원이나 인적 자원보다는 눈에 보이지 않는 무형의 자본이 국가의 부를 결정하는 데 중요한 요인이 된다. 예를 들어 저소득 국가들의 경우 천연자원이 국부에서 차지하는 비중이 26%이고 보이지 않는 자본의 몫이 59%인 반면, 고소득 OECD 국가들의 경우 천연자원의 비중은 2%에 불과하고 나머지 중 80%는 사회적 자본과 같은 보이지 않는 자본이 차지한다. 이처럼 사회가 발전할수록 그 나라의 경제적 발전에서 무형의 자본인 사회적 자본의 비중이 높아지고 있다.[117]

(1) 피에르 부르디외

피에르 부르디외(P. Bourdieu)는 자본을 경제적 자본, 문화적 자본, 사회적 자본으로 구분하면서 사회적 자본이란 특정 집단의 구성원이 됨으로써 획득하는 실제적인 혹은 잠재적인 자원의 총합으로 보았다.[118] 즉, 한 집단의 구성원이 됨으로써 서로 간에 결속력을 갖게 되는데, 그 결속력으로 생긴 이익을 사회적 자본으로 보았다. 사회적 자본의 양은 개인이나 집단이 효과적으로 동원할 수 있는 네트워크의 크기와 그와 연결된 각 사람들이 소유하고 있는 경제적, 문화적, 상징적 자본의 양에 따라 달라진다.

---

117 같은 책, 306.
118 Pierre Bourdieu, “The Forms of Capital,” 유석춘 외, 『사회자본 이론과 쟁점』 (서울: 그린, 2003), 75.

(2) 제임스 콜먼

제임스 콜먼(James S. Coleman)은 사회적 자본을 신뢰관계의 형성에 따른 거래비용의 감소와 효용의 극대화로 정의내렸다. 그는 사회적 자본을 물리적 자본과 인적 자본과 구별되는 새로운 유형의 자본으로 보면서, 이것을 가진 사람이 이전에 하지 못했던 새로운 활동을 가능하게 하고 새로운 목표를 성취할 수 있도록 하는 것이라고 보았다.[119] 콜먼은 사회적 자본의 기능에 주목하면서 그것은 하나의 특정한 실체가 아니지만 사회구조적인 측면에서 구성되며, 개인이나 집단으로 하여금 특정한 행위를 하도록 유도하고 촉진하는 특징을 지닌다고 보았다.[120] 즉, 사회적 자본은 한 개인이 그 안에 참여함으로써 특정 행동을 하는 것을 가능하게 만들어주는 사회구조 혹은 사회적 관계의 측면으로서, 사회적 관계를 통하여 다른 사람들이 가지고 있는 자원을 동원할 수 있는 능력이라는 것이다.

사회적 자본은 사회적 관계를 통해서 존재하는 자본으로서 개인의 행동 능력과 삶의 질을 높여주는 귀중한 자원이 된다. 신뢰에 기반을 둔 인간관계에서는 서로 도움을 주고받는 것이 자연적으로 기대된다. 반면 불신이 만연한 사회일수록 사회적 거래 비용은 증대하고 공동의 이익을 실현할 기회는 줄어들게 된다. 사회적 자본은 신뢰나 규범을 공유하는 집단 내에서는 언제든지 교환 가능하며, 이를 도덕적 자원으로 사용하면 할수록 늘어나는 특징을 지닌다. 따라서 신뢰와 호혜성에 기초한 사회적 자본은 물적 그리고 인적 자본에 대한 투자를 향상시켜 궁극적으로는 경제발

---

119 박찬웅, 『시장과 사회적 자본』 (서울: 그린, 2006), 30.

120 James Coleman, "Social Capital in the Creation of Human Capital," 유석춘 외, 『사회자본 이론과 쟁점』 (서울: 그린, 2003), 93 참고.

전에 긍정적 영향을 주게 된다.

(3) 로버트 퍼트남

로버트 퍼트남(R. Putnam)은 사회문제에 대한 대안으로서 사회적 자본에 주목하였는데, 그는 사회적 자본을 상호이익을 위한 협력과 협동을 촉진하는 네트워크, 규범, 그리고 사회적 신뢰와 같은 사회 조직의 특성이라고 정의 내렸다.[121] 부르디외와 콜먼이 미시적 차원에서 사회적 관계나 연결망에 주목하여 사회적 자본에 접근하였다면, 퍼트남은 거시적 차원에서 접근하여 사회적 자본을 사회 공동체의 유지와 발전에 필요한 전제조건으로 보았다.

자발적으로 참여하는 시민 집단이 증가하면 그 과정에서 집단 사이에 서로 교차하는 연대가 형성되고, 서로의 이익을 추구하는 과정에서 다원적인 경쟁이 이루어지게 되어 다원적 민주주의가 발전하게 된다.[122] 시민 참여의 네트워크는 협력과 의사소통을 원활하게 하며, 서로에 대한 신뢰를 확산시키게 된다. 퍼트남은 시민들이 공식적으로 자원 조직에 참여함으로써 신뢰, 절제, 합의, 호혜성과 같은 시민적 덕목과 민주적으로 토론하고 조직을 운영하는 능력을 교육받을 수 있게 된다고 보았다.[123] 그는 더 나아가 시민들에 의한 자발적인 결사체가 신뢰를 창출함으로써 정치적 민주주의와 경제적 효율성을 극대화시키는 사회적 자본의 형성기제로서 역할을

121 김기태 외, 『협동조합 키워드 작은 사전』 (서울: 알마, 2014), 39.
122 유석춘 외, 『사회자본 이론과 쟁점』, 42.
123 Robert Putnam, "The Prosperous Community: Social Capital and Public Life," 유석춘 외, 『사회자본 이론과 쟁점』 (서울: 그린, 2003), 129.

하게 된다고 보았다.

사회적 자본이 다른 형태의 자본들과 구별되는 특성은 비록 추상적이기는 하지만 공공재로서의 특징을 지니고 있다는 점이다. 사회적 자본의 공공적 측면이 바로 시민적 자본이며, 그 정신의 핵심은 바로 자발적으로 서로 돕는다는 것이다.[124] 사회적 자본을 게임이론에 적용해 본다면, 사회적 관계는 개인들이 게임에 참여할 때 배반하지 않고 계속해서 게임에 반복적으로 참여하는 것이 결국 자신에게도 유리한 것임을 알게 된다. 그리하여 사회적 자본은 개인의 능력을 넘어서서 구성원들 전체에 대한 감시능력, 기회행동에 대한 처벌, 협력적 행위에 대한 혜택을 극대화함으로써 사회적 자본을 재생산하는 기능을 한다.[125] 사회적 자본은 사용하면 할수록 총량이 늘어나는 특징을 지니는데, 이로 인해 사회적 자본을 가진 사람들 간에 가치관, 규범, 목적의 공유를 통해 서로 간에 더욱 든든한 연대감을 형성한다. 이러한 사회적 자본의 통합효과는 사회적 자본을 가진 사람들의 집단행동을 가능하게 만든다.

(4) 니콜라스 실벤

니콜라스 실벤(Nicolas Sirven)은 사회적 자본을 인적 자본의 사회적 구성요소로 규정하면서, 집단에 속하는 행위 규범과 같은 사회적 강제력이 사회적 상승 현상(multiplier phenomenon)을 통하여 개인에게 영향

---

124 최문경, "사회적 기업과 사회적 가치," 강욱모·심창학 편, 『사회적 기업을 말한다』 (서울: 오름, 2012), 62.
125 박찬웅, 『시장과 사회적 자본』, 43.

을 미칠 뿐만 아니라, 무임승차를 줄이고 교환 비용을 줄인다고 보았다.[126] 이로 볼 때, 사회적 자본은 신뢰와 호혜의 관계성 속에서 창출되는 무형의 자본으로서, 재화와 서비스의 생산뿐만 아니라 환경, 사회, 문화적 활동의 재생산까지도 포함하는 폭넓은 개념임을 알 수 있다.

4) 사회적 경제운동

사회적 경제운동은 사회적 자본에 기초하여 평등과 타인에 대한 배려, 연대와 사회적 책임, 자율과 자립, 투명성을 핵심 가치로 삼고 공동선을 추구하며 구성원들의 삶의 질을 향상시키고자 하는 경제운동이다. 사회적 경제 전통의 중심은 약자들에게 힘을 주고 궁핍한 자들을 돕도록 명령한다.[127] 또한 혁신적 비즈니스를 적용하여 지역사회의 문제를 해결하고, 공동체의 필요를 충족시키고, 자본주의 시장 경제의 폐해로 해체된 지역공동체를 복원하고 지역 경제에 새로운 활력을 불어넣을 수 있다. 따라서 사회적 경제에서 시민들의 자발적인 참여는 중요하며, 이는 지역사회의 인적 자원을 유용하게 활용하는 계기가 된다. 지역의 인구 규모, 주민의 지식, 능력, 경험 등이 신뢰로 결합되고, 다양한 관계망이 복합적으로 연결됨으로 지역사회의 역량은 강화될 수 있다.

사회적 경제는 주로 협동조합, 상호부조조직, 결사체의 형태로 운영되

---

126 Nicolas Sirven, “Social capital: a critic and extension,” J. B. Davis & W. Dolfsma, *The Elgar Companion to Social Economics* (Cheltenham: Edward Elgar, 2008), 373-374.

127 Ilene Grabel, “Global finance and development,” J. B. Davis & W. Dolfsma, *The Elgar Companion to Social Economics* (Cheltenham : Edward Elgar, 2008), 496.

는데, 장원봉의 분석에 따르면, 사회적 경제는 국가와 시장과는 몇 가지 점에서 차별화된다. 첫째, 사회서비스 영역에서 사회적 경제는 복지수요의 공동생산 주체로서 서비스 소비자인 시민들의 실질적인 참여를 촉진하며, 둘째, 지역사회의 다양한 유대를 통하여 복지정치를 실천할 수 있는 계기를 마련한다. 셋째, 사회적 경제는 국가의 재분배 영역과 시장의 시장교환 영역, 그리고 시민사회의 호혜영역으로부터 다양한 사회적 자원을 매개함으로써 서비스 수요에 대한 복합자원을 동원할 수 있다.[128] 따라서 사회적 경제는 새롭게 생성되는 지역사회의 다양한 복지수요를 충족시킬 수 있을 뿐만 아니라 취약계층의 노동통합과 새로운 고용창출을 통해 낙후된 지역 경제를 되살리는 계기를 제공할 수 있다.

우리나라의 경우 시민사회가 중심이 되어 1990년대부터 사회적 경제와 유사한 조직을 준비했었고, 정부가 추진했던 사회적 일자리 사업도 시민사회의 협력이 있었기에 어느 정도 성과를 낼 수 있었다. 최근에는 기존의 정부순응적인 조직과 차별화되는 자활공동체, 자활공제회, 사회적일자리사업기관, 커뮤니티 비즈니스 조직 등 새로운 조직들이 등장하면서 민간영역에서 사회적 경제의 주체가 되고 있다.[129] 이들은 성숙한 시민사회의 역량을 바탕으로 사회문제 해결에 적극 관여하여 혁신적인 아이디어로 사회발전에 기여하고 있다.

사회적 경제는 이윤보다는 지역사회에 대한 서비스가 우선이며, 자율적인 경영, 민주적인 의사결정, 자본보다는 사람과 노동에 우위를 두는 것

---

128 장원봉, "유럽의 사회적경제 현황 및 전망," 김성기 외, 『사회적경제의 이해와 전망』 (홍천: 아르케, 2014), 232.

129 김의영·미우라 히로키 외, 『한·중·일 사회적 경제 Mapping』 (과천: 진인진, 2015), 112. 참여연대 출신의 박원순 전 서울시장이 2005년 희망제작소를 설립해 마을기업, 자활기업 활성화에 주목해 사업을 벌인 것이 대표적이다.

이 특징이다. 사회적 경제는 시민사회 혹은 지역사회의 이해당사자들이 그들의 다양한 필요들을 충족하기 위해서 실천하는 자발적이고 호혜적인 참여로 이루어진다. 따라서 사회적 경제 운동은 사회문제를 근본적으로 없애려고 하는 것이 아니라, 구성원들의 자조와 자립을 통해서 당면한 문제를 보완하거나 완화시키려 한다는 점에서 자본주의의 모순이나 부작용을 효과적으로 흡수하는 완충제의 역할을 한다.

제II부

기독교 협동조합의 가치와 역할

1. 성서적 관점에서 본 협동조합운동

2. 협동조합의 역사

3. 협동조합의 가치

4. 협동조합의 역할

제Ⅱ부

기독교 협동조합의 가치와 역할

1. 성서적 관점에서 본 협동조합운동

막스 베버(Max Weber)는 근대적 의미의 자본주의는 개신교 윤리에 크게 영향을 받았다고 주장하였다. 베버에 따르면, 예정설과 직업소명설이 중심이 된 개신교의 직업윤리는 청교도들에게 크게 영향을 끼쳐 자본을 축적하는 계기가 되었다. 청교도들은 예정설에 기초하여 자신의 직업을 하나님의 소명으로 여기고 맡은 일에 최선을 다한 결과 많은 이윤을 얻게 되었고, 금욕주의 정신으로 절약한 잉여금을 저축함으로써 자본 축적의 계기를 마련하여 자본주의가 발전할 수 있는 토대가 마련되었다는 것이다.

자본주의가 직업소명설에 근거한 근면과 금욕주의로 특징되는 개신교 윤리의 토대 위에서 발생했다는 베버의 분석은 자본주의 경제가 나아가야 할 건강한 방향을 제시한다. 하지만 현재 전 세계적으로 확장되고 있는 신자유주의적 경제 질서는 기독교적 가치관을 기반으로 형성된 자본주의의 근본 정신에서 상당히 벗어나 있다. 이는 베버가 당시 독점이나 금융

투기를 통해 자신들의 부를 축적하였던 유대인들을 향하여 천민자본주의라고 비판하였던 것과 같은 맥락이다.[130]

신자유주의 경제 질서가 지닌 문제점은 첫째, 과도한 경쟁을 유발해 상대적으로 불리한 약자들을 피폐하게 만들고, 동반성장의 가능성을 차단해 버리는데 심각한 문제점이 있다. 약육강식의 시장경제 질서 속에서는 오직 강자만이 살아남을 수밖에 없는데, 강자들은 더 많은 약자를 희생시키면서 자신들의 부를 축적하게 된다. 이러한 과정에서 자신들이 사용했던 사다리를 다른 이들이 사용하지 못하도록 의도적으로 사다리를 걷어차는 일도 서슴지 않는다. '사다리 걷어차기'는 선진국들이 자유무역에서 정의라는 이름으로 일체의 국가 보조금을 주지 못하도록 규정하여 개발도상국의 발전을 가로막는 행위에서 잘 드러난다.[131] 둘째, 신자유주의적 경제 질서는 전 세계 시장을 투기 시장으로 만들 위험성이 크다는 데 문제점이 있는데, 투기 자본은 국가 간의 경계를 넘나들면서 막강한 영향력을 행사하기도 한다.

협동조합은 "협동하는 조합"이라는 뜻으로 풀이된다. 협동(協同)이라는 한자의 의미는 마음과 세 가지의 힘을 하나로 모으는 것을 의미한다. 영어로 협동은 cooperation, 협동조합은 cooperative라고 하는데, '함께 모으다'라는 뜻의 'co'와 '힘쓰다, 일한다'는 뜻의 'operation'을 결합한 말이다. 즉 협동은 힘을 하나로 모으는 것, 함께 노동하는 것을 의미한다.[132]

---

130 Max Weber, 김덕영 옮김, 『프로테스탄티즘의 윤리와 자본주의 정신』 (서울: 길, 2010), 394.

131 김명룡, "하나님의 경제," 김명룡 외, 『조직신학적 관점에서 본 하나님의 경제 II』 (용인: 킹덤북스, 2014), 41.

132 김기섭, 『깨어나라 협동조합: 더 좋은 세상을 만드는 정직한 노력』 (파주: 들녘, 2013), 24.

협동조합과 같은 사회적 경제는 기독교적 가치관을 바탕으로 이웃 사랑과 공동체에 대한 책임을 강조하면서 지속 가능한 경제공동체를 건설하고자 한다. 협동조합은 사람이 중심이 되는 경제주체로서 서로 간의 협력과 상생을 모색한다는 점에서 신자유주의적 경제 질서로 인한 문제점들을 보완할 것으로 기대되고 있다.

현재 전 세계에는 1억 명 이상이 협동조합에서 일하고 있으며, 10억 명 이상이 협동조합의 조합원이며, 국제협동조합연맹에는 256개국 및 국제기관이 가입되어 활동하고 있다.[133] 캐나다에는 10년 이상 존속하는 영리기업이 19.5%인데 비해 협동조합은 44.3%에 달한다. 프랑스에서는 소매금융의 60%, 농·식품의 40%, 소매시장의 25%를 협동조합이 차지하고 있다.[134] 우리나라는 2012년 12월 협동조합기본법 시행 이후 지역마다 수많은 협동조합이 생겨나 활발하게 활동하고 있다. 협동조합은 단일 사업체나 가계 형태를 띨 수 있고, 소비자 신용조합과 건강관리, 교육과 농업, 제조와 유통, 소매 등을 아우르는 지역적 경제체제로 발전할 수도 있다.[135] 또한, 협동조합은 정부의 강제에 의존하지 않으면서도 부의 불공정한 분배 문제를 효과적으로 해결하는 방식이 된다.

협동조합 운동은 사랑과 정의, 화해와 협력을 강조하는 성서적 가치관과 맥락을 같이 한다. 협동조합이 처음 시작될 때 그리스도인들이 주도적인 역할을 하였으며, 현재 운영되는 협동조합에서도 기독교 정신을 쉽게 발견할 수 있다. 세계적인 협동조합으로 발전한 몬드라곤 협동조합 그

---

133 다나 마헤슈와라난다, 다다 칫따란잔아난다 옮김, 『자본주의를 넘어』 (서울: 한살림, 2014), 204.
134 정재돈, "왜 협동조합인가?," 『사목정보』 5/10 (2012), 106.
135 Andrew McLeod,『협동조합, 성경의 눈으로 보다』, 14.

룹은 창립자인 돈 호세 마리아 신부의 기독교적 노동관을 사상적 기초로 유지하면서 현대적 협동조합기업으로 성장해 가고 있다.[136]

인간은 하나님의 형상을 가진 존재로서 노동공간에서도 그에 합당한 존엄과 자유가 존중되어야 한다는 생각, 그리고 경제활동의 산물은 소수만의 이익이 아니라 지역사회를 포함한 전 구성원 모두의 복지를 위하여 사용되어야 한다는 생각이 오늘의 몬드라곤을 만들었다. 캐나다 퀘벡의 협동조합운동도 지역사회 개발에 관심을 지닌 가톨릭과 개신교 사회운동가들의 실천적인 노력의 결과물이다.[137] 또한, 영국의 로치데일 협동조합이나 이탈리아의 협동조합 동맹 등도 모두 기독교적인 가치관을 기반으로 시작되었음을 알 수 있다.

한국 개신교의 초기 역사에서도 기독교인들의 주도로 협동조합운동이 전개되었으며, 오늘날에도 이러한 전통이 계승되고 있는데, 한국교회에 협동조합이 처음 소개된 것은 일제 강점기였다. YMCA와 평양의 소비조합운동을 통해 식민지의 억압 상황으로부터 자립갱생의 길을 찾았고, 이러한 활동은 해방 이후에도 이어져 더욱 적극적인 활동의 토대가 되었다. 풀무공동체, 도시산업선교회의 협동조합, 감리교의 인천상업선교회, 청주산업선교회, 예장 통합교단의 영등포산업선교회, 교단차원에서 진행된 예장생협, 농도생협 등 다양한 조직과 형태로 지속되고 있다.

이 장에서는 협동조합운동을 성서적 관점에서 조명함으로써 성서적 가르침으로부터 협동조합의 원칙과 지침과의 상관성을 고찰하고자 한다. 이를 위해 먼저 구약성서에서 협동조합의 정신을 발견할 수 있는 제도와

136 최혁진, "사회적 협동조합의 등장과 교회의 역할," 『기독교사상』 655 (2013), 70.
137 같은 책, 71.

가치들을 분석하고, 이어 신약성서를 통해 예수와 제자들의 공동체 운동, 그리고 초대교회의 모습을 분석하면서 협동조합에 담긴 가치를 되새기고자 한다. 또한 교회가 협동조합 운동에 적극적으로 참여해야 할 근거를 밝히고자 한다.

1) 구약성서에서 본 협동조합의 정신

(1) 권력 분담을 통한 협력

약육강식과 적자생존이 자연 생태계의 고유 질서처럼 보이지만, 마헤슈와라난다는 경쟁이 아닌 협동이 자연 생태계의 정상적인 질서이며, 에너지 효율적이라고 보았다.[138] 협동은 자연 생태계의 조화로운 공존을 유지하면서 경쟁이나 갈등을 피하는 효과적인 수단이 된다. 협력의 대표적인 사례로 거울신경(mirror neurons)을 들 수 있는데, 거울신경은 자기 스스로가 무언가를 경험할 때 작용할 뿐만 아니라 다른 사람들의 경험을 접할 때도 작용하는데, 이를 통해서 타인에 대한 연민을 느끼고 협력과 신뢰를 형성하게 된다.[139]

경쟁보다는 협력이 효율적인 방식이며, 공동체를 지속가능하게 한다는 점은 구약성서에서 잘 드러난다. 창조사건에서 삼위일체 하나님은 서로 협력하면서 창조 사역을 진행하였다. "우리의 형상을 따라 우리의 모양대

138 다나 마헤슈와라난다, 『자본주의를 넘어』, 201.
139 같은 책, 202.

로 우리가 사람을 만들자(창 1:26)"에서 복수명사가 등장하는데, 이는 삼위 하나님이 서로 협력하면서 인간을 창조하셨음을 보여준다.

구약성서에는 협력을 통해 시너지 효과를 거두었던 사례들이 많다. 모세와 아론은 협력하여 광야 40년 동안이나 이스라엘 백성들을 이끌었으며, 여호수아와 갈렙은 협력함으로써 가나안 땅에 성공적으로 정착할 수 있었다. 또한 모세는 그의 장인의 충고에 따라 자신의 역할을 분담할 지도자를 세움으로써 과중한 업무에서 벗어날 수 있었고, 일을 효율적으로 처리할 수 있었다(출 18:14-22).

성막을 짓는 과정에서도 마음이 감동된 자원자들이 필요한 물품들을 자발적으로 드렸고, 지도자들은 서로 협력하여 성막을 완성하였다(출 35:21-36:38). 사사시대에는 비록 왕이 없었지만, 공동체가 위기에 직면할 때마다, 사사를 중심으로 함께 협력함으로써 대적들을 물리치고 공동체의 위기를 극복할 수 있었다.

포로기 이후 느헤미야가 주도한 예루살렘 성벽 재건은 협력이 이룬 놀라운 성과였다. 느헤미야는 지도자들을 중심으로 집단을 조직하여 성벽 재건의 역할과 책임을 분담하였다. 대적들의 방해공작과 위협에도 불구하고 52일 만에 성벽을 재건할 수 있었다.

위의 사례들은 권력이 한 개인이나 소수에게 집중되기보다는 분산되고 분담되는 것이 더욱 효과적임을 드러낸다. 아무리 복잡하고 어려운 일이라도 적절한 역할 분담과 협력은 일을 성공적으로 수행할 수 있게 만든다. 그런 점에서 협동조합은 효율적인 방식이라 할 수 있다. 특히 협동조합은 1인 1표제라는 민주적 원칙으로 서로 역할과 책임을 분담하는데, 협동을 위한 분권화는 협동조합이 지닌 강점이라 할 수 있다.

(2) 창조질서의 회복

성서적 관점에서 볼 때, 협동조합은 창조질서의 회복이라는 측면에서 이해될 수 있다. 성서는 인간을 포함한 모든 생명 공동체 가운데서 창조질서의 회복을 강조한다. 하나님이 창조하신 자연은 그 자체로 온전한 것으로 "보시기에 좋은" 평화로운 상태였으며, 모든 생명체가 조화롭게 상생하며 공존하는 이상적인 상태였다. 하지만 산업화가 진행되면서 모든 피조물은 사람들의 풍요로운 삶을 위한 도구로 전락하여 창조질서가 파괴되고 급기야는 심각한 환경 문제가 초래되었다. 협동조합 운동은 이러한 무너진 생태 환경을 창조 본연의 질서로 회복시키고 생명을 살리는 경제 운동이다.

구약의 율법은 안식년 제도와 희년 제도를 명시하고 있는데, 이는 생태적 파괴의 연쇄를 원천적으로 차단할 뿐 아니라 사회적 종속이나 노동 착취의 고리를 끊어 버리는 규정들이다. 안식년 규정은 6년 동안 일하고, 일곱째 해에는 휴경하도록 하였다. 이때 사람만 쉬는 것이 아니라 땅도 함께 쉬도록 하여 생태균형을 회복하고 유지하도록 하였다. 즉 휴식과 재충전을 통하여 창조질서가 온전하게 회복되고 유지될 수 있도록 하였다. 또한, 안식년 제도는 사회경제적 기본법이라 할 수 있는데, 동족이 노예가 된 경우, 7년째에는 자유롭게 하여 노동착취의 악순환을 차단하였다.

안식년 규정과 함께 온전한 회복을 규정한 것이 바로 희년법(Jubilee)이다(레위기 25장). 희년은 자유와 해방을 선포하면서 시작되는데, 희년이 되면 모든 것이 원소유주에게 돌아가게 된다. 경제적인 궁핍으로 인해 소유를 팔았던 자도 아무런 조건 없이 자신의 것을 되찾을 수 있었다. 그런 점에서 희년은 누구나 공평하게 다시 시작할 기반을 제공한다는 점에서 하나님의 경제를 보다 원초적인 차원에서 실현한다.

안식년이나 희년 규정은 공동체 내에서 빚진 자들, 경제적으로 파산상태에 처한 사람들을 구제하는 이상적인 제도이다. 이스라엘 백성들은 전통적으로 통치자나 지배자에게 종속되지 않는 자유로운 소농들이 대부분이었지만, 왕정 시대 이후 세금과 부역, 채무 관계로 인하여 많은 이들이 파산하여 실직자가 되었으며, 일용노동자나 노예, 떠돌이 유랑민, 심지어는 강도가 되기도 하였다.[140] 경제적인 파산은 당사자에게 책임이 있다는 점은 분명하지만 이로 인한 결과는 사회 전체로 퍼질 수 있기에 공동체가 함께 책임을 지고 이를 적극적으로 해결하기 위해 노력하는 것이 마땅하다.[141]

이로 볼 때 안식년 제도와 희년 제도는 모든 사회경제적인 종속 관계를 해체하고, 공존과 상생의 질서를 통해서 하나님의 정의와 사랑을 드러내고 있는데, 이것이 바로 협동조합이 추구하고자 하는 이상과 맞닿아 있다.

경제학은 집을 뜻하는 'oikos'와 관리를 나타내는 'nomia'가 합쳐져 있는데, 이는 하나님의 뜻 안에서 집(세상)의 물질 관리를 올바르게 활용하여 하나님의 뜻을 이루는 것이다.[142] 역대상 29장 11절에서 "천지에 있는 것이 다 주의 것이로소이다"라고 기록한 바와 같이 하나님은 모든 만물의 주인이며, 우리는 하나님의 것을 맡아 관리하는 청지기다. 청지기직은 하나님의 뜻 안에서 우리에게 맡겨주신 수단, 능력, 그리고 가능성 등 모든 영역을 포함한다. 청지기로서 우리는 물질을 하나님의 뜻에 합당하게 사

140 조태연, "갈릴리의 경제학," 『신약논단』 4 (1998), 77.

141 파산과 회생에 대한 문제에 대해서는 이종록, "고대 이스라엘에서의 파산(破産)과 회생(回生)제도-레위기 25장을 중심으로," 『종교연구』 43 (2006), 1-20을 참고하시오.

142 이윤재, 『성경 속의 경제학』 (서울: 숭실대학교출판부, 2004), 187 참고.

용해야 하며, 물질을 관리하고 운영하는 방식도 하나님 나라의 확장을 위해 지혜롭게 사용해야 한다.

그런데 경제가 하나님 나라의 가치를 잊은 채 영리만을 우선시할 때 인격체를 도구화하고 착취하는 자본주의의 병폐를 고스란히 드러낸다. 경제활동의 목적은 재화와 노동의 교환을 통해 이윤을 추구하는 데 있지만, 경제가 추구하는 진정한 목적은 사회적 교환을 통한 나눔에 있음을 잊지 말아야 한다. 경제행위가 너그러움, 호혜, 배려 등과 같은 공동체의 가치를 상실할 때 노동의 비정규직화가 심해지고, 위험부담을 전가시키고, 그에 따른 사회불평등을 심화시키는 온상이 된다.

경제가 추구해야 할 바람직한 이상은 부를 축적하는 과정에서 환경을 생각하고, 윤리적인 방식으로 부를 축적하며, 수익은 무한정 소유하려 하기 보다는 이웃과 함께 나누어야 한다는 희년(Jubilee) 사상에서 찾을 수 있다. 이스라엘에서는 희년을 맞으면 부채를 탕감하고, 노예를 해방시켰으며, 귀속되었던 토지 또한 원래 소유주에게 되돌려주었다. 이를 통해 공동체가 스스로 보호하고 상생하게 함으로써 생산의 기반이 되는 토지의 공공성을 유지하고 부의 지나친 편중이 발생하는 것을 막을 수 있었다. 희년 사상은 소유하지만 끝까지 가지지 않는 것이며, 더 가질 수 있지만 더 가지지 않는 철학의 산물이다.[143] 희년 사상은 경제가 추구해야 할 진정한 가치를 알려주는 시금석이다.

희년 사상을 실현한 이상적인 모델은 키부츠의 공유모델에서 찾을 수 있다. 키부츠는 "능력에 따라 생산하고 필요에 따라 소비한다"는 19세기

143 최낙삼·백동현, 『CSV, 기업은 어떻게 공유가치를 만들 수 있는가』 (서울: 커뮤니케이션북스, 2017), ⅹvii.

프랑스 사회주의자 루이 블랑(Louis Blanc)의 이념을 실현하였다. 공동창고에는 모든 물건이 가득 차 있고, 각 가정은 필요한 만큼 창고에서 가져다 썼다.[144] 키부츠는 모든 사람이 서로 알고 깊이 신뢰하는 소규모 자급자족 공동체에서만 성립할 수 있지만, 공동체를 지향하는 경제가 모델로 삼고 실천해야 할 이정표가 된다.

카우치서핑(couchsurfing.org)은 전 세계 50만 명이 이용하는 사이트로, 외국 도시에서 머물 곳, 카우치(침상)가 필요한 여행자와 그들을 재워줄 의사가 있는 사람들을 연결하는데, 요금을 받지 않고 무료로 빌려준다. 대신 주인에게 선물을 주거나 집안일을 도와주는 등 다른 비금전적 보상을 제공할 것을 권한다. 사이트 설립자들은 공유된 가치관을 강조함으로써 사이트를 하나의 공동체로 표현할 뿐 아니라 상호 호혜나 커뮤니케이션, 신뢰와 같은 공동체의 규범을 전달하면서 순탄하게 운영하고 있다.[145] 협력하면서 공유하며 더욱 풍요로운 삶을 살 수 있다. 풍요로움이란 원하는 것을 가지는 것이지만, 또한 원할 때만 가져도 되는 것이기도 하다. 짐스럽게 많은 CD를 집에 쌓아두기보다는 수백만 곡 중 원하는 노래를 고를 수 있는 편이 훨씬 더 풍요로울 수 있다.[146]

보스턴에서 시작된 '카셰어링' 업체 집카(Zipcar)는 적은 회비를 내고 비교적 적은 요금에 시간제로 자동차를 빌릴 수 있는 서비스이다. 집카의 매력은 가격이 아니라 편리함이다. 사람들이 쉽게 차를 타고 반납할 수 있는 도시 중심에 전 차량을 세워둔다. 집카가 서비스하는 차량은 대부분 소형이고 저연비로서, 환경 오염을 의식하는 고객을 타깃으로 연대 의식과

---

144 Alex Stephany, 『공개하고 공유하라』, 56.
145 Yochai Benkler, 『펭귄과 리바이어던』, 115.
146 Alex Stephany, 『공개하고 공유하라』, 62.

공동의 목적의식을 형성한다. 이용자가 차를 반납할 때도 차 상태를 점검하는 직원은 없다. 회원들은 다음 사용자를 위해 기름을 가득 채우고 깨끗한 상태로 반납하기만 하면 된다. 집카는 하나의 사업체라기보다 환경을 의식하는 클럽 같은 존재로 스스로를 제시한다[147].

현재 전 세계에 수백만 명에 달하는 프로슈머들이 자율성(autonomy)과 효율성(efficiency)으로 자유롭게 협력하고 있다. 이들은 지적재산권의 구속으로부터 자유로운 오픈소스를 이용하여 새로운 정보기술과 소프트웨어, 새로운 형태의 학습 도구, 미디어, 녹색 에너지, 3D 프린팅 제품, 비영리 사회적기업 등을 통하여 공유가치를 창출하고 있다.

2) 신약성서에서 본 협동조합의 정신

(1) 예수와 제자들의 나눔

예수 그리스도가 복음서에서 강조한 하나님의 나라는 협동조합이 구현하고자 하는 이상이다. 사랑과 정의가 구현되는 하나님의 나라는 모든 불의와 불공평을 극복한 자유롭고 평등한 나라이다. 예수는 하나님의 나라의 이상적인 모습을 보여주기 위해 나눔을 몸소 실천하였다. 예수와 제자들 공동체는 자원을 함께 공유하였으며 유다가 이를 관리하였다(요 12:6).

예수는 소유욕의 포기와 더불어 덜 가진 사람과 함께 가진 것을 함께

147 Yochai Benkler, 『펭귄과 리바이어던』, 115-116 참고.

나누는 정신과 생활을 강조하였다.[148] 삭개오는 예수와의 만남을 통해 소유 중심의 삶에서 벗어나 나눔 중심의 삶으로 변화되었다. 한 부자 청년의 이야기는 나눔이 소유의 포기를 의미하기에 이를 실천하기가 쉽지 않음을 보여준다. 하지만 가난한 자들을 외면한 채 재산을 축적하는 것은 바람직하지 않으며, 소유에 집착하는 삶은 하나님 나라에 합당하지 않음을 가르친다. 재산 축적은 영적 성장에 해롭지만 자신의 재물을 공동체의 필요와 사회적 약자들을 위해 선하게 사용하는 것은 하나님 나라 확장에 큰 진전이 됨을 강조한다. 그런 점에서 협동조합은 영리보다는 사람이 중심이 되는 나눔을 강조한다는 점에서 예수가 강조한 나눔의 정신을 계승하고 있다.

(2) 예루살렘 교회공동체

초대 예루살렘 교회는 자발적인 나눔과 섬김을 실천한 이상적인 공동체였다. 그들은 자발적으로 자원을 공유하면서 각자의 필요에 따라 나누었고, 이러한 자원들은 경제적 어려움에 부닥친 이들에게 큰 도움이 되었다. 이두희에 따르면, 이러한 나눔이 가능했던 이유는 나눔으로써 진정한 신앙을 드러낼 수 있을 뿐만 아니라, 나눔 자체가 신앙의 요체로 인식되었던 결과였기 때문이다.[149]

초대 교인들의 마음과 영혼은 형제 우애와 사랑으로 가득 찼다. 그들은 예물을 이타적인 마음으로 즐거이 드렸고, 예물 중 일부만 공동체의 예

---

148 김득중, "신약성서의 경제윤리," 『신약논단』 4 (1998), 19.
149 이두희, "누가-행전에 나타난 나눔의 윤리," 『신약논단』 18/3 (2011), 720.

배를 위해 사용하였고, 나머지는 과부와 고아들과 같은 궁핍한 자들을 위하여 남겨 두었다.[150] 초대교회는 공동체 안의 가난한 사람들의 요구에 적절히, 그리고 적극적으로 대처하였다. 그들은 가난한 자들을 도와야 할 필요가 생길 때마다 연대의식을 가지고 경제적, 물질적으로 한마음이 되어 경제적 어려움을 해결하였다.

그들은 물건을 서로 통용하고, 재산과 소유를 팔아 각 사람의 필요에 따라 나눠주었다(행 2:44-45). 이로 인하여 그들 중에 가난한 사람이 없었다(행 4:34-35). 재산 공유는 자신과 이웃을 구별하지 않고 하나로 보았기 때문이며, 재물은 소유와 축적을 위한 것이 아니라 분배와 나눔을 위해 주어진 것임을 알았기 때문이다.

자발적인 재산 공유는 초기 그리스도인들이 핍박을 받았던 이유이자 초대교회가 성장했던 이유이기도 하였다.[151] 재산 공유는 계급과 권력구조에 기반을 둔 당시 사회를 위협하는 요인으로 인식되기도 하였다. 그들은 노예제도에 직접 도전하지는 않았지만, 그리스도 안에서 한 형제라는 인식은 주인과 노예로 엄격하게 구분하던 당시 계급구조의 사회 시스템에 역행하는 것이었다. 또한 공동체의 일원이 된 신자들은 경제적인 빈곤에서 해방되어 노예가 될 필요가 없었는데, 이는 기존의 경제 질서에 대한 도전으로 인식되었을 것이다.

초대교회는 조직의 구성과 운영에서도 개방적이면서 평등한 민주적 방식을 통해 서로 협력하였다. 분배 문제로 인해 공동체 안에 갈등이 생기자 사도들은 일곱 집사를 세워 그들에게 위임하였다. 사도들은 더 이상

---

150 Virgil George Michel, "The Cooperative Movement and the Liturgical Movement," *Orate Fratres* 14/4 (1940), 154.

151 Andrew McLeod, 『협동조합, 성경의 눈으로 보다』, 26.

재정 문제에 관여하지 않았으며, 권력을 분산시키는 방식으로 공동체 안의 갈등을 해결하면서 협력하는 풍토를 조성하였다.

이러한 초대교회의 평등과 협동의 전통은 현대의 협동조합운동에 그대로 계승된다. 교회는 그리스도 안에서 연합된 코이노니아 공동체로서 그리스도인 간의 교제를 넘어 사회 전체로 확장될 필요가 있는데, 이는 협동조합을 통해 가능할 수 있다. 협동조합은 시장의 원리에 따라 경제활동을 하면서도 초대교회가 보여준 코이노니아의 정신을 현실 경제에 적용하면서 사회 전체의 공동선과 연대성을 구축하는 데 기여할 수 있다.

(3) 서신서에서의 나눔과 협동 정신

바울은 로마서 15장 1절에서 "우리 강한 자가 마땅히 연약한 자의 약점을 담당하고 자기를 기쁘게 아니할 것이라"라고 권면하면서 연약한 자에 대한 책임을 강조한다. 노동의 목적은 자신만의 유익을 추구하는 데 머물러서는 안 되며, 이를 넘어 공동체 안에 약한 사람, 힘없는 사람, 가난한 사람을 돕는 데까지 나아가야 한다. 이승문에 따르면, 바울은 로마 교회 안에 빈부 격차로 인한 불신과 적개심을 해소하고, 상호 간의 협력을 끌어내기 위해 가난한 자에 대한 부유한 자의 책임을 강조하면서 경제적 갈등을 해결하려 하였다.[152] 또한 김경진에 따르면, 바울은 고린도교회 안의 빈부갈등을 주목하면서 가난한 이웃을 돌보지 않는 것은 죄임을 지적하고, 이웃 사랑을 통한 공동체성의 회복을 주장하였다.[153]

---

152 이승문, "로마공동체의 경제적 갈등과 공존: 로마서 14:1-15:13, 15:25-16:2을 중심으로," 『신약논단』 18/2(2011), 557-598 참고.

153 김경진, "고린도교회에서 발생한 빈부 간의 경제적 갈등과 처방: 사회갈등의 원인과 그

신약성서의 서신서는 지역 교회공동체를 대상으로 포용적이고 열린 형태의 의사소통을 보여준다. 신자들 가운데 상인도 있고 종도 있었으나 함께 모일 때는 모두 그리스도 안에서 한 형제요 자매였다. 세상에서는 신분에 따라 차별이 있었지만, 교회공동체 안에서는 그리스도의 피로 하나가 된 신령한 영적인 공동체였으며, 서로 평등한 관계를 유지하였다. 요한일서 3장 17~18절에서는 사랑을 구체적인 행동으로 표현할 것을 강조한다. 야고보서 5장 1~4절은 재산 축적이 가난한 자에게 어떤 영향을 주는지 생각해 볼 것을 촉구하며, 타인을 희생시키면서 부를 축적하지 말 것을 교훈한다.

교회공동체는 나눔을 통해 하나님의 사랑을 증언하였다. 초대 교인들의 자선사업은 단순히 노숙자에게 음식을 제공하는 것이나 헌 옷을 기증하는 것을 넘어섰다. 나눔은 모임의 중요한 일부였는데, 성만찬이 그 대표적인 실례이다. 나눔은 지속적인 희생을 요구하기도 하지만 부의 불균형을 바로잡고 상호연대성을 강화하면서 공동체 성장의 원동력이 된다. 바울이 고린도 교회에 편지하면서 마케도니아 교회를 모델로 칭찬했던 이유는 그들이 재정적인 어려움에도 불구하고 최선을 다하여 후원하였기 때문이었다(고후 8:3).

교회는 협동조합을 통해 상호 자조와 나눔의 정신을 실천할 수 있는데, 실례로 사회적 협동조합을 통해 다양한 사회적 요구에 적절하게 응답할 수 있다. 빈부격차, 정보격차가 심해지는 상황에서 교육이나 보육, 의료 등의 다양한 영역에서 사회적 협동조합을 통해서 승자독식의 경제구조를 보완하고 사회 구성원들이 상생할 방안을 모색할 수 있다. 또한, 사회경제적으로 취약한 자들에게 일자리를 제공함으로써 경제적 자립을 도울

해결을 위한 신약윤리적 대안," 『신약논단』 18/2 (2011), 599-629 참고.

뿐 아니라 다양한 사회복지서비스를 제공함으로써 지역 사회의 필요를 충족시킬 수 있다.

3) 성서를 통해 본 협동조합의 가치

(1) 생태 친화적인 생산과 소비

협동조합은 생태 친화적인 생산과 소비를 만들어 가는 운동이라는 점에서 하나님의 창조질서를 따라 생태 중심적인 생활방식을 확산시키는 데 기여할 수 있다. 특히 산업화 이후 물질적인 풍요를 담보로 생태균형이 급속도로 무너져 가는 상황에서 협동조합운동에 참여하는 것은 생명이 중심이 되는 생태 친화적인 생산과 소비를 통해 생태공동체를 회복시키는 길이 된다.

생협은 산업사회의 경쟁과 불신에 얼룩진 도시인의 냉담한 삶과 물질적 탐욕에 대한 깊은 반성에서 출발하였다. 환경친화적인 농산물로 가족의 건강을 지키고, 생산자들에게는 땀 흘려 일한 노동에 대하여 정당한 대가를 지급하는 것이 생협운동의 시작이었다. 생협은 유기농의 생산과 소비를 점차 활성화해 생명을 살리고 생명을 나누는 생산과 소비구조의 변화를 서서히 끌어냈다. 생명이 중심이 되는 건강한 먹거리에 대한 관심은 유기농의 소비로 나타났고, 이것이 생협 확산의 원동력이 되었다.

협동조합은 지나친 경쟁과 이윤추구로 인해 점차 병들어 가는 세상을 치유와 보살핌의 손길로 회복시키는 경제운동이라 할 수 있다. 제3세계와 지구를 생각하는 착한 소비, 지역순환농업 지원, 밥상 위에서의 지구 살림을 슬로건으로 탄소 배출량을 줄이는 지역 중심의 먹을거리 운동, 사료자급 축산 등의 식량 자립과 지속할 수 있는 농업을 보듬고자 하는 노력, 마을만들기 등의 모든 활동은 바로 생명을 소중히 여기는 세계관을 바탕으로 하고 있다.

(2) 불평등 해소와 경제정의 실현

불평등은 마치 중력과 같아서 눈에 잘 띄지는 않지만 지속적으로 영향을 미치고, 공동체의 갈등과 분열의 씨앗이 된다. 자본주의 경제는 전반적으로 불평등한 양상으로 전개되고 있는데, 특히 승자독식 위주의 경쟁은 부의 불평등을 초래하여 사회갈등을 심화시킨다. 부의 불평등은 정도의 차이만 있을 뿐이지 전 세계적인 현상이다. 현재 세계 최고 부자 85명이 전 세계 빈곤층 35억 명의 재산을 합친 것보다 더 재산이 많으며, 역사상 가장 부유한 국가인 미국에서는 상위 1%가 전체 소득의 20% 이상을 벌어들인다.[154]

미국의 경우, 지난 반세기 동안 부가 집중되면서 엄청난 성공을 거둔 사람들은 상위 1%가 아니라 최상위 0.1%다. 2012년 기준 미국에서 최상위 0.1%에 해당하는 약 16만 가구가 차지한 부의 비율은 미국 전체 부의 22%에 달했다. 1963년만 해도 최상위 0.1%의 부는 약 10%에 불과했다. 1980년대 중반에는 하위 90% 그룹이 미국 전체 부에서 약 35%를 차지했으나, 그로부터 30년이 지난 2010년대에는 12%로 하락했고, 정확히 그만큼 최상위 0.1%의 부가 증가했다. 그런데 최상위 0.1%의 늘어난 부는 하

154 Keith Payne, 이영아 옮김, 『부러진 사다리』 (서울: 와이즈베리, 2017), 12.

위 90%에게서 온 것이었다.[155] 부호들은 불로소득자들인데, 이들의 자산은 대부분 평범한 이들에게 빼먹은 지대(地代)로 창출되고 유지된다. 옥스팜의 통계에 따르면, 2016년 미국 억만장자들의 자산 75%가량이 지대로 긁어모은 것이었다. 이들은 땅, 지식, 돈 등에 대한 지배권을 이용해 부를 늘린다.

우리나라 또한 토지의 46%를 상위 1%, 70%를 상위 5%가 소유하고 있는데, 부동산 거품에서 나오는 불로소득의 힘으로 지배권을 행사하고 있다.[156] 우리 사회에서 하우스 푸어(house poor)는 천만 명을 웃돌고 있다. 또한, 비정규직의 비율은 2017년 1월 기준으로 정규직의 53%인데, 이는 2012년의 56.5%보다 더 낮아졌다. 소득 하위 20%의 가계 수지는 2003년 이후 10년 넘게 계속 적자 상태이다. 일은 하고 있지만 저축할 여력이 없어 질병에 걸리거나 실직하게 되면 곧바로 절대 빈곤층으로 빠질 수밖에 없는 워킹 푸어(working poor)는 2009년 기준으로 300만 명에 달한다.[157]

경제적 불평등은 공동체 속에서 함께 나누고 누려야 할 일상의 공통 경험을 우리와 그들이라는 이분법적 간격을 만들면서 사회적 거리로 단절시킨다는 점에서 문제시된다. 소수의 엘리트 계층은 일반 대중과 점점 멀어지며 공통의 관심사 또한 점차 사라지게 된다. 이러한 불평등의 결과 빈곤층은 복합적인 고통을 겪게 된다. 상대적 빈곤은 사람들의 건강을 해치고, 장기적인 계획을 세우지 못하게 만들며, 심지어 수명까지 단축시키는

---

155 Matthew Stewart, 이승연 옮김, 『부당세습』 (서울: 이음, 2005), 18.
156 김명훈, 『카키스토크라시』 (서울: 비아북, 2021), 47.
157 조우석, "또 다른 세상을 가능케 하는 힘: 우리가 협동조합에 주목해야 하는 이유," 『우리교육』 251(2013), 165.

요인이 된다. 또한 소득이 낮은 사람일수록 코르티솔과 아드레날린 같은 스트레스 호르몬의 혈중 수치가 높아 면역 체계가 과잉 반응하고 염증 수치 또한 높게 나타난다는 연구 결과도 있다.[158] 빈곤에 처한 이들은 충동적으로 되어 생명을 잃을 위험에 스스로를 노출시킴으로 부유한 이들보다 수명이 단축될 확률 또한 높다. 불평등이 심한 국가나 지역에 사는 사람들은 폭력, 유아 사망률, 비만, 당뇨, 정신질환 등의 건강 지표들에서 심각한 문제점을 드러낸다.

불평등의 부당함에 대한 인식은 르상티망(ressentiment)이라는 집단 정서를 형성하면서 사회적 갈등의 요인이 된다. 르상티망은 성실하게 일했음에도 공정하게 보상받지 못하고 존중받지 못한다고 느끼는 데서 비롯되는 불편한 감정이다. 르상티망은 겉으로만 선심을 베푸는 기득권 계층에 대한 원망을 낳고, 응당 누릴 자격도 없으면서 온갖 혜택을 훔치고 있는 것으로 비치는 사회 내부의 또 다른 적대 세력들에 대한 분노와 적개심을 유발한다.[159] 경제적 불평등으로 인한 르상티망은 공동체 내부로 확산되면서 분노와 적개심과 원망의 감정이 켜켜이 쌓여 분열과 갈등을 증폭시킨다.

불평등은 사회불안과 갈등, 사회적 비용을 유발하기에 공동체 안의 불평등을 줄이기 위해 힘써야 한다. 불평등을 줄인다는 것은 계층의 사다리 아래쪽은 더 올리고 위쪽은 내려서 보다 공평해지려고 노력하는 것이다. 불평등이 완전히 없어지면 더할 나위 없이 좋겠지만, 이는 현실적으로는 불가능하다. 따라서 불평등의 수위를 조절하여 승자독식이 아닌 공정

---

158 Keith Payne, 『부러진 사다리』, 158.
159 Richard Sennett, 유병선 옮김, 『뉴캐피털리즘: 표류하는 개인과 소멸하는 열정』 (서울: 위즈덤하우스, 2009), 159.

한 경쟁과 상생의 미덕을 통해 하위 계층이 더 나은 삶의 단계로 올라갈 수 있는 기회나 여건을 제공하도록 힘써야 한다.

성서는 공동체 내의 불의와 차별을 없애고 사랑과 정의의 공동체가 될 것을 강조한다. 성서가 말하는 사랑과 정의는 사회적 약자들을 배려하며, 사랑과 섬김으로 돌보는 것이다. 고아와 과부, 나그네 등과 같은 사회경제적 약자들은 배려와 돌봄의 대상이다. 여인이 남편을 잃으면 그의 친족들이 아내와 자녀들을 돌보도록 하고, 추수 때에는 모두 거두지 않고 일부는 이들을 위해 남기도록 하였다.

김태경의 분석에 따르면, 시편에서 '가난한 자들'은 돌봄을 받아야 할 특별한 대상으로 언급되고 있는데(시 35:10, 41:1, 72:12-13, 82:3-4, 113:7 등), 가난하다는 것은 '온갖 종류의 궁핍과 대적의 위협'이며, 그야말로 '여러 가지 고난의 경험'이 집약된 상태이다.[160] 가난하고 궁핍한 자들은 공동체가 관심을 두고 돌보아야 할 대상들이다. 사회경제적 약자에 대한 보호와 배려는 성서를 관통하는 실천적인 정신이며, 협동조합의 정신과 일맥상통한다.

협동조합은 이러한 사회 불평등을 해소하고, 하우스 푸어와 워킹 푸어와 같은 빈곤을 극복하는 방안이 된다. 경제적 약자들은 협동조합을 통해 노동의 주체로서 세상을 바람직한 방향으로 바꾸는 데 참여할 수 있기 때문이다. 최근 월스트리트 점령 시위에서 자본가의 배만 불리는 상위 1%를 위한 투자은행의 계좌에서 돈을 인출하여 지역 주민이 기반이 되는 하

---

160 김태경, "시편의 경제 신학 및 경제 윤리에 관한 연구," 『한국기독교신학논총』 82/1 (2012), 77.

위 99%를 위한 신협으로 옮기자고 외치고 이를 실천했던 운동에서 알 수 있듯이, 협동조합은 새로운 변화를 일으키는 기폭제가 될 수 있다.

협동조합은 자본주의 경제체제 하에서 혼자만의 힘으로 살아가기 어려운 수많은 사회적 약자들이나 노동자들에게 연대와 협력의 방식으로 스스로의 삶을 개척해갈 다양한 기회를 제공한다. 혼자서는 어렵지만 여럿이 함께 하면 실현 가능하다는 경험, 개인의 이익보다 공동(共同)의 이익을 추구하는 것이 장차 개인의 이익을 증대하는 데에도 유리하다는 실증적인 깨달음은 협동조합을 전 세계로 확산시키는 동력이 되었다.[161]

초기 협동조합의 조합원들은 노동자, 농민으로 대부분 사회경제적 약자였다. 당시 노동자들은 빈곤에 시달리는 데다 교육을 받을 기회조차 없었으므로 사업을 운영할 정도로 경영자로서 지녀야 할 능력은 없던 시대였다. 이런 시대에 노동자들이 단결하여 협동조합을 통해 윤리적인 기업경영의 모범을 보여주었다.

협동조합은 기존 시장이 포괄하지 못하거나 사회적으로 소외되고 배제된 분야에서 사회경제적 약자들이 다양한 형태로 사업을 전개하기에 적합하다. 가령 영세 상인이나 소상공인들이 중심이 되어 협동조합을 만들 수 있고, 자활공동체나 돌봄 사업 등 저소득 취약계층들 중심으로 협동조합이 설립될 수 있다. 또한, 청년 예비창업자나 창업동아리 등과 같이 초창기 자본을 동원하기 어려운 이들이 협동조합의 형태로 소규모 창업을 시작할 수 있다. 그리고 노동의 사각지대에 있는 특수고용직 노동자들이나 비정규 노동자들이 중심이 되어 협동조합 형태로 사업을 진행할 수 있다.

---

161 최혁진, "사회적 협동조합의 등장과 교회의 역할", 66.

협동조합에서는 출자 금액의 많고 적음과는 상관없이 모든 조합원은 공평하게 1인 1표의 의결권을 통해서 사업의 방향이나 이익 분배를 결정하게 된다. 그 결과 사회적 약자들의 경제적 참여가 자유롭게 보장되고, 힘이 없거나 약한 이들도 능력을 부여받을 수 있게 된다. 거대 자본의 횡포에 굴복할 수밖에 없으며, 자신을 도울 수 없는 이들이 협동조합을 통해 함께 연대함으로써 더욱 인간답고 풍요로운 삶을 개척할 수 있게 되는 것이다.

협동조합은 가난한 이들이 상호 자조를 통해 경제적으로 자립하고, 보다 공정하고 평등한 세상을 만드는 계기를 제공한다. 협동조합운동의 선구자 중에는 그리스도인들이 적지 않으며, 형제애에 바탕을 두고 모두가 잘사는 우애의 경제학을 실현하고자 하는 열망에서 시작되었다. 협동조합이 지닌 상호의존성, 호혜와 협력의 가치를 바탕으로 세상을 평화롭게 바꿀 수 있다는 신념은 기독교적 사회정의와 연결된다. 독일의 라이파이젠은 기독교 정신에 근거하여 자조와 연대책임에 바탕을 둔 농촌신용협동조합을 창안하였는데, 현재 100여 국에서 5억 명의 조합원과 90만 개의 지점을 지닌 협동조합은행으로 발전했다. "1인은 만인을 위하여, 만인은 1인을 위하여"라는 슬로건은 라이파이젠 은행의 상호유대 정신을 잘 드러낸다.[162]

협동조합은 협동의 시스템을 통해서 사회적 경제를 실현할 수 있게 한다. 사회경제적 약자들은 협동을 통하여 자본의 지배에 저항하고, 사회경제적 지위 향상을 도모하면서 인간 중심의 경제를 실현할 수 있다. 협동

---

162 김형미, "협동조합운동에 스며든 기독교사상: 약한 이에게 권능을 부여하는 우애의 경제조직," 『기독교사상』 655 (2013), 19.

조합은 5명 이상의 조합원들이 소자본으로 창업할 수 있기에 책임감, 협동 정신, 새롭고 독창적인 일을 시도할 다양한 기회를 제공한다. 그리하여 상위 1%만이 아니라 하위 99% 스스로 독창적인 경제활동을 가능하게 하면서 경제 정의를 실현하는 계기가 된다. 협동조합은 부의 분배 과정뿐 아니라 부를 생산하는 과정에서도 공정하고 정의로운 체계 속에서 경제활동을 지속가능하게 한다.

경쟁 중심의 경제구조 속에서는 사회경제적 약자들이 설 자리가 점점 사라지지만 협동조합은 약자들도 협동이라는 방식으로 할 수 있다는 자신감과 긍정의 메시지를 제공한다. 또한, 협동조합은 빈곤한 지역사회에도 경제적 기회를 공평하게 제공한다는 점에서 사회를 건설적으로 바꿔나가는 특징을 지닌다.

협력에 기반을 둔 바람직한 경제활동은 등가적 교환을 넘어서 이미 받은 사랑이 너무나 놀랍고 감사하기에 함께 나누는 무조건적인 은혜에 기초한다. 이스라엘 공동체는 하나님의 은혜로 주어지는 하늘 양식을 함께 나누며 광야 40년을 지냈다. 하나님의 은혜는 다른 사람과 함께 나눠 쓰는 데서 한층 깊어진다. 이러한 공평과 나눔의 정신은 공동체를 든든하게 지탱하는 근간이 된다.

"오직 선을 행함과 서로 나눠주기를 잊지 말라 이 같은 제사는 하나님이 기뻐하시니라(히 13:16)"라는 말씀은 나눔과 공유를 하나님이 기뻐하시는 제사와 같다고 강조한다. 나눔과 공유의 정신을 잘 드러내는 것이 만나가 갖는 경제적 의미다. 만나는 각 사람의 능력과는 상관없이 각자의 필요에 따라 거두어 일용할 양식으로 삼았다.

효율성과 형평성은 경제활동에서 중요한 두 요소이다. 효율성은 주어진 자원과 재화를 최대한 효율적으로 활용하여 가능한 많은 이윤을 창출하는 것이다. 하지만 효율성은 지나친 경쟁으로 치닫게 하며 약자에 대한 배려가 없다. 이를 보완하는 개념이 바로 형평성이다. “이제 너희의 넉넉한 것으로 그들의 부족한 것을 보충함은 후에 그들의 넉넉한 것으로 너희의 부족한 것을 보충하여 균등케 하려 함이라(고후 8:14)”라는 말씀처럼 분배를 통해 서로의 부족한 부분을 채우고 가능한 한 균등하게 나누는 것이다.

협력적 공유는 모두가 함께 샬롬을 누리는 나눔과 누림을 실현시키는 촉매제가 된다. 공유를 통해 창출한 이익을 형평성 있게 배분함으로써 혜택을 공유하여 함께 누리는 것이다. 또한 협력적 공유는 소득 불균형을 해소하고 환경적으로도 지속가능한 사회를 창출하는 계기가 된다. 공유를 통한 누림의 경제(Reciprocal Economy)는 자본주의 경제가 지닌 구조적 취약점을 보완하는 대안이 된다.

누림의 경제는 소득의 취득 과정에서부터 투명성과 사회통합을 중요시하며, 자본 분배 과정에서 형평성에 초점이 맞추어져 있다. 누림의 경제는 모든 구성원이 혜택을 받을 수 있게 한다. 이는 나눔과 달리 참여하는 이도 혜택의 대상이 된다. 상부상조, 두레, 품앗이 등과 같이 전통적인 공유 시스템은 누림의 실천이었다. 공유를 통해 서로의 노동력을 교환하고, 서로 돕고 도움받는 호혜의 경제 모델을 구현하였다. 이처럼 공유경제는 나눔이라는 분배철학을 기반으로 자본주의 경제의 단점을 보완한 개념이다.

협력과 공유가 지닌 가치는 박애 정신, 관대함, 협력, 이타주의 등과 같은 도덕적 가치를 지향한다. 서로 협력하여 새로운 것을 창조하고, 결과를 공정하게 분배한다. 이를 바탕으로 이타주의가 확산되며, 사회적 자본이 늘어나고 궁극적으로 새로운 삶과 행복을 찾는 태도가 형성된다. 공유와 협력은 공동체의 지속 가능한 발전을 도모하고 공유가치를 확산시키는 점에서 공동체를 형성하는 중요한 가치이다. 이러한 가치가 풍족한 공동체는 신뢰와 공감이 형성되고, 평판의 가치가 힘을 발휘하고, 공공성이 확보되며 궁극적으로 사회적 자본이 축적되는 계기가 된다.

(3) 신뢰에 기초한 샬롬의 공동체 구현

성서는 갈등과 분쟁을 극복하고 평화와 화해의 공동체가 될 것을 강조한다. 성서가 말하는 평화는 갈등이나 분쟁이 없는 소극적 상태를 넘어 창조 본연의 질서가 온전히 실현되는 적극적인 상태를 의미한다. 하나님이 세상을 창조하시고 보시기에 좋았더라고 말씀하신 창조의 질서가 회복되고 유지되는 것이 온전한 샬롬의 상태이다. 샬롬은 모든 존재가 하나님의 질서 안에서 평화롭게 공존하는 것이다. 그 가운데 강자와 약자의 구별은 없어지고 모두가 평화롭게 공존하는 것이다.

그런 점에서 협동조합은 구성원 서로 간에 선의와 연대성을 증진함으로 샬롬의 공동체를 구현하는 방법이 된다. 협동조합이 지닌 공동체적 성격은 신뢰, 헌신, 연대, 충성과 같은 사회 심리적 구성요소를 갖는다.[163]

협동조합은 사업체이면서도 협의체로서의 성격을 지니기에 구성원들 사이에는 사회적 유대가 강하다.[164] 조합원들은 혈연, 학연, 지연이라는 전통적 인간관계에서 벗어나 주체적 시민의식을 가지고 다른 이들과 협력관

---

163 J. Nilsson & G. Hendrikse, "Gemeinshaft and Gesellschaft in Cooperatives," M. Tuunanen & J. Windsperger & G. Cliquet & G. Hendrikse, *New Developments in the Theory of Networks* (New York: Springer, 2011), 340.

164 P. S. Akpoghor, *Selected Essays On Co-operatives Theory and Practice* (Marburg: Marburg Consult for Self-Help Promotion, 1993), 147.

계를 형성하면서 경제활동에 참여하게 되는데, 이 과정에서 사회적 자본이 형성된다. 협동조합은 신뢰를 기반으로 형성된 사회적 자본을 통해서 신용을 창출하고 지역경제를 활성화한다. 실례로 신용협동조합은 조합원들 간의 친밀성과 신뢰성에 기초하여 거래비용문제, 즉 차입자의 심사문제, 사후감독문제, 미상환문제 등의 문제들을 효과적으로 해결할 수 있으며, 생활협동조합은 생산자와 소비자 간의 신뢰관계를 형성함으로써 친환경 식품의 거래를 활성화하고 윤리적 소비운동을 확산시킬 수 있다.

협동조합이 추구하는 연대의 경제는 도시와 농어촌이 이윤추구를 위해 서로 경쟁하며 갈등하는 관계가 아니라 서로 돕고 상생하는 관계로 전환한다. 즉 도시는 단순히 소비하는 곳이고 농·어촌은 생산하는 곳이 아니라 서로 간에 협력과 상생의 관계로 회복시킨다. 농·어촌은 도시인들에게 생명을 제공하며, 도시인들은 생명을 먹으면서 수고한 생산자들에게 감사하며 답례한다. 소비자들은 단순히 포장된 먹거리를 제공하는 생산자들로 대하는 것이 아니라 인격적으로 만나고 연대의식을 갖는다. 이러한 관계를 통해 생산자들은 정성스럽게 생명의 기운을 담아 생명을 공급하게 되는데, 바로 이것이 성서가 가르치는 샬롬의 정신이다.

신자유주의적 경제 질서는 경쟁을 부추기지만, 협동조합은 서로 혜택을 주기 위하여 자발적인 연합을 도모하기에 서로의 연대성을 강화한다. 성서가 강조하는 협동과 사랑의 원칙은 모두가 그리스도에게 속한 한 몸, 한 지체라는 의식을 통해 확증된다. 모두가 한 몸이며, 모든 구성원이 하나라는 것이다.[165] 협동조합의 성공 여부는 구성원들의 적극적인 참여에 달

---

165 Ken Estey, "Cooperative Ownership: Reconsidering a Social Gospel Legacy," *Baptist History and Heritage* 35/2 (2000), 39.

려 있는데, 이는 협력과 일체 의식을 기반으로 한다.[166] 협동조합 운동의 목적은 동료를 먹잇감으로 삼는 약탈적인 개인주의자들 이외에는 아무에게도 대항하지 않는다. 협동조합은 선한 뜻을 가진 모든 이들에게 도움의 손길을 내밀며 상호 협력에로 참여할 것을 요청한다.[167]

협동조합은 타인의 희생을 대가로 자기들만의 이익을 추구하지 않으며, 외부인의 희생을 기반으로 조합원들의 번영을 도모하지도 않는다. 협동조합의 시스템은 닫힌 조직이 아니라 참여자 모두에게 열려 있는 개방적인 조직이다. 협동조합은 모든 구성원의 유익을 위하여 수익을 최대한으로 분배하려고 하는데, 이 세상의 재화들은 인간의 고상한 삶을 위한 도구로써 기여한다는 원리에 기초해 있기 때문이다.

유럽의 대규모 소비자협동조합들은 주식회사 경쟁업체와의 시장경쟁에서 앞서나가고 있다. 나라와 지역에 따라서는, 소매업계에서 선두 자리를 차지하기도 한다. 이러한 소비자협동조합의 성공요인은 지역주민의 신뢰를 바탕으로 사업을 하고, 이러한 신뢰구축을 통해 강력한 고객 지지층을 확보함으로 지속적인 선순환 구조를 만든 결과이다. 영리기업과는 달리 협동조합에서는 고객이 곧 조합원이자 출자자이기에 주인의식과 책임감을 느끼고 사업을 하게 되는데, 이는 협동조합만의 경쟁력이다.

---

166 P. S. Akpoghor, *Selected Essays On Co-operatives Theory and Practice*, 137.
167 Virgil George Michel, "The Cooperative Movement and the Liturgical Movement," 156.

(4) 하나님 나라에 기초한 경제공동체 건설

협동조합은 하나님의 경제정의를 실현하는 하나의 방식이 된다. 하나님의 경제는 하나님의 뜻에 상응하는 경제이며, 상생의 경제임과 동시에 나눔의 경제라고 할 수 있다.[168] 하나님의 경제는 삼위일체 하나님 안에서 이루어지는 영원한 상호 내주적 사귐과 나눔에 기초하여 하나님의 창조세계를 유지하고 재창조하는 원리이다. 성서에 따르면 이 세상을 향한 하나님의 활동은 사랑(헤세드)과 정의(체덱, 츠다카/ 미쉬파트)로 특징지어진다.[169]

하나님의 나라는 단순히 먹고 마시는 차원을 넘어 성령 안에서 누리는 의와 평화와 기쁨을 포함한다(롬 14:17). 이러한 하나님 나라의 이상을 구현하고, 하나님의 경제를 실현하기 위해서는 이기적인 방식에서 벗어나 타인을 배려하고 서로 협력하면서 정의롭고 공정한 방식을 추구해야 한다. 마태복음 20장의 포도원 주인의 비유는 상호 윤리 및 분배와 연관하여 '호혜'의 정신을 일깨운다.[170] 포도원 주인은 경쟁 사회에서는 소외되고 배제될 수밖에 없는 취약한 노동자들에게도 일할 기회를 제공하였다. 또한, 하루의 일과를 마친 후, 주인이 일군들과 품삯을 정산할 때 이른 아침부터 일한 순서대로 품삯을 준 것이 아니라 가장 나중에 합류한 자들에게 품삯을 먼저 줌으로써 하나님의 경제 정의에 기초한 은혜의 정신을 일깨운다.

---

168 김판임, "신약성서의 정의 이해: 예수와 바울을 중심으로," 『신약논단』 23/1 (2016), 49.
169 김명용 외, 『조직신학적 관점에서 본 하나님의 경제 II』, 13.
170 김학철, "정의롭고 선한 포도원 주인의 비유: 정의와 호혜의 관점에서 마태복음 20장 1-16절 읽기," 『신약논단』 23/4 (2016), 925 참고.

하나님의 경제는 자유시장적 질서에 의한 무한경쟁과 권력 투쟁의 장이 아니라, 은혜의 복음에 기초하여 재화를 생산하고 분배하는 공존과 상생의 경제이다. 그런 점에서 협동조합은 사회경제적 약자들도 차별받거나 배제되지 않고 공평하게 일할 기회를 제공한다는 점에서 하나님 나라의 이상을 실현하는 경제건설 운동이라 할 수 있다.

이러한 협동조합의 이상은 공동체 자본주의를 실현하려 하였던 청교도 정신과 일맥상통한다. 근대 자본주의가 프로테스탄티즘에 의해 태동하였고, 처음부터 이미 공동체 정신을 핵심 요소로 갖고 있었다. 교회공동체의 모임인 에클레시아는 예배, 자선, 행정, 친교의 모든 요소가 통합되어 있으며, 자발적인 자원의 공유 또한 포함하고 있었다. 이러한 에클레시아의 정신을 교회공동체 밖으로 확장하면, 시민들의 모임으로 적용된다. 에클레시아의 정신은 시민의 참여와 관계가 있으며, 공동의 의사결정이 모임의 중요한 일부였다.[171] 하지만 현대에 오면서 에클레시아의 정신이 계승하지 못한 채 퇴색된 측면이 있다.

따라서 교회가 에클레시아의 통전적인 측면을 되찾고, 대사회적인 책임을 감당하기 위해서는 협동조합운동에 적극적으로 참여할 필요가 있다. 교회의 신앙은 사적공간을 넘어 공적영역으로 확장될 필요가 있으며, 교회는 지역사회를 위한 공공영역에 참여함으로써 지역선교의 공공성을 드러낼 수 있기 때문이다. 즉 교회는 좁은 의미의 복음 전도 차원에서 머물 것이 아니라 지역 사회 전체를 품는 통전적 선교로 나아갈 필요가 있다. 선교적 교회(missional church)라는 개념은 지역선교의 범주를 복음전도

171 Andrew McLeod, 『협동조합, 성경의 눈으로 보다』, 83.

에 제한하지 않고 지역공동체의 문제를 해결하는 차원까지 나아간다.[172]

협동조합을 통한 지역공동체 운동은 교회가 선교적 관심을 두고 새롭게 접근해야 할 영역이라 할 수 있다. 송인설은 레슬리 뉴비긴(Lesslie Newbigin, 1909-1998)의 비전을 따라 교회의 선교적 본성을 강조하면서, 선교적 교회를 실천하기 위한 모델로서 협동조합의 가능성에 주목하였다. 즉 그리스도인은 비그리스도인과 같이 만날 수 있는 근접 공간에서 공동 프로젝트나 영리사업을 통해 그 지역에 토착적이며 자생적인 선교 공동체를 형성할 수 있다는 것이다.[173]

협동조합은 비즈니스를 선교에 활용하는 BAM(business as mission) 선교의 한 방식으로서 비즈니스와 선교가 통합된 새로운 형태로 운영될 수 있다. 지역사회 곳곳에는 육아, 보육, 돌봄, 의료 등과 같은 사회 서비스에 대한 요구가 늘어나면서 협동조합이 참여할 영역들이 많다. 교회는 지역사회와 연계하여 문화, 예술, 전문가 집단 등과 같은 다양한 인적 자원을 활용하여 협동조합을 운영할 수 있는데, 이를 통해 교회는 지역사회와 선순환 관계를 형성함으로써 공유의 경제를 확산시킬 수 있다.

따라서 교회가 협동조합을 활성화하고 이에 참여하는 것은 경제적 이윤창출뿐만 아니라 교회의 대사회적 책임을 수행하는 방식이 된다. 특히 사회적 협동조합과 같은 사회적 경제 영역은 교회가 효과적으로 참여할 수 있는 영역이다. 예를 들어 간병 서비스, 노인 돌봄 서비스, 장애인 일자리 창출 사업 등은 영리를 기대하기 어려운 분야이며, 수익 극대화의 논리만으로 운영하다가는 서비스의 질이 심각하게 떨어질 수 있다. 이 경우 교

---

172 고재길, "협동조합의 기독교사회윤리적 함의", 184.

173 송인설, "이중직 목회를 위한 목회 모델 연구: 선교적 교회와 협동조합을 중심으로," 『장신논단』 49/1 (2017), 184.

회가 사회적 협동조합의 형태로 수익보다는 서비스 제공을 목표로 운영할 수 있다. 교회는 사회적 협동조합을 운영하여 지역 사회의 취약 계층들을 고용함으로써 일자리를 창출하고, 지역사회에 다양한 사회 서비스를 제공함으로써 지역 사회의 재생과 지역경제의 활성화에 기여할 수 있다.

협동조합이 추구하는 호혜, 협력, 연대 등의 가치는 성서적 가치관과 일맥상통한다. 협동조합은 나눔과 공유를 통해 사랑을 실천했던 초대교회의 공동체 정신과 맞닿아 있다. 협동조합은 자본보다는 사람을, 경쟁보다 협동을, 이윤보다 공동선을 중시하면서 공동의 경제적 목표를 달성할 뿐만 아니라, 조합원 상호 간의 지적, 정신적, 문화적 발전을 꾀하면서 호혜와 상생의 경제 공동체를 구현하고자 한다. 또한, 협동조합은 사회경제적 약자가 상호 간의 협동과 단결을 통해 경제적 지위 향상과 자주성을 추구하는 기반이 된다.

하지만 협동조합운동은 신자유주의 경제 체제가 지닌 문제들을 보완할 것이라는 기대와 더불어 협동조합 자체가 안고 있는 취약성에 대해 우려도 만만치 않다. 규모의 영세성이나 경영의 비효율성, 안정적인 자금조달의 어려움 등의 여러 문제가 산적해 있다. 그래서 협동조합을 날개 길이가 몸무게에 비례해서 짧고 약한 호박벌(bumblebee)에 비유하기도 한다.[174] 호박벌은 비대한 몸통에 비해 상대적으로 짧은 날개를 가졌기에 이론적으로는 절대 날 수 없다. 하지만 호박벌은 잘 날아다닌다.

이와 마찬가지로 전통적인 경제학 이론에 따르면, 협동조합은 발전할 수 없으며 실패해야 마땅하다. 협동조합은 영리와 같은 경제적 목적보다

---

174 스테파노 자마니·베라 자마니, 송성호 옮김, 『협동조합으로 기업하라』 (서울: 북돋움, 2013), 27.

연대와 상생과 같은 경제 외적인 목적을 더 중요시하기에 수익 창출을 통한 성장과 발전에 장애 요인으로 작용할 수 있으며 협동조합 자체의 생존마저도 위태롭게 할 가능성도 있다. 하지만 협동조합은 연대와 신뢰를 기반으로 급변하는 시장 상황에 대응하면서 지금까지 존속해 왔으며 앞으로도 존속할 것이다.

협동조합은 하나님 나라의 경제를 구현하는 매개체가 된다. 하나님 나라의 복음은 전도를 통한 영혼 구원의 차원을 넘어 하나님의 경제를 실현하는 선교적 차원에서 지역 공동체로 확장될 필요가 있다. 하나님 나라의 경제는 하나님의 뜻에 상응하는 경제이며, 상생의 경제임과 동시에 나눔의 경제라는 점에서 협동조합은 하나님의 경제정의를 실현하는 하나의 방식이 될 수 있다. 따라서 교회가 협동조합운동에 적극적으로 참여하는 것은 교회의 대사회적 역할과 특징을 보여주는 공동선의 원리, 참여와 연대성의 원리를 구현하는 지름길이 된다.

2. 협동조합의 역사

1) 협동조합의 태동

(1) 협동조합의 정신

협동조합의 뿌리는 두레나 계를 통하여 상호 협력과 부조를 하였던 우리 조상들의 전통에서도 찾을 수 있다. 두레는 '함께 일하는' 협동에 좀 더 가깝다면, 계는 모임의 성격을 지닌 조합에 더 가깝다.[175] 두레나 계는 우리의 선조들이 독자적으로 발전시켜 온 자생적인 협동조합이라고 볼 수 있다.

최근 협동조합이 주목받게 된 배경에는 현 시대가 직면한 경제적 위기 상황과 맞물려 있다. 무한경쟁, 승자독식, 적자생존으로 상징되는 신자유주의의 확장으로 인하여 빈부격차가 심해지게 되었다. 이러한 상황에서 협동조합은 신자유주의의 경제체제를 극복할 대안으로 주목받게 되었다. 특히 2008년 미국에서 촉발된 세계 금융위기는 협동조합의 사회적·경제적 역할을 새롭게 조명하게 된 계기가 되었다.

기계화와 자동화로 인하여 경제는 성장하는 반면 일자리는 오히려 줄어드는 부조리한 현실 속에서 국제사회는 협동조합을 새로운 경제모델로 주목하게 되었고, UN은 2012년을 세계 협동조합의 해로 지정하였다. 특히 유럽과 캐나다에서는 시장 영역과 정부 사이에 있는 제3섹터의 경제 영역으로 인식된 사회적 경제에서 협동조합의 역할에 관심을 모으고 있다.[176]

협동조합은 세계에서 1억 명 이상에게 일자리를 제공하고 있는데, 이는 다국적기업보다 20% 높은 수준이다. 현재 지구 인구의 6분의 1인 10억 명 이상이 협동조합의 조합원이다. 세계에서 가장 큰 NGO가 바로 국제협동조합연맹(International Co-operative Alliance, ICA)으로 246개국 및 국제기관들에서 대표로 보내고 있다.[177] 시장자본주의 사회인 미국에도

---

175 김기섭, 『깨어나라 협동조합』, 36.

176 Ann Hoyt, "Consumer Ownership in Capitalist Economies," C. D. Merrett & N. Walzer, ed, *Cooperatives and Local Development* (New York: M. E. Sharp, Inc, 2004), 278.

177 다나 마헤슈와라난다, 다다 칫따란잔아난다 옮김, 『자본주의를 넘어』 (한살림: 서울,

4만 7,000개의 협동조합이 1억 명의 조합원에게 서비스를 제공하고 있다. 그동안의 국제 금융위기와 유럽 재정위기 속에서도 유럽연합(EU)의 25만 개 협동조합은 540만 개 일자리를 만듦으로써 스스로의 생명력을 입증하였다. 세계 상위 3백여 개의 큰 협동조합 기업은 1조 1천억 달러의 연 매출을 올렸는데, 이는 스페인의 GNP와 거의 비슷한 규모이며, 스웨덴과 스위스의 협동조합은 국가 GNP의 20%를 차지한다.[178]

협동조합은 경쟁 위주에서 벗어나 서로 간의 협력과 상생의 해결책을 모색한다는 점에서 현 경제 질서에 대한 하나의 대안이 된다. 협동조합은 시민의 자발적인 참여와 책임을 근간으로 사회의 공익적 가치를 추구하면서 기득권을 가진 1%가 아니라 99%를 위한 공정하고 평등한 세상을 만들기 위해 힘쓴다. 따라서 협동조합은 정부의 강제에 의존하지 않고도 부의 불공정한 분배를 해소하는 데 중요한 역할을 할 수 있다.

우리나라는 2012년 12월 협동조합기본법이 시행된 후 협동조합에 대한 관심이 높아지면서 수많은 협동조합이 지역마다 마을 공동체 사업의 형태로 생겨나게 되었다. 또한 지방 자체단체에서도 일자리 창출에 대한 기대를 갖고 협동조합에 대한 다양한 지원 대책을 마련하고 있다.

(2) 협동조합의 가치

역사 속에서 수많은 협동조합이 등장했다가 사라지기도 했지만, 이러

2014), 204. 정재영, "협동조합운동의 기독교적 가치와 선교적 가능성," 『기독교사상』 655 (2013. 7), 42 참고.

178 P. Battilani & H. G. Schröter, *The Cooperative Business Movement, 1950 to the Present* (Cambridge: Cambridge University Press, 2012), 1.

한 과정 속에서 협동조합의 운영 원칙이 만들어지고 다듬어지게 되었다. 국제협동조합연맹은 1995년 창립 100주년을 기념하는 맨체스터 총회에서 〈협동조합 정체성에 관한 ICA 선언〉을 채택했다.[179] 이 선언은 역사상 처음으로 협동조합의 정의와 협동조합이 추구하는 핵심 가치를 천명하고, 이러한 가치를 실현하기 위한 지침으로서 7가지의 원칙을 제시하였다.

국제협동조합연맹은 협동조합을 다음과 같이 정의 내렸다.

> 협동조합은 함께 소유하고 민주적으로 운영하는 사업체를 통해 공동의 경제적, 사회직, 문화적 욕구와 갈망을 충족하고자 자발적으로 단결한 사람들의 자율적인 결사체이다.

이 정의에 따르면, 협동조합은 자본보다는 사람을, 경쟁보다 협동을, 영리 추구보다는 공동선을 중시하는 자유로운 사람들의 자율적인 결사체(autonomous association)이다. 협동조합이 강조하는 자율성(autonomy)은 참여하는 구성원들의 자발적인 자유의지를 강조한다. 참여하는 자들은 자신이 참여하는 경제 행위에 대하여 자율적인 결정권을 갖는다는 것이다.

협동조합은 자본주의적 시장경제 원리와는 다른 생산과 소비 방식, 협동과 연대의 원리에 의해 움직이는 경제체제를 추구하는 사람들이 채택한 기업 방식이다.[180] 협동조합은 조합에 참여하는 구성원 모두의 삶을 풍성하고 윤택하게 만드는 것을 주목적으로 구성된 결사체이다. 경제적이라 함은 먹고 사는 문제를 해결하는 것이며, 사회적이라 함은 서로 간의 친밀한 관계와 나눔을 통해 서로 간에 지적, 정신적 발전을 추구하면서 행복

---

179 김기태 외, 『협동조합 키워드 작은 사전』, 171.
180 장종익, 『협동조합 비즈니스 전략』 (서울: 동하, 2014), 16.

을 향유하고, 문화적이라 함은 고상하고 의미 있는 삶을 인격적으로 온전히 누리게 함이 목적이라는 것이다.

마틴 노왁은 지금은 그 어느 때보다도 초협력자들(SuperCooperators)들이 필요하며 오늘날 인류는 새로운 방식으로 협력의 창조적인 힘을 활용할 필요가 있다고 강조하였다.[181] 혼자서 하면 힘들고 어렵겠지만 뜻을 같이 하는 이들이 함께 모여 서로 협력하면서 호혜와 협동의 공동체를 구축해 나간다면 충분히 가능하다.

국제협동조합연맹이 규정한 협동조합이 추구하는 가치는 다음과 같다.

> 협동조합은 자조(self-help), 자기책임(self-responsibility), 민주주의(democracy), 평등(equality), 공정(equity)과 연대(solidarity)의 가치에 기초한다. 선구자들의 전통에 따라, 협동조합 조합원은 정직(honesty), 개방성(openness), 사회적 책임(social responsibility) 그리고 타인에 대한 배려(caring for others)라는 윤리적 가치를 신뢰한다.

자조는 그 누구에게도 의존하지 않는 스스로 자신을 돕는 것이며, 자기책임은 자신에게 맡겨진 역할을 충실하고 성실하게 이루어내는 책임적 삶이다. 또한 민주주의와 평등은 조합원이라면 누구든지 차별 없이 민주적이며 평등한 관계 속에서 운영된다는 의미이다. 공정이라 함은 한쪽으로 치우침이 없이 올바른 것이며 연대는 서로 협력함으로써 유대를 더욱 돈독히 다진다는 의미이다. 또한 협동조합에 참여하는 조합원은 정직하고

---

181 마틴 노왁 & 로저 하이필드, 『초협력자』, 23.

올곧은 마음과 늘 개방적이고 열린 마음으로 지역사회에 책임을 다하고, 타인에 대해서도 관심을 갖고 배려할 것을 강조한다.

국제협동조합연맹은 이러한 협동조합의 이념과 가치를 실현하기 위해 다음 7가지 원칙을 제시하였다.

① 자발적이고 개방된 조합원 제도(Voluntary and Open Membership)

첫째 원칙은 협동조합의 가입 원칙으로서 자발적이고 개방된 조합원 제도이다. 이 원칙은 협동조합 가입의 자율성을 강조한다. 협동조합은 무엇보다도 자발적인 조직체이기에, 누구든지 상관없이 협동조합의 목적과 취지에 동의하는 모든 이에게 조합원 가입의 문은 열려 있어야 한다. 조합원으로서의 역할을 충실하게 이해하고 이에 동의하는 이들은 누구나 자발적으로 가입하여 조합원으로서 참여하며, 조합의 서비스를 마음껏 이용할 수 있도록 개방되어야 한다.

만일 자발적으로 참여하지 않고 강압이나 강제에 의해 어쩔 수 없이 참여하거나 전혀 다른 목적으로 참여하는 이들이 있다면 협동조합의 본래 취지는 퇴색될 수밖에 없고, 운영 역시 어려움에 직면하게 될 수밖에 없다. 따라서 조합원이 협동조합에 가입하려할 때는 협동조합의 설립 목적과 취지, 그리고 조합원의 권리와 의무 등을 명확하게 이해시킬 필요가 있으며, 이에 자발적으로 동의한 자들이 참여할 수 있도록 해야 한다.

또한 사업의 목적과 내용을 투명하게 공개함으로써 조합원들이 자발적으로 참여할 수 있도록 해야 한다. 참여의 자발성과 함께 조합원의 자격요건도 모든 사람들에게 개방되어 있어야 한다. 가령, 남녀의 성차별이나, 사회적, 인종적, 정치적, 종교적 차별 등이 있어서는 안 된다. 협동조합의 시스템은 닫힌 조직이 아니라 참여자 모두에게 열려 있으며, 타인의 희생을 대가로 자기들만의 이익을 추구하지 않으며, 모두가 함께 협력함으로써 사랑과 정의의 경제 공동체를 건설하려고 한다.

조합원 참여의 자발성과 개방성이라는 첫째 원칙은 기독교적 관점에서 구원의 보편성과 맞닿아 있다. 차별이 없다는 것은 진입 장벽이 없다는 것을 의미한다. 하나님은 모든 사람이 구원을 받으며 진리를 아는 데 이르기를 원하시고(딤전 2:4), 목마른 자들을 물가로 초청하신다(이사야 55:1). 협동조합을 통한 풍성한 삶으로의 초청은 모든 사람들에게 열려 있다. 협동조합은 이를 맛보기를 원하는 모든 이에게 열려 있으며, 누구나 차별 없이 참여하여 누릴 수 있는 것이다.

② 조합원에 의한 민주적 관리(Democratic Member Control)

두 번째 원칙은 협동조합의 운영원칙으로서, 조합원에 의한 민주적 운영이다. 협동조합은 정책수립과 의사결정에 적극적으로 참여하는 조합원에 의해 관리되고 운영되는 민주적 경제조직체이다. 민주주의적 참여는 모든 구성원에게 열려 있으며 사회적 행동을 위한 실제적이고 건설적인 형태를 제공한다. 대표로 선출된 임원들은 조합원에 대한 책임감을 지니고 성실하게 봉사해야 한다. 또한 단위조합에서 모든 조합원들은 1인 1표의 동등한 투표권을 가지며, 단위조합 이상의 조합 역시 민주적 방식에 따라 조직되어 운영된다.

두 번째 원칙이 강조하는 바는 협동조합이 자발적으로 참여한 조합원들에 의해 민주적인 방식으로 관리되고 운영된다는 점이다. 모든 조합원들은 조합의 정책 수립과 의사 결정 과정에 적극 참여할 수 있도록 1인 1표라는 동등한 투표권을 행사한다. 조합의 정책과 방향을 평등하고 민주적 절차를 거쳐 결정하였다면 모두가 책임을 지고 최선을 다해 실행하도록 힘써야 한다. 조합원들에 의해 민주적 절차로 선출된 임원들은 군림하는 지도자가 아니라 섬기는 리더로서 책임을 다해야 한다.

협동조합이 민주적으로 관리 운영되기 위해서 제도적으로 만든 것이 1인 1표제이다. 주식회사처럼 출자금을 많이 낸 사람이 더 많은 투표권을 행사하는 것이 아니라 누구나 동등하게 1표의 의결권을 행사한다. 그런 점에서 협동조합은 가장 민주적인 경제결사체이다. 협동조합은 자본이나 영리 중심이 아니라 사람이 중심이 되기에 조합원이라면 모든 조합원은 동등한 의사결정권을 갖게 되며, 모두가 책임감을 갖고 성실하게 조합의 활동에 참여하게 된다.

③ 조합원의 경제적 참여(Member Economic Participation)

세 번째 원칙은 협동조합의 경제적 원칙으로서 조합원의 경제적 참여이다. 조합원은 협동조합에 필요한 자본(capital)을 조성하는 데에 공정하게 참여하고, 자본을 민주적으로 관리한다. 또한 자본금의 일부는 협동조합의 공동재산으로 한다. 협동조합의 수익이 창출되어 출자배당이 있는 경우, 조합원은 출자액에 따라 제한된 배당금을 받는다. 조합원은 다음 목적의 일부 또는 전부를 위해서 잉여금을 배분하여 관리한다. 최소한 잉여금의 일부는 협동조합 발전을 위해서 분할할 수 없는 준비금(indivisible reserve, 비분리 자산)으로 적립하고, 일부는 조합원의 사업이용 실적에 비례해서 조합원에게 편익을 제공하기 위해서 배분하고, 조합원의 동의를 얻어 다른 활동을 지원하기 위해서 배분한다.

협동조합을 위한 사업 자본은 조합원의 출자에 의해 형성되기 때문에 조합원 모두는 자본을 조달하는 일에 균등하고 책임 있는 자세로 참여해야 한다. 그리고 잉여금은 조합원들에게 배분하는 것을 원칙으로 하되, 일부는 유보금으로 적립함으로써 협동조합이 지속적으로 발전할 수 있도록 해야 한다. 또한 협동조합은 다른 영리 기업들과 경쟁 관계에 있다는 점을 고려하여 사업 자본을 수시로 적립하여 협동조합이 견고하게 성장할 수 있도록 지속적으로 관심을 가져야 한다.

협동조합의 경제적 원칙은 초대 예루살렘 교회의 나눔의 정신과 맞닿아 있다. 예루살렘 교회 공동체는 예수와 제자들 공동체의 나눔의 정신을 따라 자원을 함께 공유하였으며, 각 사람의 필요에 따라 자원을 함께 배분함으로써 이상적인 협동조합의 모범을 보여주었다. 협동조합을 시작하기 위해서는 초창기 자본 조성이 중요하다. 조성된 자본의 규모에 따라 안정적인 사업을 여건을 갖추어 시작할 수 있고, 자본이 소규모라면 영세적인 소규모의 사업으로 시작할 수 있다. 초대 교회 성도들은 교회 공동체를 위해 자신의 소유를 아낌없이 내어 놓았다. 협동조합 또한 조합원들의 공동 목적을 위해 자발적인 헌신과 열심을 갖고 자본을 조성하고 지혜롭고 충성스러운 청지기 의식을 갖고 이를 성실하게 관리하여 더 많은 결실을 남기는 것이 중요하다.

④ 자율과 독립(Autonomy and Independence)

넷째 원칙은 협동조합과 외부 조직과의 관계로서, 협동조합은 자율적이고 독립적으로 운영되어야 한다. 자율성과 독립성의 원칙은 협동조합이 다른 외부 조직과의 관계에서 조합원의 민주적인 권리를 보장하고, 협동조합의 자율성을 유지하기 위한 것이다. 협동조합은 조합원들에 의해서 스스로 관리되는 자조(自助) 조직이다. 협동조합이 정부나 시장 등 다른 조직과 약정을 맺거나 외부에서 자본을 조달하고자 할 때는 협동조합의

자율성이 유지되어야 한다.[182]

정부의 규제나 지원은 협동을 촉진시켜 협동조합에 도움이 되겠지만 자칫 정부의 도움에 지나치게 의존할 경우 오히려 구성원의 자발성은 약화될 수 있다. 따라서 정부와의 관계를 가지면서도 협동조합의 자율성과 독립성을 지키도록 힘써야 한다.

정부뿐만 아니라 영리 기업이나 단체들과도 협력은 하되 어디까지나 협동조합의 자율성과 독립성이 저해되지 않는 범위 내에서 진행될 필요가 있다. 예를 들어 다른 기업에 협동조합의 자본이 예속된다면, 그 순간 자율성과 독립성을 잃게 될 가능성이 크다. 그러므로 정부의 권력이나 시장의 자본에 예속되지 않도록 협동조합은 자율적이고 독립적으로 운영될 수 있도록 노력할 필요가 있다. 다른 외부의 기업이나 기관과 함께 협력하며 교류하되 종속되지 않는다는 원칙은 협동조합의 자율성과 독립성 유지를 위해 중요한 요소가 된다.

⑤ 교육, 훈련 및 정보 제공(Education, Training and Information)

다섯째 원칙은 협동조합의 발전을 위한 것으로서 교육과 훈련 및 정보 제공이다. 협동조합은 조합원, 선출된 임원, 경영자, 직원들이 협동조합의 발전에 효과적으로 기여하도록 교육과 훈련에 힘써야 한다. 무엇보다 먼저 협동조합에 대한 분명한 이해를 갖도록 교육해야 한다. 협동조합이 무엇인지, 협동조합은 어떻게 운영되어야 하는지 등에 대한 철저한 교육이 있을 때, 협동조합만의 경쟁력을 갖고 본래의 취지대로 발전해 나갈 수 있을 것이다. 임직원들에 대한 이런 교육이 제대로 되지 않으으면, 자칫 협동조

182 정태인·이수연, 『정태인의 협동의 경제학』 (서울: 레디앙, 2015), 195.

합을 영리 추구만을 목적으로 하는 경영으로 몰아가기 쉽고 그것은 끝내 협동조합의 실패로 이어지게 된다.

협동조합은 일반 시민들에게도 협동조합에 대한 정보를 제공함으로써 협동조합에 대한 이해를 확산시킬 필요가 있다. 일반 대중, 특별히 젊은 세대와 여론을 이끄는 지도층에게 협동조합의 본질과 장점에 대한 유용한 정보를 제공하면서 적극적으로 홍보할 필요가 있다. 이렇게 함으로써 대중들이 협동조합의 필요성과 장점들을 알게 되고, 협동조합에 대한 적극적인 참여와 지속적인 관심을 끌어낼 수 있게 된다.

지속적인 교육과 훈련은 공동체의 목적과 방향을 제시하는 나침반이 된다. 너희는 모든 족속으로 제자를 삼아 세례를 주고 내가 너희에게 분부한 모든 것을 가르쳐 지키게 하라(마 28:19-20)는 예수그리스도의 지상명령은 초대 예루살렘 교회의 탄생과 복음의 확산에 큰 영향을 미쳤다. 교회의 사명은 예배를 통한 복음의 선포뿐만 아니라 지속적인 교육을 통해 제자양육, 그리고 교회 공동체 구성원 간의 친밀한 교제, 대사회적인 봉사와 선교에 있다. 그런 점에서 조합원에 대한 교육과 훈련뿐만 아니라 일반 시민들에게 협동조합만이 지닌 강점을 홍보하는 것은 협동조합의 선한 영향력을 확산시키는 데 있어서도 매우 중요한 요소가 된다.

⑥ 협동조합 간의 협동(Co-operation among Co-operatives)

여섯째 원칙은 협동조합 간의 관계에 대한 것으로서, 협동조합 간의 협동이다. 협동조합은 지방과 전국, 지역과 국제적으로 함께 협력함으로써 협동조합을 확산시킨다. 거대 자본의 위협으로부터 조합원을 보호하기 위

해 협동조합 간에는 다양한 연대가 이루어져야 한다.[183]

협동조합은 어떤 지방과 전국, 또는 어떤 권역과 국제적 차원에서의 연대 등을 통해 조합원에게 더 나은 서비스를 제공하고, 협동조합 운동을 더욱 공고하게 만들어 나가야 한다. 한 지역에 위치한 협동조합이 더욱 성장하기 위해서는 다른 조합들과 제휴가 반드시 필요하다. 조합원들이 협동조합을 통해서 서로 협력함으로써 발전해 나가듯 협동조합 역시 다른 협동조합들과의 협력을 통해서 시너지 효과를 내며 더욱 발전할 수 있다.

오늘의 경제적 상황은 거대 글로벌 기업들이 국가의 경계를 넘어들면서 신자유주의를 주도하고 있다. 규모의 경제면에서 취약한 협동조합이 이러한 다국적 기업들이나 영리 위주의 경제 주체들과 경쟁하려면 협동조합들 간 적극적인 협력과 연대를 통해서 힘을 결집시켜 나가야 한다. 협력이 지닌 힘은 생각 이상으로 놀랍다. "한 사람이면 패하겠거니와 두 사람이면 맞설 수 있나니 세 겹 줄은 쉽게 끊어지지 아니하느니라"는 전도서 4장 12절의 말씀처럼 하나라면 작고 보잘 것 없지만 세 겹의 줄로 엮여 협력하면 쉽게 끊어지지 않는 놀라운 능력을 발휘하게 된다. 그런 점에서 협동조합은 작은 자들에게 권능을 베푸는 하나님의 강력한 능력의 매개체이다.

⑦ 지역사회에 대한 기여(Concern for Community)

일곱째 원칙은 협동조합과 지역사회와의 관계에 대한 원칙으로서 협동조합은 지역사회에 관심을 갖고 기여해야 한다. 협동조합은 조합원의 동의를 얻은 정책을 통해 조합이 속한 지역사회의 지속가능한 발전을 위

183 김기섭, 『깨어나라 협동조합』, 127.

해 노력해야 한다. 협동조합은 조합 자체만을 위해 일하는 차원을 넘어서 자신이 속한 지역사회의 지속적인 발전을 위해서 일해야 한다. 지역사회를 배제한 협동조합 운동은 오히려 협동조합을 지역사회로부터 고립시키는 결과를 가져오게 된다. 따라서 협동조합은 생태문제, 빈부격차, 교육, 의료, 복지 등과 같은 지역 사회가 지닌 문제들에 관심을 갖고 협동조합을 통해서 지역사회의 발전에 기여하면서 사회적 책임을 실현해야 한다.

지역사회와의 밀접한 관계를 강조하는 원칙은 지역사회와의 연대와 책임을 지닌 협동조합만의 강점이 된다. 협동조합은 신뢰를 기반으로 신용을 창출하고 많은 일자리를 창출하여 지역경제를 활성화시키는 장점을 지닌다. 협동조합의 조합원들은 지역민이기 때문에 조합의 수익이 지역경제로 흘러들어간다. 또한 협동조합은 문화와 복지에 대한 지원을 통해 낙후된 지역사회를 개선하는 데 기여하면서 지역의 경제성장에 중요한 역할을 할 수 있다. 이처럼 협동조합은 지역사회와 강한 결속을 통해 지역사회의 발전에 선순환을 가져올 수 있다. 협동조합은 지역사회에 대한 사회적 책임을 실현함과 동시에 지역사회와 함께 발전해 나갈 수 있다.

협동조합은 나눔과 공유를 통해 사랑과 정의를 강조하는 성서의 가르침과 부합한다. 성서는 불의를 극복하고 이 땅에 가난한 자들, 사회적 약자들을 돌보면서 정의를 실현할 것을 강조한다. 예수와 제자들의 공동체는 자원을 함께 공유하였으며(요 12:6), 초대교회 예루살렘 교회 공동체는 평등과 협동의 공동체를 형성하여 사랑과 정의를 현실의 삶 속에서 구현하였다. 이는 예수 그리스도가 복음서에서 강조한 이상적 공동체의 모습이었다.

아서왕의 원탁에는 600여 명이 동시에 빙 둘러 앉아 있을 수 있었기 때문에 어느 누구도 소외되지 않았으며, 높은 자리와 낮은 자리의 구분도 없는 평등의 공동체였다. 누구나 동일한 발언권을 가지고 의견을 충분히 말할 수 있었고, 원탁 위에서 다양한 의견은 충분히 논의되고 소통되어 모두가 동의하는 결론을 도출해 내곤 했다. 이러한 이유로 아서왕이 가는 곳에서는 어디서나 화기애애한 분위기 속에서 무적의 행군을 계속할 수 있었다.[184] 원탁의 기사들처럼 공동의 풍요로움을 위해 모두가 함께 둘러앉을 수 있다면 모두가 행복해질 수 있다. 서로를 존중하면서 협력하는 호혜 속에서 부는 골고루 분배되고 향유될 수 있기 때문이다.

엘리너 오스트롬은 공동체적 문제해결의 방식으로서 협동조합을 통해 경제 거버넌스 또는 경제민주주의에 이르는 대안을 제시하였다. 협동조합은 국가와 시장 사이의 제3섹터의 경제해법으로 사회적 경제와 함께 중요한 역할을 할 수 있다.[185] 협동조합은 공동선을 중시하는 자유로운 사람들의 결사체로서 자본주의적 시장경제 원리와는 다른 생산과 소비 방식, 협동과 연대의 원리에 의해 움직이는 경제체제를 추구하는 사람들이 채택한 기업 방식이다.[186] 협동조합은 구성원들이 함께 협력하여 사업의 질과 성과를 높이고, 상호간의 삶을 나눔으로써 삶의 질을 높이려는 개인들의 결사체이다.

협동조합의 가치는 '협동'과 '인간존중'에 있다. 협동조합은 상호협력을 중시하는 만큼 인간의 존엄성을 지키면서 서로 상생하는 사회를 만들어 갈 수 있는 효과적인 수단이다. 로치데일 공정선구자조합을 비롯하여 협동조합의 탄생 배경에는 인간 존중과 인간다운 삶에 대한 고민의 결과였다. 협동조합은 상부상조 정신과 공생관계를 기본원리로 경제적 약자들

---

184 류정아, 『마르셀 모스, 증여론』, 85-86.
185 정재돈, "왜 협동조합인가?", 106.
186 장종익, 『협동조합 비즈니스 전략』, 16.

과 함께 성장할 수 있는 토대를 만든다.

협동의 정신은 우리의 삶을 더 정신적으로, 질적으로 풍성하게 만드는 계기가 된다. 협동조합의 가장 큰 재산이자 무기는 복지, 환경, 고용, 교육, 돌봄 등에 대한 사회적 가치를 공유하는 조합원들의 민주적 운영이다.[187] 협동조합은 사업의 목표를 분명히 하여 조합원들이 추구하는 목표를 달성할 뿐 아니라, 조합원 상호 간 지적, 정신적, 문화적 발전과 친교를 더욱 높이는 것을 추구한다. 인간보다는 돈이 우선시 되는 사회에서 협동조합은 인간을 중시하고, 인간중심의 경제와 사회생활을 이루려고 노력한다.

따라서 공동체 자본주의에 기초한 협동조합 운동에 교회가 참여하는 것은 매우 의미심장한 일이다. 이는 본래 청교도 윤리에서 유래한 근대 자본주의 정신을 되찾고, 왜곡된 자본주의로 인해 피폐화된 현대인들에게 상생과 공존의 모델을 제공해 줄 수 있다.

(3) 협동조합과 기독교 정신

협동조합은 기독교적 가치관을 토대로 형성되었으며, 기독교인들은 협동조합의 발전에 중요한 역할을 하였다. 실례로 영국에서 협동조합 운동은 수천 명의 노동자들의 자발적인 봉사에 빚지고 있으며, 그들 중 대다수는 기독교회에서 영감을 받았으며 협동조합적 민주주의에서 자신들의 소명을 발견하였다.[188] 협동조합과 기독교적 가치관의 연관성은 근대 자본

187 손은정, “우리나라 협동조합운동의 실태와 한계, 그리고 과제: 영등포산업선교회를 중심으로,” 『기독교사상』 제 655호 (2013. 7), 52.

188 W G. Symons, “The Social Significance of Co-operative Societies,” *International*

주의가 프로테스탄티즘에 의해 태동되었고, 이때부터 이미 공동체 정신을 그 핵심 요소의 하나로 가지고 있었다는 사실에서 잘 드러난다.

협동조합이 기독교 정신과 부합한다는 점은 다음과 같은 사실을 통해 분명하게 드러난다. 첫째, 협동조합 운동은 나눔과 공유를 통해 사랑과 정의를 강조하는 성서의 가르침과 부합한다. 성서는 불의를 극복하고 이 땅에 가난한 자들, 사회적 약자들을 돌보면서 정의를 실현할 것을 강조한다. 예수와 제자들의 공동체는 자원을 함께 공유하였으며(요 12:6), 초대교회 공동체는 각 사람의 필요를 충족시키기 위해 자원을 자발적으로 나눔으로써 이상적인 협동조합의 모범을 보여주었다. 초대교회는 평등과 협동의 공동체를 형성하여 사랑과 정의를 현실의 삶 속에서 구현하였다. 이는 예수 그리스도가 복음서에서 강조한 이상적 공동체의 모습이었다. 따라서 협동조합은 초대교회 공동체가 구현하였던 이상을 현 시대에 적용하려는 시도라 할 수 있다.

둘째, 협동조합을 통하여 경제에 참여하는 것은 코이노니아 공동체를 만드는 계기가 된다. 그리스도인들이 협동조합운동에 참여하는 것은 코이노니아를 통한 연합에 동참하는 것이며, 이를 통하여 사회적 책임을 감당하는 계기가 된다. 코이노니아의 협동 공동체는 특히 사회적 약자들을 배려하면서 사회적 공동선을 이루어갈 수 있다.

셋째, 성서는 생태공동체를 강조하는데, 우리는 협동조합을 통해 창조질서의 회복과 보존에 기여할 수 있으며, 생태친화적인 생산과 소비를 만들어 갈 수 있다. 따라서 협동조합은 영리 보다는 호혜와 상생과 같은 공동체적 가치에 더 비중을 두기 때문에 기독교 정신과 부합한다.

Review of Mission, 27/4 (1938. 10), 642.

2) 교회사를 통해서 본 협동조합

협동조합의 모델은 교회사 속에서 찾을 수 있다. 이집트 사막의 수도원, 중세에서 산업혁명에 이르는 유럽의 농민 부락, 초기 미국 역사의 유토피아 공동체 등 수많은 협동의 공동체가 있다. 협동조합은 이웃과 더불어 살아가는 협력을 강조하기 때문에 기독교의 가치관과 맞닿아 있다.

(1) 중세의 공동체 운동

중세에도 오늘날의 지역사회개발 신용조합의 노선을 따르는 가난한 자에게 값싼 신용대출을 해주는 비영리 기관들이 있었다. 교구를 비롯한 여러 기관들도 때로는 교황의 승인을 받아 대부를 해 주었다. 프란체스코 수도회는 이탈리아에서 시작하여 유럽 대륙 전역에 퍼진 대출 기관들을 1462년에 설립했다.[189]

중세는 성서적 가치관을 실천에 옮기는 사례가 많았다. 베긴회 운동은 12세기 벨기에에서 형성되어 베기니지(beguinages)라는 공동체를 형성하였다. 이 운동의 시작은 소도시의 변두리에서 독자적으로 가난한 자를 돕던 여성들이었다. 남편들이 당시 십자군 전쟁에 참전하러 떠났거나 남성이 부족해서 독신으로 남아 있던 여인들이었다. 그들은 자연스럽게 교제를 위해 다 함께 모이게 되었다. 13세기 말에 네덜란드 도시 대부분에 한 개 이상의 베긴회 공동체가 생겨나게 되었다. 이 자율적 공동체는 천차만별이었고, 일부는 상류층 혹은 하류층으로 회원자격을 제한했다. 겐트에

---

189 Andrew McLeod,『협동조합, 성경의 눈으로 보다』, 119.

있던 최대로 큰 공동체의 경우 회원이 수천 명이나 되었다. 베긴회는 그들의 재산을 보유했고, 스스로 돈을 벌었으며, 어떤 경우에는 자신의 하인까지 데리고 있었다. 담으로 둘러싸인 공동주택에 함께 살았지만 다른 다수의 공동체 운동보다 훨씬 느슨한 공동생활을 했다.[190]

이와 연관된 남성 운동은 베가르드회(Beghards) 운동이었다. 이들은 베긴회와 공통점이 많았지만 공동생활을 영위하며 재산을 공유했다. 그들은 주로 노동자 계층이었고 종종 동업 조합에 가입했다. 이 공동체는 가족이나 친구의 지원을 받을 수 없는 남성들을 위한 상호부조의 수단으로 기능했다. 일차적으로 영적인 사명을 갖고 있었지만 나이 많은 회원들에게 중요한 물리적 지원을 하기도 했다.[191]

왈도파는 복음적인 가난을 수용했으나 교황의 통제를 거부하는 바람에 이단으로 선포되었다. 왈도파는 사도행전을 모델로 삼아 공동체를 건설했는데 1500년에 이르러서는 회원이 15만 명이나 되었다. 이들은 독일과 모라비아에 선교사를 파송하기까지 했다.[192]

(2) 종교개혁기의 공동체 운동

존 칼뱅(Jean Calvin)이 스위스에서 세운 제네바 모델은 고도의 사회적 통제를 내포했지만 민주적 성격을 지니고 있었다. 목회자 협의회는 다른 목사들을 선출해 그들과 함께 교회를 다스리게 했다. 사람들은 또한 장로 법원이라 불리는 리더십 협의회에 목사들과 함께 포함시킬 장로들을

190 위의 책, 120.
191 위의 책, 120-121.
192 위의 책, 121.

선출하기도 했다.

17세기 중반에는 디거스(Diggers)라는 평등주의 운동 단체가 생겨났다. 디거스는 1649년 윈스턴리(G. Winstanley)의 지도 아래 황무지를 개간하여 토지를 공동으로 소유하면서 이상적인 공동체를 만들고자 힘썼다. 하지만 인구밀도가 높은 유럽에서 토지를 갖지 못한 이들이 차지할 만한 땅이 별로 없었으며, 크롬웰의 탄압으로 인해 지속되지 못하고 해산되었다.

네덜란드에서는 라바디스트(Labadist) 공동체가 생겨났는데, 이 운동은 장 드 라바디(Jean de Labadie, 1610-1674)의 리더십 아래 시작되었다. 그는 프랑스 보르도의 예수회에서 교육을 받고 1625년 예수회에 입회했으며 10년 후 서품을 받았다. 그는 1639년 예수회에서 개신교로 개종하였으며, 그는 존 칼뱅의 『기독교강요』를 읽은 후 1650년 개혁교회를 적극 지지하였다. 그는 칼뱅의 영향을 받았지만 자신이 세운 공동체만을 순수한 교회로 보는 분리주의적 입장을 취했다.

라바디스트 공동체는 초대 예루살렘교회의 모범에 따라 재산을 공동으로 소유하는 공동생활과 엄격한 종교적 규율을 강조하면서 육체노동을 통해 생계를 유지했다. 라바디스트 공동체는 남자와 여자가 평등한 온전한 공동체주의를 실현하였고, 단조로운 음식을 먹으면서 엄격한 생활방식을 고수했다.

하지만 장 드 라바디의 급진적인 가르침은 귀족들의 미움을 사게 되었다. 장 드 라바디가 죽은 후 수백 명이 기증받은 성에 정착해서 약 60년 동안 공동체 생활을 유지하였는데, 어떤 이들은 유럽으로 이주했고, 일부는 신대륙으로 이주했다. 이들은 한동안 남아메리카에 머물렀으나 열대 생활에 어려움을 겪자, 뉴욕으로 정찰대를 보내어 보헤미아 영지에 정착하였다.[193] 하지만 나름의 행동 표준을 가진 지도자가 토지의 사유화를 집행하면서 공동체적 가치관이 붕괴되는 결과를 빚었다. 지도자 자신은 부자로 죽었지만 공동체는 수년 내에 무너지게 되었다.

메사추세츠의 청교도들은 제네바 모델을 재현하면서 검소함과 청빈을 실천하는 청교도 공동체를 실현했다. 그들은 제네바의 장로회를 모델로 마을회의를 관례화시켜 민주주의를 정착시켰으며, 이는 미국 정치제도의 근간이 되었다. 그들은 공동체주의를 극단적인 고립과 상호의존을 다루기 위해 한시적으로만 필요한 것으로 생각했다.

아마나 공동체(Amana Society)는 뉴욕과 아이오와에서 한 세기를 존속했던 공동체이다. 이들은 별도로 존재했으나 서로 연합이 된 6개의 공동체들은 4-5킬로미터 간격으로 설립되었다. 각 마을은 학교, 가게, 상점, 공장, 선술집 등 전형적인 소도시의 시설을 모두 갖추고 있었다. 1861년에 이르면 농지를 중심으로 집단 노동을 했는데, 매년 선출되는 이사회가 이를 관장했다. 그들은 자원을 공유하면서 각 구성원은 자기가 정하는 만큼 수당을 받았다. 그들은 좋을 때나 나쁠 때나 늘 함께 나누면서 공동체 생활을 영위했다.

아미시(Amish)와 메노나이트(Mennonite) 같은 재세례파 전통의 일부 집단들은 오늘날까지 공동체를 유지하고 있다. 오늘날의 후터파 교도들(Hutterites)은 체코슬로바키아의 모라비아 지방에서 일어나 미국 서북부에서 캐나다 일부에까지 걸쳐 농업에 종사하며 재산공유생활을 하고 있는 재세례파들이다. 14세기에 모라비아에서 일어난 이들의 반란은 제국과 교황의 군대를 20년 동안 내쫓은 결과, 공동재산을 보유한 비교적 자율적

193 위의 책, 123.

이고 민주적인 사회를 이룩할 수 있었다.

모리비아 형제단 내지 보헤미아 형제단으로 알려진 이들 공동체들은 사도행전에 묘사된 방식으로 살고자 했다. 그들은 자원을 공유했고 소유를 포기하지 않는 이들을 배제하는 경향이 있었다. 도덕을 엄격하게 강요했고 종종 성경적인 모델들보다 더 심했다. 이 공동체들이 잠시 독립과 종교적 자유를 누린 뒤에 가톨릭교회가 권위를 회복하는 바람에 다시 심한 핍박을 받게 되었다. 오랜 세월 그 운동은 자취를 감추었으나 오늘날까지 형제단 교회라는 이름으로 명맥을 유지하고 있다.

후터파는 대초원 북부, 태평양 연안 북서부, 캐나다 북부 등에서 꽤 급진적인 자원 공유를 실천하는 수백 개의 거류지를 유지하고 있다. 거주하는 집과 개인의 소유물은 각자에게 속하지만, 부동산과 경제적 목적을 지닌 모든 것은 공동으로 소유한다. 각 후터파 거류지는 선출된 자문위원회의 지도를 받으며, 자문위원회의 지도자는 투표와 제비뽑기를 통해 선출한다. 지도자들은 공동체 전체에 대한 책임을 지면서 거류지에서 업무 분장을 비롯한 삶의 여러 측면에 대한 관할권을 갖고 있다. 남자들은 중요한 의사결정에 직접 참여한다.[194]

(3) 협동조합의 선구자들

① 로버트 오언

로버트 오언(Robert Owen, 1771-1858)은 협동조합의 아버지로 추앙받고 있다. 오언은 토마스 모어(Thomas More, 1478~1535)의 유토피아

194 위의 책, 127.

(utopia, 1516)에서 크게 영향을 받았다. 유토피아는 '없다'는 의미의 그리스어 'ou'와 '장소'를 의미하는 'topos'를 조합한 말로서 "그 어디에도 없는 장소"라는 뜻이다. 유토피아는 '현실에는 어디에도 존재하지 않는 상상의 섬'이다. 모어가 제시한 유토피아는 공공복지(common wealth)를 가장 잘 실현하여 "빈민도 없고 걸인도 없으며, 그 누구도 소유하지 않으나 모두가 부자"인 이상향이다.

모어에 따르면, 유토피아에는 10만 명의 사람들이 거주하며, 주민들은 가족 단위로 편성된다. 이곳에서는 사유재산이 없으며 화폐도 따로 없다. 주민들은 각자 시장에 가서 자기가 필요한 만큼 물건을 가져다 쓰면 된다. 집은 모두 똑같으며 문에는 자물쇠가 없다. 추첨으로 거주지를 정하게 되며 타성에 젖지 않도록 10년마다 의무적으로 이사를 해야 한다. 도시민과 농민은 2년간 교대로 거주하는데, 농민은 2년 동안 의무적으로 농사를 짓고 도시민은 정원을 가꾸며 각자에게 주어진 일을 맡게 된다.

50가구가 모여 한 집단을 이루며, 50가구 집단의 대표인 '시포그란트'를 선출한다. 시포그란트들이 모여 '평의회'를 이루고, 이 가운데 네 명의 후보를 추천해서 '왕'을 선출한다. 일단 왕으로 선출되면 평생 왕이 될 수 있지만, 전제 군주가 되면 퇴위당할 수도 있다. 전쟁에 대비하여 '자폴렛'이라는 용병을 둔다.

도시 인구는 6천 명으로 제한하고, 위생에 힘써야 하며 어린이들은 공동육아로 키워진다. 유토피아에서는 하루에 총 6시간 일을 한다. 먼저 오전에 3시간 일을 하고 식당에서 점심밥을 먹은 다음, 오후에 다시 3시간 일을 한다. 각자 6시간의 노동과 2시간의 휴식, 그리고 8시간의 수면이 주어진다. 일을 한 다음에는 문화센터에 가서 자신에게 맞는 맞춤 강좌를 듣는다. 모두가 6시간이라는 비교적 적은 시간 동안 노동해도 생산력이

유지되는 이유는 여성도 차별 없이 노동에 참가하기 때문이다. 유토피아의 기초가 되는 철학은 선하고 정직한 쾌락을 추구하며 계약과 분배를 통제하는 공공 법칙의 제어를 받는다는 것이다.

오언은 유토피아에 영향을 받아 협동마을(co-operative community)을 제시하였는데, 이 마을은 1,200명이 공동 부엌과 식당을 두고 가족마다 독립된 방에서 살면서 아이가 세 살이 될 때까지 키운다. 세 살 이상의 어린이들은 공동체에서 교육시키고, 어른들은 공동 이익을 위해 농업과 공업을 영위하자는 것이다.[195]

오언은 철물상의 아들로 태어나 어릴 때 부모를 떠나 맨체스터에서 점원과 방직공장의 지배인으로 일하면서 능력을 인정받았고, 이렇게 해서 모은 돈으로 1800년에 뉴 라타크 지방에서 물레방아로 움직이는 4개의 방직공장을 인수하여 큰 성공을 거두었다.[196] 당시 약 2,000여명의 노동자들이 일했던 그의 공장에서 그는 많은 실험을 했고, 28년간의 노력 끝에 이상향으로 변신시켰다. 노동자들 스스로가 자신의 노동에 대해 관리할 수 있도록 하는 근무 평가 시스템의 도입, 평균 노동 시간을 17시간에서 10시간 반으로 단축, 10세 이하 어린이 노동 금지, 낮은 임금으로 고생하는 노동자들을 위한 다양한 복지 시설의 제공, 서머타임, 그린벨트, 도시와 농촌의 결합, 기존 종교에 대한 부정, 새로운 결혼관, 사유재산의 부정, 협동조합, 노동조합, 노동교환소, 노동지폐, 국제노동기구 등 수많은 시도를 했다.[197]

---

195 김형미, “공동체운동이란 무엇인가: ‘한국생활협동조합운동’을 중심으로,” 『황해문화』 80 (2013. 9). 20-21.

196 김기섭, 『깨어나라 협동조합』, 50.

197 위의 책, 51.

오언은 생산과 소비가 한 공동체 내에서 이루어지는 완벽한 세상을 구현하기 위해 기업 경영을 통해 번 전 재산을 투자해서 미국 인디애나 주에 새로운 협동체를 건설하고자 했다. 바로 뉴 하모니(New Harmony) 협동체이다. 비록 이 실험은 실패했지만 그는 수많은 노동자들에게 영향을 끼쳤다.[198]

오언이 구상했던 협동마을은 협동조합의 실천가들에게 큰 영감을 주었다. 여태껏 공동으로 출자해서 매장을 운영하는 것 이외에 협동조합의 전망을 찾지 못했던 실천가들은 자본의 속박과 빈곤에서 벗어나 노동자들이 자립하는 길은 협동마을을 건설하기 위한 공동자본 적립에 있다고 생각하고 협동마을을 건설하기 위한 자본 적립, 공동생산, 공동구매사업의 공동체를 만드는 데 열정을 바쳤다.[199]

그리하여 영국 각지에서 오언의 영향을 받은 사람들이 협동체 건설운동을 전개하였다. 이는 불평등과 불공정이 만연한 사회를 생산과 소비가 한 공동체 내에서 이루어지는 협동체로 바꾸고자 하는 열망에서 비롯되었다. 이들은 오언처럼 부자들로부터의 기부가 아니라 노동자 스스로의 자조적인 노력에 의해 점진적으로 사회를 변혁하고 협동체를 건설해야 한다고 믿었다.[200]

영국에는 17세기부터 우애조합(Friendly Society)이라는 전통이 있었다. 우애조합이란 숙련된 장인들이 모여 상호부조하기 위해 만든 일종의 공제조합이었다. 우애조합은 조합원으로부터 기금을 모으고, 이렇게 모아진 기금으로 조합원과 그 가족이 불의의 사고를 당하거나 복지 혜택이 필

---

198 위의 책, 52.
199 김형미, "협동조합운동에 스며든 기독교 사상", 13.
200 김기섭, 『깨어나라 협동조합』, 52.

요할 때 기금을 지급하는 조직이었다.

② 윌리엄 킹

윌리엄 킹(William King, 1786-1865)은 1821년에 처가가 있는 브라이톤으로 이주하여 의사 활동을 하면서도 1823년에는 영국 최초 유아교육기관인 유아학교를 세우고 1825년에는 브라이톤 직공학교를 설립하여 노동자들의 청소년들을 교육하는 등 사회활동에 투신했다. 이때 킹은 브라이톤의 협동조합에 관여할 기회를 얻게 되는데 협동조합의 성공을 위한 자신의 고민과 방침을 전파하기 위해 〈협동조합인〉(The Co-operator)이라는 월간지를 1828년 5월부터 1830년 8월까지 발행하였다. 이 잡지에서 킹은 협동조합의 목적을 "첫째는 빈곤에 대항해서 조합원들이 서로를 보호하는 것이며, 둘째는 노동자들이 더 안락한 생활을 더 많이 얻는 것, 셋째는 공동자본을 통해서 노동자들의 독립을 달성하는 것"이라고 말하였다.(제6호)[201]

윌리엄 킹은 우애조합에 주목하였는데, 그는 노동자 스스로의 힘으로 협동체를 건설하기 위해서는 먼저 협동조합 점포와 노동자협동조합을 설립해야 한다고 보았고, 특히 협동조합 점포 설립에 필요한 자금을 우애조합으로부터 확보하자고 제안했다. 이런 킹의 제안에 영향을 받아 1820년대부터 1830년대에 걸쳐 영국 각지에서는 수많은 노동자들이 우애조합을 통해 모아진 기금으로 협동조합 점포를 만들기 시작했다.[202]

조합원들은 협동의 공동체를 건설하기 위해 절약하고, 점포(유니온

---

201 김형미, "협동조합운동에 스며든 기독교 사상", 14.
202 김기섭, 『깨어나라 협동조합』, 53.

숍)의 조합원들은 생산품 판로를 마련하기 위해 절약했다. 이 최초의 협동조합운동은 300개에서 500개의 점포로 확대될 만큼 널리 퍼져나갔으나 1833년에 이르자 거의 붕괴되었다. 조합원들을 빈곤상태로 몰아넣을 정도로 경기가 악화되었으며, 정부의 억압과 고용주에 의한 공장 폐쇄로 인해 노동조합이 붕괴되었으며, 협동조합 내부의 구조적인 문제, 즉 이윤을 어떻게 분배할 것인가에 대해 알지 못했기에 조합원이 환불을 받기 위해 협동조합을 해산하지 않으면 안 되었기 때문이었다.[203]

3) 외국의 사례를 통해 본 본 협동조합

(1) 영국의 로치데일 협동조합

근대적 의미의 협동조합운동은 산업혁명 이후 유럽에서 먼저 시작되었다. 영국에서 시작된 산업혁명은 생산력을 크게 증가시켰고 이 과정에서 부를 획득한 자본가들이 생겨나게 되었다.

반면 산업화가 진행되면서 노동자와 도시빈민계층도 생겨나게 되었다. 산업혁명과 도시화로 거대 자본의 등장과 상대적으로 열악해지는 노동자의 신분, 저임금과 중노동에 시달리는 노동조건 등은 주요한 사회문제로 등장하게 되었다. 이러한 사회경제적 문제를 극복하기 위한 하나의 대안으로 생겨난 것이 바로 협동조합이다.

---

203 Johnston Birchall, 장종익 옮김, 『21세기의 대안 협동조합운동』 (서울: 들녘, 2003), 18-19 참고.

산업혁명이 일어나던 거대한 전환의 시기에 영국에서 탄생했던 협동의 방식은 그 이전과는 질적으로 다른 차원의 협동, 협동의 목적과 방향이 원대한 사회개혁운동으로 발전하게 된 계기가 되었다. 최초의 협동조합은 1760년에 영국 울워츠, 채텀의 해군병기창에서 시작되었는데, 밀가루 가격을 마음대로 올리던 지역 상인의 횡포에 맞서 공동제분소와 베이커리가 설립되었다.[204] 1761년에는 스코틀랜드의 펜윅 교구에서 직공들이 교회 내에 공동 매장을 설치하였다. 직공들은 생산기술을 향상시키기 위해서 '펜윅 직공들의 협동조합'(Fenwick Weavers' Society)이 설립되었으며, 1769년에는 생필품을 공동구매하는 매장을 열었다.[205]

① 로치데일 공정선구자조합

근대적 의미의 최초의 협동조합은 1844년에 탄생한 '로치데일 공정선구자조합'(The Rochdale Society of Equitable Pioneers)이다. 로치데일은 영국 랭커셔주에 있는 인구 약 9만 5천 명의 작은 마을로서 인근의 다른 맨체스터 지역과 마찬가지로 영국에서도 가장 먼저 산업혁명이 시작된 곳이다. 1844년 파업에 실패한 노동자들이 보다 공정한 사회를 만들기 위해 '로치데일 공정선구자조합(The Rochdale Society of Equitable Pioneers)'이라는 세계 최초의 협동조합이 설립되었다.

1800년대 영국은 산업혁명의 절정기였다. 산업혁명은 일부의 자본가를 제외한 대다수의 노동자들을 힘겨운 삶의 환경으로 내몰았다. 도시로 유입된 노동자들은 심각한 도시문제로 고통받았고, 자동화한 기계는 숙련

---

204 G. D. H. Cole, 정광민 옮김, 『영국 협동조합의 한 세기』 (그물코, 2015).
205 김형미, "협동조합운동에 스며든 기독교사상", 11.

된 장인 노동자들의 일자리를 빼앗았으며, 노동자들은 그나마 얻은 직장에서 장시간의 노동을 감수해야 했다. 당시 노동자들은 하루 17시간씩 일했고, 아이들과 여성들은 새벽 3시부터 밤 10시까지 하루 19시간을 일했다.[206] 많은 노동자들이 영양실조와 질병에 시달렸고, 희망을 잃고 술에 빠진 채 하루하루를 견뎌내야 하는 일상이었다.

이런 상황에서 노동자들은 자구책을 찾아 노동조합으로 몰려들었다. 노동자들은 보다 나은 노동조건의 개선을 위해 노동조합을 결성하고 자본가에 대항했지만, 공권력의 동원과 직장 폐쇄, 주동자 해고라는 어려움을 겪었다.

이러한 시기에 로치데일에서는 우애조합이 모체가 되어 협동조합 점포가 만들어졌다. 로치데일 우애조합은 결사의 자유가 없었던 플란넬 직공들이 1830년 10월 파업의 와중에 설립한 합법적인 조합이었다. 설립 이후 로치데일 우애조합은 꾸준히 기금을 모았고, 그렇게 조성한 기금으로 그들 스스로가 일하고 스스로가 운영하는 노동자협동조합을 만들고자 했다. 장차 학교나 노동교환소까지 염두에 두었다. 하지만 불행하게 1833년 우애조합은 해산되었고, 이를 대신해서 협동조합 점포가 설립되었다. 노동자협동조합을 지향했던 우애조합을 포기하고 협동조합 점포로 방향을 전환했던 이유는 자본 및 원재료의 조달과 완성된 제품을 판매할 시장의 확보 등에서 많은 어려움에 직면하는 노동자협동조합보다는 비교적 경영이 쉬운 협동조합 점포를 통해 협동조합을 다시 일으켜 세울 수 있었기 때문이었다.

로치데일 우애조합은 설립된 지 2년 후인 1832년 10월에, 조합원은

---

206 위의 책, 49.

52명에서 30명으로, 기금총액은 108파운드에서 70파운드로, 우애조합이 세운 노동자협동조합의 조합원은 10명에서 3명으로 오히려 규모가 축소되었다. 이렇게 해서 설립된 로치데일에서의 협동조합 점포도 오래가지 못하고 1835년에 문을 닫게 되었다. 2년 만에 폐업한 가장 큰 이유는 조합원에게 외상으로 상품을 판매했기 때문이었다. 같은 이유로 영국 전역에서 설립된 수많은 협동조합 점포들은 대부분 조기 폐업하고 말았다. 하지만 이런 실패의 경험은 10년 후인 1844년 로치데일의 선구자들이 다시 협동조합 점포를 개설했을 때 전화위복의 계기가 된다.[207]

9명의 노동자들은 뜻을 모아 마지막 수단으로 협동조합 설립을 결심했다. 이들은 이전에 읽었던 윌리엄 킹의 〈협동조합인〉에서 제시한 경영방침과 다른 지역에 있는 협동조합에 관한 사례들을 수집하고 토론한 끝에 협동조합이 성공하기 위해서는 현금거래만 하고 사업에서 발생한 이익은 이용 실적에 따라 조합원에게 배분하여 가계 개선을 도모해야 한다는 결론을 내렸다. 이런 취지로 정관을 작성하고 40명의 출자자들을 모아 12월 21일 로치데일의 토드 레인 거리의 허름한 창고를 임대해서 매장을 개설했다.[208]

노동자들은 마법의 2펜스(우애조합의 기금)에 주목했다. 그들에게 2펜스야말로 세상을 구할 수 있는 유일한 방법이었다. 그들은 스스로의 힘으로 공장을 경영하고, 고용주가 되기 위해 매주 2펜스씩을 모았고, 계속 모으기를 결정했다.[209] 로치데일 회원들은 28파운드(Ł)가 될 때까지 2펜스

---

207 위의 책, 54-55.
208 위의 책, 16-17.
209 김기섭, 『깨어나라 협동조합』, 60.

씩을 계속 모았다.[210] 직공 노동자들은 로치데일 공정 선구자 조합이라는 이름으로 1844년 10월 24일에 등기를 마쳤다.[211]

1844년 12월 21일 문을 연 협동조합의 작은 점포는 너무나 형편없어서 마을 사람들에게 웃음거리가 되었고 조합원들의 아내들조차 부끄러워서 별로 드나들지 않았다. 그들이 취급한 물품은 밀가루, 버터, 설탕, 오트밀뿐이었다.[212] 초기의 선구자조합은 자본부족과 조합원의 이해 부족, 주변 상인들의 훼방, 경험 미숙으로 매우 더디게 성장하였다.

하지만 공정선구자조합의 매장은 정직하고 공정한 사업을 통해서 노동자에 대한 신뢰와 부단한 노력으로 놀라운 성과를 거두기 시작하였다. 설립 이후 10여 년 만에 선구자 조합의 조합원은 50배로 늘었고, 출자금 총액은 400배로 늘어났다. 1951년부터는 월요일부터 토요일까지 저녁에만 열었던 가게를 매일 낮시간에도 열 수 있게 되었고, 1867년에는 1,400명이 수용 가능한 회의실과 12,000권의 장서를 보유한 도서관까지 갖춘 중앙 점포를 개설하기에 이르렀다.[213] 1853년에는 조합원 720명, 출자금 5,848파운드, 사업금액 22,700파운드, 잉여 1,674파운드의 성과를 이뤘고, 20주년인 1863년에는 조합원 4,013명, 출자금 49,961파운드, 사업금액 158,632파운드, 잉여 19,671파운드가 되었으며, 30주년인 1873년에는 조합원 7,021명, 출자금 160,886파운드, 사업금액 287,212파운드, 잉여 38,749파운드의 추세로 성장하였다. 설립 당시 28명의 조합원과 28파운드로 시작한 노동자들의 공동출자 사업체는 30년 만에 조합원 수가 250

---

210 Martin Edward Schirber, "Cooperatives and the Problem of Poverty," *American Catholic Sociological Review* 6/1 (1945. 3), 13.
211 김기섭, 『깨어나라 협동조합』, 61.
212 위의 책, 63.
213 위의 책, 65.

배로 늘었고, 출자금은 5,745배로 성장했다.[214]

가게가 점차 안정되고 발전하자 1850년에는 제분조합을 설립했다. 제분조합은 조합원에게 순수하고 위생적이며 양질의 밀가루를 공급하고, 이렇게 해서 얻은 이익을 조합에서 일하는 노동자와 조합의 물품을 이용하는 노동자에게 분배한다는 취지였다.[215]

선구자조합의 성장 과정에서 주목할 특징은 조합원 수의 증가율보다 출자금액 증가율이 훨씬 높았다는 점이다. 이는 다음 두 가지 특징에서 잘 드러난다. 첫째, 이런 성장을 통해서 선구자조합 조합원들의 소득과 가계가 향상되었으며, 둘째, 선구자조합의 조합원들이 시간이 갈수록 더 많은 자기 몫을 협동조합의 자본 마련에 내놓는 선순환 효과를 낳았다. 또한 1845년의 사업금액과 잉여에 비해 1874년의 사업금액은 420배 늘었으며, 같은 기간 잉여는 1,849배나 더 늘어났다. 선구자조합은 잉여의 2.5퍼센트는 반드시 교육에 배정하였으며, 이듬해 사업에 필요한 투자 적립금 이외에는 이용실적에 따라 조합원에게 잉여를 돌려주었다.

아직 의무교육제도가 없어서 대부분의 노동자들이 교육을 받지 못했던 시절, 선구자조합은 도서실을 개설하고(1853) 14곳의 도서관과 13,389권의 장서를 소장하였다(1873). 로치데일 시민이라면 누구나 이용할 수 있었고 일부 도서관에는 과학 연구를 장려하기 위한 현미경, 실험실도 구비하고 있었다. 선구자조합이 얼마나 교육에 열심이었는지 역사가 콜은 "선구자조합은 빵과 차를 판매하듯이 지식을 보급하였다"고 표현할 정도였다. 이러한 교육이 조합 내 민주주의 촉진에 큰 역할을 했음은 말할 것

214 김형미, "공동체운동이란 무엇인가," 25-26.
215 김기섭, 『깨어나라 협동조합』, 65.

도 없다. 그로부터 조합원의 경제적 편익 향상-조합 이용의 증가-잉여의 조합원 환원-조합원의 경제적 참가 증가-사업 확대-조합원 편익 향상이란 선순환 구조가 30여 년 동안 선구자조합의 역사에서 실현되었다.[216]

② 로치데일 협동조합의 경영방침

1860년 조합원 총회에서 문서로 정리된 로치데일 공정선구자조합의 경영방침은 다음과 같다.

> ① 자금은 자체 조달하고 이자율은 고정해야 한다.
> ② 조합원에게 조달 가능한 범위에서 가장 좋은 물품만 제공해야 한다.
> ③ 저울이나 자를 속이지 말고 정확한 양을 제공해야 한다.
> ④ 시장가격으로 판매하고 외상은 주지도 요구하지도 말아야 한다.
> ⑤ 이익은 각 조합원이 구매한 양에 비례해서 분배해야 한다.
> ⑥ 1인 1표의 운영을 지키고 조합원은 성별로 차별받지 말아야 한다.
> ⑦ 조합의 경영은 정기적으로 선출한 임원과 위원회가 맡는다.
> ⑧ 일정한 비율의 이익은 교육에 배정해야 한다.
> ⑨ 조합원에게 수시로 사업보고서와 대차대조표를 보여주어야 한다.

이들은 올바른 상품만 정직하게 거래하고 자본은 조합원에게서 조달하며 이익은 이용실적에 따라 배당하되 조합원의 평등한 의결권을 통해서 결정하였다. 이는 공정한 사업 관행과 민주적인 기업의 모델이 되었다. 이러한 원칙과 방침은 당시 산업자본가들보다도 더 윤리적이었으며, 그 결과 불순물을 섞지 않은, 믿을 수 있는 상품을 만들 수 있게 되었다. 당시

216 김형미, "공동체운동이란 무엇인가," 26.

상인들이 운영하는 소매점의 상품보다 훨씬 좋은 품질을 지니고 있으면서도 상품의 가격은 중간 상인을 배제하고 과다한 이윤을 붙이지 않은 결과 시장가격과 비슷한 수준을 유지할 수 있었다.[217]

이후 로치데일 공정선구자조합은 영국 북서부의 다른 협동조합들과 연합회를 만들고 각종 제조업, 농장, 공제사업, 주택사업, 은행, 약국, 장례사업에도 착수하여 영국 시민의 생활은 협동조합이 운영하는 사업체를 통해서 영위하게 되었다. 로치데일 공정선구자조합의 사례에서 알 수 있듯이 협동조합은 한 사람의 성공담이 아니라 수백만 민중들의 성공담이기도 하다.[218]

③ 로치데일 협동조합의 성공 요인

로치데일이 최초의 근대적 협동조합으로 성공할 수 있었던 첫 번째 이유는 상호자조(mutual self-help)에 있다. 로치데일의 노동자들은 돈도 권력도 없었지만, 외부의 도움에 의존하지 않고, 어려운 현실을 '서로 돕는 스스로의 노력'으로 극복하려고 하였다. 그들은 상호자조를 통해서 어려움을 극복했다. 상호자조란 말은 자조와 상호부조라는 두 개념이 통합되어 있다. 자조란 외부의 도움에 의존하지 않고, 자신의 문제를 스스로의 노력으로 해결해가는 것이다. 상호부조란 서로 돕는 것이다. 이는 다른 이를 이롭게 하는 것이 곧 나를 이롭게 하는 것이다. 자신에게는 자조를, 동시에 다른 이와의 관계에서는 상호부조를 통일시킨 개념이 바로 상호자조이다. 상호자조는 협동조합만이 유일하게 지니는 경쟁력이다. 이러한 정신

---

217 김형미, "협동조합운동에 스며든 기독교사상," 17.
218 위의 글, 18.

을 살려내고 강화시키는 것이 협동조합의 경쟁력을 키우는 지름길이다.[219]

로치데일의 두 번째 성공요인은 바로 소비의 조직화를 이루었다는 점이다.[220] 로치데일의 노동자들은 처음에는 노동을 조직해서 노동조건을 개선하려 했다. 하지만 성과를 거두지 못했다. 임금을 올려달라고 요구했지만, 직장폐쇄와 강제해고뿐이었다. 그들은 노동자의 노동, 즉 생산을 조직하는 것에서 노동자의 소비를 조직하는 쪽으로 방향을 돌려 성공의 실마리를 찾았다.

소비를 조직한다는 것은 세 가지 과정을 거친다. 먼저 소비를 조직하기 위해서는 소비가 지니는 힘에 대한 발견이 필요하다. 다음으로 소비 조직을 통해 무엇을 이룰 것인지 그 목적이 분명해야 한다. 마지막으로 소비를 조직하기 위한 구체적인 방법과 실천이 따라야 한다. 로치데일의 노동자들은 노동을 조직해 자본에 대응하고자 했지만 실패하였다. 그들이 실패를 통해 깨달았던 것은 소비를 조직해 자본에 대응할 수 있다는 것이다. 이때의 소비는 단지 소비재의 소비만이 아니라, 자본의 소비를 조직화하는 것이다. 바로 이것이 신용협동조합이고, 생산재의 소비를 조직화하는 것이 소비협동조합이다.

자본의 지배로부터 소비를 조직화하는 데서 협동조합이 출발하게 되었다. 소비의 조직화는 더 많은 물품을 싼값에 구매하기 위한 것이 아니라 얼마나 유용하게 쓰느냐에 있다. 교환가치는 얼마나 많이 벌게 하느냐에 관련되고, 사용가치는 얼마나 유용하게 쓰이느냐에 관심을 둔다. 생산이 중심이 되면, 얼마나 많이 벌게 해주느냐에 따라 상품의 가치가 매겨진

---

219 김기섭, 『깨어나라 협동조합』, 70.
220 위의 책, 72.

다. 하지만 소비가 중심이 되면, 얼마나 유용하게 쓰이느냐에 따라 상품의 가치가 매겨진다.

당시 대부분의 상인들은 더 많은 이윤을 위해 나쁜 품질의 물건을 속여 팔았다. 노동자들은 어쩔 수 없이 교환가치가 지배하는 물품을 구입해야 했고, 그 결과 건강과 삶이 점점 황폐해졌다. 하지만 로치데일의 협동조합 점포는 비록 적은 양이었지만 이윤을 얻기 위한 목적이 아니라 노동자들 자신의 건강과 삶에 도움이 되는 물품을 취급하고 판매했다.

로치데일의 공정선구자조합은 조합원들이 사는 지역사회 속에서, 조합원들의 생활을 실질적으로 개선하고자 하였다. 동시에 그들은 조합원들이 더 나은 세상을 바라며 상호작용을 하고 교육과 자치를 통해 민주주의를 실천하는 공동체를 이루기를 소망했다. 노동자들은 마법의 2펜스를 통해 스스로의 힘으로 자금을 마련했다. 그렇게 해서 조성된 자금이 노동자들보다 우위에 서지 않게 했다. 선구자 조합 내에서는 인간이 자본보다 우위에 있고, 자본이 노동을 고용하는 것이 아니라 노동이 자본을 고용하며, 이익 배분에서도 자본보다는 인간과 그의 노동을 더 우선시했다. 이것이 바로 자본가들의 자본과는 전혀 다른 방식의 자본 조성과 운영이었다.[221]

로치데일의 노동자들은 소비의 조직화를 이루기 위해 스스로 합의한 현금거래의 원칙을 철저히 지켰다. 현금거래의 원칙은 노동자들 스스로가 합의한 자발적인 계약이었고, 이것이 바로 로치데일을 성공으로 이끈 원동력이었다.[222] 로치데일의 선구자들은 조직된 소비를 기반으로 자본에 지배

---

221 위의 책, 74

222 위의 책, 75.

받지 않는 생산의 조직화를 시도했다. 제분조합과 제조협동조합이 그 대표 사례이다. 실험은 실패로 끝났지만 로치데일의 선구자들은 생산과 소비가 서로 분리되지 않고, 양자를 결합시켜야 한다고 생각했다. 생산과 소비를 분리시켜 자기 이익만을 추구하는 자본의 지배로부터 벗어나기 위해서는 소비를 조직하고, 이를 통해 생산구조까지 변화시키는 방식이 되어야 한다고 생각했다.

로치데일의 선구자들이 소비와 생산을 결합시킨 궁극적인 목적은 생산, 분배, 교육 및 정치적 역량을 길러 공통의 필요를 스스로 제공하는 협동체를 건설하거나 또는 이와 같은 협동체를 건설하는 다른 조합을 지원하는 것이었다.[223] 생산의 역량 강화는 조직된 소비의 힘을 바탕으로 자본에 의해 지배받지 않고, 노동자 스스로가 운영하는 생산을 확립하는 것이다. 분배의 역량을 강화한다고 했을 때, 분배는 이익의 나눔이면서 동시에 일자리의 창출이다. 로치데일의 노동자들은 협동조합에서 발생한 이익을 자본이 아닌 노동에 따라 나누려 했고, 이익의 대부분을 실직한 조합원 혹은 계속적인 임금 삭감으로 고통받는 조합원에게 일자리를 마련해 주기 위해 사용했다.[224]

교육의 역량을 강화할 때, 교육은 게으르고 못난 사람들에 대한 배려이다. 사회로부터 천대받는 사람들, 쓸모없는 인간이라고 멸시받는 사람들에게 세상에서 쓸모없는 인간은 아무도 없다는 인간에 대한 믿음을 갖도록 해 주는 것이야말로 교육이 지닌 가장 큰 의미이다.[225] 협동조합에서의 교육은 세대를 이어주는 문화적 유전자의 전이이면서, 지금 세대에 의

---

223 위의 책, 78.
224 위의 책, 79-80.
225 위의 책, 80.

한 다음 세대에 대한 돌봄이었다.

협동조합에서 자율은 정부의 간섭에서 벗어나 자치적으로 운영하는 정도에서 그치지 않는다. 자율은 정치적 의미를 넘어 구성원의 자유의지에 따른 동인까지 설명하는 개념이다. 스스로가 자기 행위에 대한 결정권, 즉 권력을 갖는 사람들이 조직과 운동의 주체라는 의미에서의 자율이다. 그런 점에서 자율이란 조직 내부의 주권이면서 동시에 조직의 대외 관계에서의 독립을 함의한다. 개개인의 자율이 있어야 비로소 조직의 대외적 자율을 확보할 수 있다.[226] 따라서 협동조합이 외부와의 관계에서 간섭과 통제를 받지 않는 조직이 되기 위해서는 조합원들이 주권을 자율적으로 갖고 있어야 한다.

협동조합의 정의에는 인간 존엄성에 대한 믿음, 존엄한 인간의 상호자조에 대한 신뢰, 상호자조에 의해 형성되는 경제민주주의의 효율성에 대한 확신이라는 세 가지의 철학이 깃들어 있다. 결사체로서의 협동조합은 인간에 대한 깊은 신뢰를 바탕에 깔고 있다. 인간에 대한 믿음 없이 협동조합은 시작할 수도 지속될 수도 없다. 로치데일의 선구자들은 소비자의 경제적 이익을 위해서가 아니라 공정한 사회를 건설하기 위해 협동조합을 설립했다. 그들은 이러한 목적이 외부의 원조가 아니라 스스로의 노력에 의해 달성될 것이라 확신했고, 협동조합의 운영 또한 소수의 지도자가 아닌 대다수 조합원에 의해 이루어지게 했다. 그들의 이러한 정신은 로치데일 원칙에 그대로 반영되었고, 이 원칙은 자본주의 경제에 대항하는 협동조합 나름의 경영 방식과 나아가 자본주의 사회를 넘어서는 공정한 사회

226 위의 책, 90.

를 향한 실천 지침을 담아냈다.[227]

선구자조합은 협동마을이라는 이상적 공동체를 따로 건설하기보다는 조합원들이 거주하는 지역사회를 개선하기 위한 협동조합으로 운동의 방향타를 바꾸었다. 지역사회를 떠나 이상향을 찾는 운동이 아니라 지역사회에서 조합원들의 생활을 개선하고 조합원들의 공동이익(염원)을 실현하는, 현실에 뿌리를 내리며 점진적으로 현실을 개혁하는 운동으로 그 성격이 바뀌게 된 것이다. 협동조합의 주체도 이용자들 중심이므로 '소비자협동조합'이라고 불리게 되었다. 이러한 소비자협동조합운동의 모습은 공동체운동이라기보다는 경제개혁, 사회개혁운동으로서의 성격이 강하다.[228] 조합원 지향이라는 원칙은 조합원에 의한 협동조합의 소유와 운영과 이용이라는 삼위일체의 원리를 담기는 했지만, 조합원의 경제적 이익 실현에 한정하는 한계 또한 내포하고 있다.

(2) 스페인의 몬드라곤 협동조합

2008년 금융위기 이후 미국과 유럽에서 진행되고 있는 초저성장 국면은 미국과 유럽뿐 아니라 전 세계에 고용불안의 그림자를 드리우고 있다. 실업률은 높아지고 노동사회 안에서의 양극화는 점점 더 심화되고 있다. 이러한 상황에도 스페인의 몬드라곤 협동조합이 스페인 전체의 경제위기에도 불구하고 고용유지를 위해 노력하고 있는 것은 전 세계 정책입안

227 위의 책, 128.
228 김형미, "공동체운동이란 무엇인가," 28.

자들과 기업경영자들, 노동자들에게 귀감이 된다. 그들은 같은 업종, 같은 규모의 일반 사기업에 비해 약 1.5배의 고용창출을 이루고 있는데, 고용의 질에서도 스페인 국내 최고수준이다. 이런 일이 어떻게 가능했을까 놀라지 않을 수 없다. 더욱이 위기가 시작된 2009년 이후 거의 대부분의 노동자들이 일자리를 지키고 있다.[229]

몬드라곤 협동조합은 자율적인 경제체계로 발전하여 모든 조합원에게 요람에서 무덤까지 교육과 의료 혜택 등과 같은 사회보장을 제공하고 있다. 몬드라곤 협동조합은 본래 가전제품을 만드는 소규모 제조사로 시작했지만 지금은 스페인 최대 규모의 은행과 가장 큰 식료품 체인을 소유한 거대 산업체가 되었고, 자발적으로 합류한 조합원들이 민주적으로 운영하고 있다.[230]

① 몬드라곤 협동조합

몬드라곤 협동조합은 1956년 스페인 북부 바스크 지역 소도시 몬드라곤시에서 1940년대부터 성당 주임신부 호세 마리아 아리스멘디아리에타(José María Arizmendiarrieta Madariaga, 1915-76)의 주도로 23명의 노동자와 함께 시작된 노동자 생산협동조합운동이다. 1956년 가스스토브와 가스 취사도구를 만들었던 첫 번째 협동조합 울고(ULGOR)가 설립된 이후 1960년대, 1970년대, 그리고 1980년대를 거치면서 거대한 협동조합으로 성장하였다. 2010년 현재 약 260개 회사가 금융, 제조업, 유통, 지식 등 4개 부문을 포괄하는 하나의 기업집단으로 조직되어 있다. 몬드라곤은

229 김성오, "고용창출 사례: 스페인 몬드라곤 협동조합," 『노동리뷰』 99 (2013. 6), 47.
230 Andrew McLeod, 『협동조합, 성경의 눈으로 보다』, 39.

울고가 시작된 지 50여 년 만에 세계적 협동조합 복합체로 성장하여, 노동금고, 에로스키(Eroski) 생협 등 120개의 협동조합과 130개의 자회사와 지원기관에 8만 5천명 이상이 일하고 있으며, 스페인 고용순위 3위의 협동조합그룹이 되었다.[231]

몬드라곤은 거대한 기업이지만, 주인이 특정 인물이나 집단이 아니라 회사에서 직접 일하고 있는 노동자들이라는 점에서 큰 차이가 있다. 몬드라곤은 노동자들이 소유하고 경영자를 선임하며 경영전체를 관리·감독하는 체제로 되어 있다. 기업의 전체 자산은 우리 돈으로 약 54조 원, 제조업과 유통업 부문의 2010년 1년 매출은 대략 22조 원 정도 되는 규모이다. 총 고용인원은 8만 4천 명이고, 이 중 약 3만 5천여 명이 출자금을 낸 노동자 조합원, 즉 주주들이고 나머지는 조합원으로 점차 전환되어 가고 있는 비조합원 노동자들인데, 15,000명은 해외 지사의 노동자이다. 몬드라곤은 해외에 80여 개가 넘는 생산 공장을 갖추고 있다.

제조업 중 핵심사업은 가전제품 생산판매인데, 제조업 매출의 약 60%는 수출을 통한 해외매출이 차지하고 있다. 브랜드는 파고르로 스페인과 유럽, 미국과 남아메리카, 중국과 러시아, 그리고 동남아시아 시장에서 파고르 냉장고나 파고르 세탁기를 사는 것은 매우 쉬운 일이다. 한국시장에는 삼성, 엘지 등 워낙 세계적인 가전브랜드가 있어 아직 진출하지 못했다.

몬드라곤에 소속된 유통부문 핵심기업 에로스키는 소비자 협동조합으로 스페인과 프랑스에 약 2,100개의 매장을 가지고 있다. 우리나라로

231 정재돈, "한국의 협동조합운동과 국내외 협동조합 모범사례," 『사목정보』 5/12 (2012. 12), 106.

치면 홈플러스나 이마트 정도 되는 수준이다. 금융부문 핵심기업인 '노동인민금고'는 스페인 전국에 420여 개의 지점을 가지고 있는 스페인 5위권 안에 드는 대형 은행이다. 또한 몬드라곤에 협동조합이 운영하는 공학부, 경영학부, 인문학부를 포괄하는 4년제 몬드라곤 대학교가 있고 스페인 바스크지역에서 가장 유명한 기술연구소들이 포함되어 있다.[232]

② 몬드라곤 협동조합의 역사

가. 개척기(1941~1956년) : 작은 마을에서 주민들의 힘을 하나로 모으다!

1956년 첫 번째 협동조합 울고가 만들어졌는데, 여기에는 기술자 5명, 노동자 약 10여 명이 참여했다. 이들은 모두 몬드라곤시의 시민들이었다. 보통 몬드라곤 협동조합운동의 역사를 이 시점에서 시작된 것으로 보기도 하지만 이는 오해이다. 이 회사가 만들어지기 위해 창립자이자 이들의 정신적 지도자 호세 마리아 신부가 1941년부터 벌였던 주민운동이 지대한 역할을 하였다.[233]

호세 마리아 신부는 스페인 내전에서 프랑코군에 의해 완전히 폐허가 된 몬드라곤 교구에 20대 후반의 젊은 나이에 부임하여 이 마을을 경제·사회적으로 부흥시키기 위한 활동을 시작했다. 그는 우선 기술학교를 만드는 것부터 시작하였는데, 의식 있는 젊은이들이 프랑코군에게 거의 목숨을 잃은 상태에서 어린 아이들부터 가르쳐야 뭔가 할 수 있다고 생각했다. 학교를 만들고 운영하는 과정에 주민들의 참여가 절실했는데, 호세 마리

232 김성오, "고용창출 사례: 스페인 몬드라곤 협동조합," 48.
233 위의 글, 49.

아 신부는 패배의식과 공포에 젖어 있던 주민들에게 웃음을 찾아주고 다시 희망을 북돋는 것이 필요하다고 판단해 학교와 함께 축구클럽들과 축구리그를 만들어 그 수익금을 고스란히 마을 기금으로 적립했다. 이 외에도 성당조직을 다양하게 확대하고 활성화시켜 이후 약 15년 동안 주민운동을 진행하였다. 이 결과 첫 번째 협동조합이 만들어질 수 있었다.

호세 마리아 신부의 전략은 당시 인구 6,000명 정도의 작은 마을 주민들의 힘을 오랜 시간 공을 들여 강력하게 하나로 결집시키는 것이었다. 출발은 이 정도로 충분하다고 판단한 듯하다. 몬드라곤 교구의 규모가 더 컸더라면 다른 방법을 썼을 것이다. 이러한 준비과정은 이후 마을 주민들이 적극적으로 참여하는 협동조합은행(노동인민금고) 설립까지 일사천리로 진행되는 동력을 확보하는 과정이기도 했다.

나. 제조업을 중심으로 한 성장기(1957~1990년) : 협동조합 네트워크를 통한 성장신화

첫 번째 협동조합 울고가 만들어진 이후, 1970년대 후반까지 유럽경제 및 스페인 경제 전체가 고도 성장기를 구가하고 스페인 내수시장의 규모가 급속히 커지고 있는 상황이었다. 이를 배경으로 몬드라곤 협동조합 운동에서 이 시기 주요 성장 동력은 제조업이 차지했다. 어느 정도 기술력과 자본력을 가진 제조업체들은 상당히 빠른 속도로 성장할 수 있었다.

기술력과 자본력을 갖춘, 즉 '경쟁력 있는' 제조업을 발전시키기 위해 1957년 곧바로 노동인민금고를 설립했다. 이 시도는 매우 시의적절한 것이었고 이후 20여 년 동안 몬드라곤에서는 노동인민금고를 발판으로 강력한 제조업 협동조합이 성장할 수 있게 되었다.

자본의 조달뿐 아니라 기술연구소를 만들어 빠른 속도로 발전하는 제조업 기술변화에 대응하였다. 당시 만들어진 몬드라곤의 기술연구소들은 스페인 전체에서 탑클래스 수준의 기술연구소들로 성장했다. 이와 함께 매우 수준 높은 기술교육을 받은 졸업생들이 몬드라곤 제조업 협동조합의 신규 기술인력으로 공급되는 구조를 갖추게 되었다.

노동자 조합원들의 안정된 노동환경 조성을 위해 협동조합 라군아로(LagunAro)를 만들어 독자적인 사회보장 체제를 갖추었다. 라군아로는 국가사회보장체제로부터 벗어나 있던 몬드라곤 노동자 조합원들에게 의료, 산재, 고용, 연금보험의 성격을 종합적으로 갖는 강력한 노동자복지시스템을 만드는 데 성공했다.

더욱이 이러한 기능들을 하나의 포괄적인 네트워크로 구성하고 운용했던 것이 이 시기 몬드라곤 협동조합의 성장에서 가장 중요한 요인이었다. 이러한 네트워크는 노동인민금고를 바탕으로 경쟁력 있는 제조업 기업을 육성하는 데 초점이 맞추어져 있었지만, 아직 유통부문은 초기단계에 머물러 있었기에, 전체를 하나의 통합적인 시스템으로 만들어 운용하는 수준의 단계는 아니었다. [234]

다. 몬드라곤 협동조합 복합체(MCC)로서 2차 성장기(1991~2006년) : 협동조합 정신을 기반으로 글로벌화에 도전

금융, 제조, 유통, 기술연구의 4개 영역으로 산재되어 있는 협동조합들과 그 지원기관들을 하나의 강력한 시스템으로 통합한 것이 바로 몬드라곤 복합체(MCC)이다. 이것은 몬드라곤 협동조합운동의 내적 요구, 즉 '통합단일브랜드'에 대한 요구가 반영된 것이기도 했지만 유럽의 경제통합과

234 위의 글, 50.

1990년대 이후 급속히 진행된 '세계화'에 대한 대응의 성격이 훨씬 강했다.

노동인민금고와 라군아로를 중심으로 한 금융그룹은 몬드라곤 협동조합만을 고객으로 하는 것을 벗어나 스페인 내에서 상당히 중요한 은행으로 성장하기 위한 외연확대전략을 구사했다. 이 결과 노동인민금고는 스페인 전역에 지점을 갖춘 종합은행으로 성장하고 라군아로는 일반인을 상대로 하는 보험사업에서 큰 성과를 거두었다.

제조업 그룹은 첫째, 제조업 협동조합들을 몇 개의 소그룹으로 묶어 통합경영을 통해 경쟁력을 높이고, 둘째, 적극적인 인수합병전략과 글로벌화전략을 기반으로 해외시장 개척에 나서게 되었다. 그 결과 제조업 기업들의 경쟁력이 강화되는 것과 함께 전체 매출의 약 60%를 해외매출이 차지하는 글로벌기업으로 성장했다.

이 시기에 몬드라곤 협동조합 전체의 성장을 추동한 것은 유통그룹 에로스키였다. 에로스키는 스페인 바스크지역에서 벗어나 유통망을 스페인 전역, 그리고 유럽의 일부지역으로까지 확대하는 확장전략을 구사하고 공격적인 인수합병을 통해 규모의 경제를 달성하게 되었다. 이 과정에서 상당수의 비조합원 노동자들이 생겨나게 되었으며, 이들의 조합원화 작업이 진행되었다. 이후에도 이 부문은 다양한 서비스 시장으로 진출함으로써 몬드라곤의 성장에서 중요한 동력이 되었다.[235]

---

235 위의 글, 51.

라. 몬드라곤 체제로서 경제위기의 시기(2007~현재): 경제위기 극복을 위해 숨을 고르다.

2006년 몬드라곤은 울고 창립 50주년을 맞이하여 기존의 '몬드라곤 협동조합복합체(MCC)'라는 긴 이름을 떼고 단순명료하게 '몬드라곤(MONDRAGON)'으로 개명했다. 그 외에도 기존 4개의 그룹을 4개의 부문으로 바꾸고 몇 가지 조직적인 변화를 시도했다. 2008년 뉴욕에서 촉발된 금융위기 이후 몬드라곤은 2008년, 2009년 소폭의 매출 및 고용감소가 이루어지다가 2010년과 2011년 다시 어느 정도 회복하였다. 하지만 유럽, 특히 스페인 경제위기를 맞이하여 이후 진로를 모색하며 숨고르기를 진행하고 있다. 2006년 몬드라곤 체제로 전환한 이후 그 전에 비해 단위협동조합의 결정권을 보다 확대하는 방향으로 조직적인 편제를 바꾸고 있다. 이는 몬드라곤 협동조합복합체(MCC) 체제가 전체 결정권을 중앙집행기구로 과도하게 집중시켰다는 내외의 비판에 대응한 것이다. 이는 민주와 효율, 분산과 집중의 끊임없는 '긴장'관계를 운명으로 받아들이는 협동조합운동 내부관계의 중요한 단면이다.

글로벌화 과정에서 공격적인 인수합병 및 해외 자회사 설립 후 부딪치는 해외노동자들과 합병된 비조합원 노동자들의 정체성 문제를 어떻게 해결할 것인가 하는 것도 중요한 숙제가 되고 있다. 몇 년간 진행되고 있는 유럽의 경제위기에도 불구하고 몬드라곤은 아직 적자로 전환되지 않았다. 몬드라곤의 금융부문은 투기적인 파생상품거래보다는 상호금융을 중심으로 견실하게 발전해 왔고 제조업의 경우 어느 정도 글로벌화에 성공했기 때문이다.

③ 몬드라곤 협동조합의 10대 원칙

몬드라곤 협동조합은 일반적으로 노동자협동조합이 가지고 있는 원칙보다 훨씬 강력하게 '자본에 대한 노동주도의 원칙'과 '노동자 참여경영'의 원칙을 견지하고 있다. 김성오는 몬드라곤 협동조합의 10가지 원칙을 다음과 같이 소개하고 있다.[236]

A. 자유로운 가입(Open Admission)

'몬드라곤'은 기본 원칙들을 수용하고 우리가 만들어낸 일자리에 직무상으로 적합하다는 것을 증명하기만 하면 모든 사람들에게 개방되어 있다. 그러므로 종교, 정치, 인종이나 성별을 근거로 한 차별은 어떤 경우에도 있을 수 없다.

B. 민주적 조직(Democratic Organization)

노동자 조합원의 평등에 기초하는 조직으로서, 회사는 다음과 같은 내용을 갖는 민주적인 조직체로서 규정된다.

- 총회의 주권 : 총회는 모든 조합원으로 구성되며 '일인 일표'의 원칙 아래 운영된다.
- 경영조직의 민주적 선출 : 특히 경영에 대해 책임을 지는 이사회를 말한다.

C. 노동자 주권(The Sovereignty of Labour)

몬드라곤에서는 노동이 자연과 사회, 인간을 개조하는 주요 요소임

236 위의 글, 56-57.

을 인식한다. 따라서 노동자는 협동조합기업을 조직하는 데 완전한 주권을 행사하며 창출된 부는 제공된 노동에 따라 분배된다. 그리고 여기에는 새로운 일자리 창출에 대한 확고한 결의가 있다. 몬드라곤에서 창출된 부는 노동에 비례해 조합원들 사이에서 분배되는 것이지 자본의 지분에 따라 분배되지는 않는다. 몬드라곤의 임금정책은 연대 원리로부터 영감을 얻은 것인데, 그것은 연대에 기초해 노동에 충분한 보수를 보장하는 것이다.

D. 자본의 도구적·종속적 성격(Instrumental and Subordinate Nature of Capital)

몬드라곤의 경험에서 자본은 기업 발전에 필요한 요소로서 노동의 수단이며 노동에 종속적인 것으로 간주된다. 그러므로 그것은 창출된 수익 전체에 직접적으로 연결되지는 않더라도 그것을 저축하는 데 기울인 노력에 비추어 정당한 보상을 받아야 할 가치가 있는 것으로 이해될 뿐이다.

E. 참여형 경영(Participatory Management)

이 원칙은 자주관리, 즉 경영에 대한 조합원의 참여를 점진적으로 발전시켜 나가는 것을 의미한다. 이를 위해 다음 사항이 필요하다.

- 경영 참여를 위한 적절한 장치와 통로의 개발
- 협동조합 경영변동 사항에 대한 투명한 정보
- 노동자 조합원에게 영향을 미치는 경제, 조직, 작업의 결정과정에서 조합원 및 그들의 대표자와 토의하고 협력하는 것
- 사회적 훈련 및 직업훈련 계획의 체계적인 적용
- 보다 큰 직무수행을 위한 내부 훈련 계획의 수립

F. 급여 연대(Payment Solidarity)

몬드라곤은 연대에 기초하여 충분한 급여를 지급한다는 것을 경영의 기본원칙으로 천명한다. 연대는 기업 수준뿐 아니라 대내외적으로도 추구된다.

G. 상호 협력(Inter-cooperation)

협동조합 간의 협동은 사업의 효율성을 위하여 다양한 측면에서 이루어져야 한다.

- 개별 협동조합들 사이의 관계 차원
- 몬드라곤과 바스크 및 스페인 협동조합 조직들 사이의 관계 차원
- 유럽 및 세계의 협동조합 운동과의 차원

H. 사회변혁(Social Transformation)

몬드라곤은 다음과 같은 방법을 통하여 지역의 경제적·사회적 발전을 도모한다.

- 획득한 순수익의 재투자 : 비교적 높은 비율의 수익을 공동체적 특성을 갖는 기금에 투여하는데, 예를 들면 새로운 일자리의 창출을 돕는 중앙협동조합 기금과 같은 것이 있다.
- 공동체 발전 활동 지원 : 사회프로젝트 기금의 운용을 통해 교육분야에 대한 지원이 활발한데 협동조합들의 순잉여 중 10% 정도를 할당하고 있다.

I. 보편성(Universality)

보편적 소명의 표현으로 몬드라곤은 사회적 경제의 영역에서 경제민주

주의를 위해 일하는 모든 사람들과 연대를 표명하고 국제 협동조합 운동의 특징인 평등, 정의 및 발전이라는 목표를 지지한다.

J. 교육(Education)

교육 및 훈련은 몬드라곤 협동조합 운동의 출발과 발전에서 결정적인 역할을 수행했다. 몬드라곤의 창시자이자 주도자였던 호세 마리아 신부는 항상 '인간에 의해 채택된 사상과 개념에 대한 교육은 대중의 발전과 진보의 열쇠가 된다'는 점을 분명히 했다.

④ 사회보장시스템과 고용안전망

A. 사회보장 시스템

라군아로는 몬드라곤이 만들어낸 일종의 사회보장시스템인데, 협동조합운동사에서 이것은 매우 독특한 형태의 협동조합이라고 볼 수 있다. 일종의 '보건협동조합의 성격을 가진 공제협동조합'이라고 할 수 있을까? 우리나라의 기준으로 보면, 이것은 의료보험과 산재보험, 국민연금을 합쳐놓은 형태에 실업급여까지도 포함하여 담당하는 조직이다. 1958년 몬드라곤의 첫 번째 협동조합, 울고를 비롯한 몇몇 소규모 협동조합 노동자 조합원이 회원으로 참여하여 출범한 라군아로는 1991년 MCC 체제 출범까지 약 2만여 명의 몬드라곤 노동자 조합원, 기금 5억 유로에 달하는 대형 협동조합으로 성장하였다.

2010년 기준 약 44억 유로의 기금이 운용되고 있는데, 이 기금을 통해 라군아로의 의료혜택과 공제혜택을 받는 노동자 조합원 수는 146개 협동조합에 약 3만여 명으로 확대되었다. 2010년에는 약 5,000만 유로가 회원들의 의료비로 지출되었고, 1,800만 유로는 실업급여로 지출되었다. 또한 한 해 동안 9,784명의 퇴직자들에게 약 1억 1,300만 유로가 생활비로 지급되었는데, 1인당 평균 약 12,000유로, 우리 돈으로는 약 1,900만 원 정도이다.

협동조합이 수행하는 역할로 볼 때, 라군아로는 몬드라곤 내에서 노동인민금고보다도 더 안정적인 성장을 이루고 있는 협동조합이다. 몬드라곤의 노동자 조합원들에게 있어 이것은 '최후의 보루'와 같은 곳이기 때문이다.[237]

B. 고용안전망

경제위기를 겪고 있는 스페인에서 몬드라곤의 고용유지율이 거의 100%에 가까운 것은 라군아로가 가진 두 가지 기능 때문이다. 그것은 '지원위원회'와 '재배치위원회'를 통한 실직노동자 조합원의 재교육과 재배치 기능이다.

몬드라곤에서 실업은 노동수급과정에서 단기간 힘들어진 상황의 단기간 휴직상태를 '계절실업'으로, 장기간 침체기를 예상하는 상태의 '구조적 실업'으로 분류하여 대응하는데, 계절실업은 평균 6개월을 넘지 않은 상태에서 급여의 80%를 지급하고 보통 해당 협동조합에 복귀하는 경우가 일반적이다. 구조적 실업의 경우, 2년까지 평균 급여의 80%와 실업수당을 합쳐 연 14회에 걸쳐 나눠 받는데, 2년 동안 최대 12개월분을 받을 수 있다.

재배치위원회는 각 협동조합들과 연결하면서 새로운 일자리를 물색하고 협동조합의 신규인력 수요가 발생할 경우 휴직상태의 노동자 조합원

---

237 위의 글, 58.

을 0순위로 배치하는 권한을 갖는다. 이것이 지금과 같은 고실업 국면에서 노동자 조합원들을 안심시키고 안정시키는 가장 중요한 역할을 수행하고 있다.[238]

몬드라곤은 돈 호세 마리아 신부에 의해 시작되었고 발전하게 되었다. 호세 마리아 신부는 회중들의 영적인 생활이나 좁은 의미의 신앙생활에만 관여하지 않고 삶의 실제적인 문제에 관여하여 이를 적극적으로 해결하고자 하였고 사람들을 키우고 세웠다. 그는 회중들을 교회 안에만 가두려고 한 것이 아니라 그들의 실제 생활을 통해 자립과 자활을 할 뿐만 아니라 성서적 가치를 실현할 기업을 만들어 기업을 통해 사회문제를 해결하려고 했다는 점에 주목할 필요가 있다. 비록 그가 회사 경영에 직접 참여하지는 않았지만 회사가 정착하고 협동의 가치를 실현하여 성장할 수 있도록 지속적으로 이론적 토대를 제공하고 정신적 지주 역할을 한 것이다.

몬드라곤의 협동조합은 연말에 조합에 속해 있는 기업들이 모여 이윤을 나누는 자리가 있는데 여기에서는 이윤만을 나누는 것이 아니라 손실을 본 기업의 손실까지도 함께 나눈다는 점이 특별하다. 또한 하나의 협동조합이 파산해 그 기업에 속한 노동자들이 일자리를 잃게 될 경우 그들은 다른 협동조합에 분산돼 고용이 이어지기도 한다.[239]

대표적인 공업협동조합인 파고르는 유럽 전체에 걸쳐 냉장고 등 전자제품을 판매하고 있고, 기술연구소의 역량은 미 항공우주국(NASA)의 우주항공사업의 프로젝트를 함께 할 정도로 높은 수준을 보이고 있다. 참여경영시스템과 경영정보 공개, 일정 지분의 내부유보와 노동자 배분, 일부

---

238 위의 글, 59.
239 정재영, "협동조합운동의 기독교적 가치와 선교적 가능성", 45.

이익 사회환원이라는 원칙을 지키면서 노동자가 경영하는 생산자협동조합으로서 몬드라곤의 기적이 되었다.[240]

이것을 가능하게 하는 몬드라곤의 4개의 가치는 협동, 참여, 사회적 책임, 창조적 활동인데 이러한 정신으로 몬드라곤 협동조합이 신자유주의 자본경제 속에서 이윤만을 추구하는 기업들과의 경쟁 속에서도 자본의 가치가 아닌 상생과 협동의 가치로 이길 수 있다는 가능성을 보여주고 있다. 어느 조직이나 그렇듯 몬드라곤 협동조합의 소속 기업이 많아지고 규모가 커질수록 본래의 목적이 상실되는 경우가 생기기도 하지만 기독교적 가치에 기초한 초기의 정신을 잃지 않으려 노력하고 있다.[241]

(3) 이탈리아의 협동조합

① 이탈리아 협동조합 동맹

이탈리아 협동조합 동맹(ConfCoop)은 18,500개가 넘는 협동조합들로 구성된 조직으로서, 40만 명의 직원과 300만 명의 조합원이 있고, 연간 매출도 400억 유로 규모이다. 이러한 규모를 갖춘 협동조합은 정부의 압박에서 벗어나 자율적인 운영을 가능하게 한다. 이탈리아에는 수많은 사람들에게 직장과 서비스를 제공하는 여러 협동조합 연맹들이 있다. 이 조직들은 제각기 다른 철학과 가치관을 갖고 있으나 모두가 협동조합의 성격을 지니고 있다. 이들은 복합적이고 자발적인 대규모 체계들, 곧 가치관에 기초한 여러 체계들이 얼마든지 나란히 공존할 수 있음을 보여주는 실

---

240 정재돈, "한국의 협동조합운동과 국내외 협동조합 모범사례", 106.
241 정재영, "협동조합운동의 기독교적 가치와 선교적 가능성", 46.

례들이다. 자신의 생각을 다른 가치관을 가진 사람들에게 강요하지 않고 동일한 윤리적 배경을 가진 이들 사이에서 협동조합을 조성할 수 있는 것이다.[242]

에밀리아로마냐 지역(인구 430만 명)은 8,000여 개의 협동조합과 40만 개의 중소기업과 영세기업이 지역경제의 발전을 선도한다. 이 지역 총생산의 30%를 협동조합과 중소기업 등이 점유하고 볼로냐시에서는 협동조합의 경제 비중이 45%를 차지한다. 생활협동조합과 상인협동조합이 소매시장의 28%를 담당하는데, 생협 매장은 크고 작은 여러 협동조합기업들이 생산한 수많은 상품의 안정적 판로를 제공한다.[243]

중소규모 슈퍼마켓상인 협동조합인 코나드(CONAD)가 10.2%, 레가코프생협(Lega Coop)은 17.8%를 차지한다. 이러한 다양한 협동조합들은 협동조합 간의 협동을 통해 경제활동의 영역을 넓혀가고 있다. 볼로냐시에서는 어린이연극협동조합(La Baracca), 홍보기획서비스협동조합(Kichen Coop), 노숙인자활협동조합(Coop La Strada), 주택건설시행협동조합(Muri), 유기농업협동조합컨소시엄(Libera Terra), 소비자협동조합(Coop Adriatica), 도서협동조합(Librerie Coop) 등 협동조합이 매우 다양하다. 돌봄노동자협동조합(Cadiai), 건축협동조합(Cipera), 급식협동조합(Camst)은 공동으로 어린이집 건축과 운영 프로젝트를 실행하기도 한다.

② 이탈리아의 사회적 협동조합

이탈리아인들은 협동조합운동이 실현한 조합원 공동(共同)의 힘만으

---

242 Andrew McLeod, 『협동조합, 성경의 눈으로 보다』, 40.
243 정재돈, "한국의 협동조합운동과 국내외 협동조합 모범사례", 105.

로 해결하기 어려운 절박한 사회경제적 욕구가 우리 삶에 현존하고 있으며 이 또한 협동조합운동의 새로운 도전과제임을 발견하였다. 그들은 조합원 공동(共同)의 이익을 넘어 지역사회 공동(公同)의 유대와 협력으로 나아가 해결 가능한 과제들에 대해 인식하였다. 그리고 단지 공동(共同)의 이익을 극대화하는 방식을 넘어서서 공익(公益)과 비영리 정신에 입각해야 하는 협동운동의 또 다른 과제에 대하여 도전적인 의문을 제기하였다.[244]

이러한 도전을 주도한 그룹이 기독교 정신에 충만한 이탈리아의 가톨릭계열 협동조합 운동가들이었다. 사회적 협동조합의 등장에 대해 전통적인 협동조합의 입장에서 두 가지 비판이 제기되었다. 첫째로 협동조합은 조합원의 이익에 중심을 두어야 안정적으로 성장할 수 있다는 비판과 둘째로 공익적인 성격의 사업들은 국가의 책임이기에 협동조합이 나서는 것은 국가의 의무를 시민에게 떠넘기는 결과를 빚을 것이라는 비판이다. 하지만 이러한 비판에 대해 이웃의 고통을 해결하는 일은 협동조합의 기본정신에 어긋나지 않으며 이를 위해 지역사회의 다양한 사람들이 자신의 이익을 넘어서서 함께 협력하는 것은 국가의 책임 이전에 인간으로서 마땅히 해야 할 일이며, 이는 하나님께로부터 부여받은 자연스러운 성품에 부응하는 것이다.

기독교의 박애정신을 협동조합과 융합한 이탈리아인들의 도전정신과 열정은 사회적 협동조합이라는 새로운 협동조합 모델을 만들어내었다. 지역사회가 필요로 하는 공적인 서비스를 제공하기 위하여 이 서비스의 전달과정에서 일자리를 얻고 싶은 사람, 이러한 서비스를 안정적으로 제공받고 싶은 사람 그리고 이러한 서비스의 필요성과 가치를 공유하는 여러 그

---

244 최혁진, “사회적 협동조합의 등장과 교회의 역할”, 67.

룹의 지지자들 모두가 함께 참여하는 공적이고 사회적인 협동조합을 만들어내었다. 그로써 자기 스스로 협동조합을 만들기 어려운 사람들조차 협동조합의 직원 또는 이용자가 될 수 있었다. 새로운 일자리가 충분하지 않았고 제공되는 서비스 또한 만족할만큼 높은 수준은 아니었지만, 그들은 '자부심과 보람'이란 열매를 얻게 되었다.

사회적 협동조합의 잠재력에 대해서 이탈리아 정부도 관심을 보이게 되었고 마침내 1991년 관련법을 제정하게 되었다. 재정적인 한계에도 불구하고 늘어나는 복지욕구에 적극 대응해야 하는 정부 입장에서도 사회적 협동조합은 대단히 매력적인 모델이었다. 많은 서비스를 민간위탁으로 제공해야 하는 상황에서 일반 영리기업을 통해 시장형으로 공적 서비스를 제공하는 것은 수많은 위험요인을 내포하고 있었다. 시장의 강력한 이윤동기 앞에서 고용과 서비스의 질 모두가 악화될 가능성이 높았기 때문이다. 그러한 시점에서 이용자와 노동자의 욕구와 참여를 모두 보장하는 사회적 협동조합은 공공정책을 실행하는 데 있어 매우 효과적인 협력자임에 틀림없었다.

이탈리아에서 최초로 법적 지위를 획득한 사회적 협동조합은 사회 서비스를 제공하거나 취약계층 고용을 통한 사회통합을 목적으로 하는 두 개의 영역으로 크게 구분되었다. 그리고 필요에 따라서 이러한 목적을 실현하는 데 관심이 있는 여러 그룹이 다양한 방식으로 조합원 지위를 획득할 수 있게 되었다. 이탈리아가 사회적 협동조합법을 통해 소위 사회적 기업을 국제사회에서 최초로 제도화하는 과정에서 조직의 설립형태를 사회서비스형과 일자리제공형으로 분류한 이유는 당시 이탈리아가 직면한 실업문제와 복지서비스에 대한 대응체계 구축이 이탈리아의 주요한 사회적 이슈였기 때문이다. 한국이 사회적 기업육성법을 제정하는 과정에서 사회

서비스 제공과 일자리 창출에 중심을 둔 것도 이탈리아의 사회적 협동조합법에서 영감을 얻은 바가 없지 않다.

이탈리아의 사회적 기업, 즉 사회적 협동조합에 주어진 사회적 미션이 일자리 창출과 사회서비스 확대였다면 영국에서는 지역재생의 문제, 캐나다에서는 인구 과소지역의 근린서비스 확충이 주요한 사회적 이슈로 부각되었다. 사회적 문제의 다양성이 각 나라의 사회적기업의 제도화 과정에서도 차이를 생성하는 계기가 되었다. 따라서 최근 일각에서 한국의 사회적 기업 육성이 일자리 확대와 취약계층 서비스에 집중되어 있어 자립성에 문제가 있다는 비판은 적절하지 못하다고 할 수 있다.[245]

일자리 문제와 안전한 사회서비스 확충은 여전히 우리 시대의 중요한 사회적 과제이며 또한 최근에는 사회적 기업에 부여되는 사회적 미션이 지역재생 등 보다 다양한 사회적 이슈로 확장되어 가고 있기 때문이다. 이 점은 국제사회의 공통된 특징이기도 하다.

사회적 협동조합이 전통적인 비영리 조직들과 구분되는 결정적 차이 중 하나는 유급 근로자를 두고 있다는 점이다. 또한 노동자협동조합처럼 직원들의 조합원 참여를 통한 노동의 질 향상에 관심을 기울이면서 사회취약계층에게 자존감 있는 일자리를 제공한다는 점도 사회적 협동조합의 핵심 역할 중 하나이다. 공적인 비즈니스를 위해선 공적인 조직형태가 가장 효과적일 수 있다. 사회적 협동조합은 비영리성이 아주 강한 공익적 조직이면서도 협동조합이란 형태를 취함으로 인해 다양한 지역사회의 자원을 동원할 수 있는 매우 효과적인 사회적 기업 모델이다.[246] 사회적 협동조

245 같은 책, 68.
246 같은 책, 69.

합은 그 자체로 가장 대표적인 사회적 기업이면서 동시에 이후에 생겨나는 여러 유형의 사회적 기업들에게 사회적 기업으로서 보편적으로 공유해야 할 가치와 운영원리에 대한 영감을 제공하였다.

사회적 협동조합이 오늘날 크게 주목받는 이유는 오늘날 글로벌 사회가 처해 있는 상황과 무관하지 않다. 고용 없이 계속되는 경제성장과 지역 간의 빈부격차가 점점 벌어지고 있는 경제적인 불균형, 사회서비스에 대한 욕구 증대 등으로 인해 시민사회는 정부가 제공하는 공적 서비스만으로는 해결하기 어려운 다양한 사회적 문제에 직면해 있다. 그리고 시민들은 새로운 협동조합 방식이 이 문제를 해결하는 재원을 동원하는 데 효과적이며 상호 신뢰와 연대성을 높여 주고, 또한 민주적인 관계를 보장하여 지속가능하고 안정된 서비스의 제공을 가능하게 해준다는 것을 인식하게 되었다. 그러한 면에서 사회적 협동조합은 정부와 시장 사이에서 시민에 의해 형성되고 있는 새로운 공적 영역이라고 말할 수 있다.[247]

(4) 독일의 신용협동조합

독일의 신용조합은 두 가지 형태로 발전했는데, 하나는 슐체-델리취(Schulze-Delitzsch, 1808~1883)가 주도한 도시 중심의 신용협동조합이며, 다른 하나는 라이파이젠(Frederich Wilhelm Raiffeisen, 1818~1888)이 주도한 농촌 중심의 신용협동조합이다. 독일에서의 협동조합 운동은 슐체-델리취에서 시작하여 초기 7, 8년 동안 북부 독일을 중심으로 느린 속도로 전파되었으나, 1858년 국민경제인대회의 창설을 계기로 남서부 독

247 같은 책, 70.

일을 포함한 독일 전체로 퍼져가기 시작하였다.

① 슐체-델리취의 신용협동조합

독일 협동조합 제도의 아버지인 슐체-델리취는 사회제국의 제왕 또는 노동자의 사도로 찬사받기도 한다.[248] 그는 사회의 개혁은 정치권에 앞서 사회경제 생활에서 시작되어야 한다는 신념으로 협동조합에 주목하였다. 그는 도시 지역의 수공업자들이 고리채로 인해 고통당하는 것을 보면서 이들의 자금 문제를 해결하기 위한 방안으로서, 도시의 영세 소상공인을 위한 신용협동조합을 고안하였다.

그는 수공업의 구조적 취약성을 해결하기 위해서는 원료의 공동구입, 상품의 공동판매를 위한 직판장의 설치 그리고 공동경영을 위한 다수 수공업자의 연합체로서 협동조합이 필요하다고 생각하였고, 이러한 방식을 통해서만 수공업자가 대기업과의 경쟁에서 생존할 수 있다고 보았다. 그는 수공업자가 기존 산업과의 경쟁에서 생존하기 위해서는 자본금 확보가 최우선 과제라고 보고, 제1단계의 신용대부 협동조합이 자본금 구성의 기능을 담당해야 한다고 보았다. 이렇게 하여 델리취 신용대부 협동조합은 1850년 6월 150달러의 자본금으로 설립되었다.[249] 그는 수공업이 대기업과의 경쟁에서 생존하기 위해서는 수공업의 구조변화가 불가피하다고 판단하고 이를 실행하기 위한 방법으로 제2단계인 원료 구매 및 상품 판매 협동조합을 제안하였다. 그는 생산협동조합을 협동조합 제도의 마지막 단계로 보았다.

---

248 이명환, “슐체-델리취와 협동조합운동,” 『서양사연구』 10 (1989), 40.
249 위의 책, 56.

슐체는 자조와 사회연대주의를 강조하였다. 그는 협동조합을 인간성 중의 하나인 개인주의, 즉 개인적 의지에 기초한 자유로운 행위와 다른 한 편의 협동적 경향, 즉 이타주의적 의지라는 두 의자가 합리적으로 결합한 모습으로 생각하였다.[250] 그는 책임 의식을 굳건하게 지닌 수공업자들의 자조 정신이 평등한 조건을 만드는 이상으로 보았으며, 이를 실현할 수 있는 조직이 바로 협동조합이라고 보았다.

슐체는 전국적인 협동조합망의 구축을 위하여 1859년 독일 신용대부 협동조합 연합회를 결성하였고, 바이마르 회의에 참석한 33명의 대표단은 슐체를 연합회의 법률고문으로 추대하였다. 그는 협동조합제도를 통하여 독일 전체사회에 걸친 광범위한 개혁을 추구하였다. 비록 그의 협동조합 강령이 수공업적 구조의 기반 위에서 그 기준이 평등한 경쟁인 '단순한 시장사회'를 목표로 하였지만, 그는 자본주의적 경쟁원리를 암암리에 시인하고 있었다. 그가 시도한 협동조합은 자본주의적 경제제도의 문제점을 보완하기 위한 것으로서, 경쟁 중심의 자본주의적 소유경제의 단점을 협동조합을 통하여 수정될 수 있다는 가능성을 제시하였다.

슐체는 1864년 자조의 원칙을 바탕으로 독일 산업 및 경제협동조합 총연합을 만들었고, 1875년에는 총연합 산하에 30개 주의 연합회를 만들어 연합조직을 정비하였다.[251] 그는 협동조합을 통하여 중산계층의 자율적이고 자조적인 경제활동을 장려하는데 힘썼다. 슐체-델리취가 시도했던 협동조합운동은 중산층이 직면한 양극화의 위협으로부터 그들을 방어하는 수동적 의미뿐 아니라 하층계급까지 중산층으로 진입시키는 적극적 의미

250 윤형근, 『협동조합의 오래된 미래 선구자들』 (홍성: 그물코, 2013), 189.
251 위의 책, 184.

를 지닌 사회운동의 성격을 지녔다.[252] 그는 사회문제의 해결을 위해서는 자선의 방식에 의존하기보다는 자력구제의 원리에 입각한 협동조합제도를 적극 주장하였다.

② 라이파이젠 협동조합

라이파이젠 협동조합은 19세기 독일 농촌지역에서 설립되었다. 당시 독일의 농민들은 영농자재의 외상값과 고리채 자본의 수탈로 인해 많은 어려움을 겪고 있었다. 고리대금의 횡포는 정말 무시무시했는데, 농민을 궁핍으로 몰아넣은 것은 '가축 고리'와 '토지 고리'가 있었다.

'가축 고리'는 가축의 외상 판매나 가축의 대부라는 형태로 이루어졌는데, 농민은 나중에 대금을 갚는 것을 전제로 엄청나게 높은 가격으로 가축을 사지만 기한이 되어도 대금을 갚지 못하면 가축을 돌려주어야 할 뿐 아니라 이자도 내야 했다. 그래서 가난한 농민은 고리대금업자에게 가축을 빌려 쓰게 되었는데, 실상은 고리대금업자가 여윈 소를 빌려주면 농민은 그 소를 먹이지만, 농사일에 잘 써먹지도 못한 채 돌려주는 일이 다반사였다. 고리대금업자는 살찐 소를 다른 곳에 높은 가격으로 팔아 폭리를 취했다.[253]

'토지 고리'는 중개업자가 현금이 필요한 토지를 파는 측과 토지가 필요한 농민 사이에 개입하여 양자를 농락하였다. 토지를 파는 측에는 농지 가격을 아주 싸게 매겨 현금을 지불하고, 현금을 지불할 수 없는 구입 측에는 나중에 엄청나게 높은 금액을 요구하여 폭리를 취하는 방식이었다.

---

252 이명환, "슐체-델리취와 협동조합운동", 61.
253 윤형근, 『협동조합의 오래된 미래 선구자들』, 205.

라이파이젠은 고통을 겪는 농민들을 돕기 위해 1849년 '프람멜스펠트 빈농구제조합'을 설립하였다. 이 조합은 농민을 '가축 고리'로부터 보호하기 위하여 가축을 일괄 구입하여 농민에게 양도하고, 농민들은 가축대금을 5년 동안 분할 상환하도록 하여 농민들의 경제적 부담을 줄여주었다. 가축 구입을 위한 자금은 60명의 마을 사람들이 무한연대 책임을 지고 쾰른 시의 자본가로부터 차입했다. 이로 인하여 농민들은 고리채보다 낮은 금리로 가축이나, 농기구, 종자 등을 구입할 수 있게 되었다. 3년 동안 대출을 통해 마을에는 소가 300마리 이상 늘어나게 되었다.

라이파이젠은 1853년 헷데스도르프 복지조합을 창립하였는데, 11년 후인 1864년에는 헷데스도르프 대부조합으로 바뀌게 되었다. 라이파이젠은 1869년부터 조합을 여러 개로 분할하여, 교구나 마을 단위까지 협동조합이 세워지도록 하여 더 많은 이들이 조합의 혜택을 받을 수 있도록 힘썼다.[254] 1872년에는 각 조합의 자금 수급이 원활하도록 라인 농업협동조합은행을 설립하였는데, 후에 독일 라이파이젠 은행으로 발전하게 되었다.

1873년에 제정된 라이파이젠 원칙은 근대적 신용협동조합의 운영원칙으로 널리 확산되었다. 이는 조합원의 무한연대책임·조합의 소구역 원칙·조합원 자격의 구역 내 거주자 제한·비출자 제도 등을 원칙으로 하였다. 또한 출자배당률은 조합의 대출이자 이내로 제한하며, 임직원(출납계는 제외)은 무보수를 원칙으로 하며, 사업이익금은 전액 공동자본으로 적립하였다. 라이파이젠 협동조합은 독일 협동조합 운동의 모태로서 이후 전국적인 조직체계로 발전되었으며, 유럽은 물론 전 세계적으로 확산되었

---

254 이현웅, 『기독교 협동조합』 (서울: 쿰란출판사, 2021), 207.

다.[255]

라이파이젠 협동조합은 기독교의 이웃사랑, 상부상조의 정신을 바탕으로 조합원의 무한 연대책임을 강조하였다. 그가 신용협동조합을 설립하여 소구역주의를 주장한 이유는 인간적인 상호대면을 존중했기 때문이다. 무한책임제 역시 서로 얼굴을 마주 대하고 있는 사람들 사이에 이웃사랑의 정신이 실현될 수 있다고 보았기 때문이다. 라이파이젠은 많은 개발도상국에서 농촌지역에 적합한 협동조합 모델로 채택되었다. 오늘날 세계적 협동조합 은행으로 평가되는 네덜란드 라보은행(Rabobank), 프랑스 크레딧 에그리꼴(Credit Agricole)도 라이파이젠 원칙을 토대로 설립되고 발전하여 왔다.[256]

(5) 캐나다의 협동조합

캐나다는 7,000여 개의 협동조합이 2,100만 명의 조합원을 보유하고 있다. 이는 여러 조합의 중복가입을 고려한다면, 1,200만 명의 캐나다 국민들은 적어도 하나의 협동조합에 가입하고 있음을 의미한다.[257] 캐나다의 종교적 협동조합인 데자르댕은 조합원이 거의 6백만 명에 달하는데, 천여 개의 신용조합에서 일하는 직원만 4만 명이나 된다. 이 거대한 협동조직은 기독교 가치관을 지닌 한 프로젝트가 어떻게 큰 영향을 미치고, 분권화된 권력을 유지하면서도 큰 규모로 성장할 수 있는지를 보여주는 좋은 본보기이다. 이 조직은 독립된 협동조합들이 홀로 감당할 수 없는 서비스를

---

255 이상호, "창조경제 시대의 협동조합," 『경남발전』 125 (2013. 9), 49.
256 위의 책, 50.
257 Johnston Birchall, 『21세기의 대안 협동조합운동』, 281.

창출하기 위해 다 함께 합류한 협동적 연방제의 실례이기도 하다.[258]

알폰세 데자르댕(Alphonse Desjardins)은 1900년 레비스와 퀘벡지역에서 상호저축대부조합을 설립하였다. 1909년 데자르댕조합운동은 퀘벡지역에서 가톨릭교구가 추진하여 100개가 넘어섰으며, 농업지역의 필요를 충족시켰다.[259] 데자르댕 신협은 인문금고의 연합체로서 1900년대 설립 이후부터 사회연대기금을 조성하고, 협동조합과 지역기업을 적극적으로 지원하며, 지역경제 발전을 도모하였다. 이러한 노력을 통하여 퀘벡주에는 주민의 7할이 협동조합 조합원으로, 소비자협동조합, 주택협동조합, 노동자협동조합 뿐만 아니라 최근에는 다양한 종류의 연대협동조합이 발전해 왔다.[260]

퀘벡주는 1980년대부터 민간단체와 주정부가 공동으로 지역개발, 마을공동체와 주민편의시설 폐쇄문제, 보육활동의 사회화문제, 취약계층의 일자리창출 문제, 노인의 홈케어서비스문제 등 5대 이슈를 논의하던 과정에서 협동조합법 개정을 추진하였는데, 1997년 개정된 협동조합법에서 연대협동조합 설립을 규정하고 있다. 연대협동조합은 협동조합 사업의 이용자 조합원, 종업원 조합원, 협동조합 목적달성에 관심을 둔 개인, 회사도 후원조합원이 될 수 있도록 했다. 이러한 법적 근거에 힘입어 2007년 말 479개의 연대협동조합이 설립되고 327개가 운영 중에 있다. 이들 연대협동조합의 조합원은 5만 여명에 달하고 창출된 일자리는 2,100여 개, 매출액은 5,600만 달러에 이른다.[261]

---

258 Andrew McLeod, 『협동조합, 성경의 눈으로 보다』, 39.
259 Johnston Birchall, 『21세기의 대안 협동조합운동』, 290.
260 정재돈, "한국의 협동조합운동과 국내외 협동조합 모범사례", 105.
261 위의 글, 106.

또한 안티고니쉬(Antigonish) 운동은 캐나다 노바스코샤주의 읍 단위 조그만 마을인 안티고니시에서 일어난 협동조합운동이다. 세계 경제대공황으로 황폐화된 노바스코샤 경제는 1930년대에도 전혀 회복의 기미를 보이지 않은 채 절망으로 치닫고 있었다. 캐나다 동부 해안지역의 농부와 어부들은 구조적 경제시스템으로 인한 어려움에 노출되어 있었다. 가난한 이들의 고통과 절망을 목격한 지미 톰킨스(J. J. Tompkins) 신부와 그의 조카인 모제스 코디(Moses Michael Coady) 신부의 헌신으로 노바스코샤 지역은 희망의 씨앗이 뿌려지게 되었다.

그들은 고질적인 경제난의 원인을 지역경제 시스템의 부실과 더불어 주민 스스로 문제를 해결하는 능력이 부족한 데서 비롯된다고 진단하였다. 이들은 협동조합운동을 통해 적극 행동에 나선 결과, 많은 이들이 협동조합의 정신을 배우면서 342개의 신용협동조합과 162개의 각종 협동조합 조직을 탄생시키게 되었다. 톰킨스와 코디 신부는 자신들이 활동하던 성 프란시스 사비에르 대학에서 협동조합과 지역개발 관련 교육프로그램을 운영하여 안티고니시 운동을 위한 많은 실천가들을 양성하였다. 이러한 교육프로그램은 지역민들의 자아상을 변모시키고 협동조합 공장과 신용조합 등 많은 협동조합 기업들이 생겨나 지역 경제를 활성화시키는 계기가 되었다.

안티고니시 운동은 6.25전쟁 직후 자조운동을 시작하려던 한국에도 전해졌는데, 메리 가브리엘라(Mary Gabriella Mulherin, 1900~1993) 수녀와 장대익 신부가 코디연구원에서 공부하고 돌아와 신협운동의 산파 역할을 하게 되었다. 이처럼 안티고니쉬는 노바스코샤를 세계적인 협동조합 센터로 만들었으며, 코디 연구소는 지금도 공동체 중심의 개발을 주도하도록 사람들을 훈련하며 지원하고 있다.

(6) 스위스의 소비자협동조합

스위스의 소비자협동조합 미그로(Migros)와 코옵 스위스(Coop Swiss)는 전체 식품시장의 42.7%를 차지하면서 유통업계의 양대 축을 형성하고 있다. 이들은 스위스 유통업계의 1위, 2위로서 소매시장의 29.9%를 담당하면서도 술과 담배는 판매하지 않으며, 수익의 1%는 사회공헌 활동에 사용한다. 미그로는 10개의 지역협동조합이 참여한 소비자협동조합으로 50개의 협동조합기업에 8만 4,000명의 직원이 일하면서 연간 10조 원의 순이익을 올린다. 미그로의 조합원은 200만 명으로 생필품의 유통 마진을 줄여 경쟁업체보다 40% 저렴한 가격으로 판매한다.[262]

코옵 스위스는 전국단일생활협동조합을 지향하며 5만 명의 직원이 연간 3,800억 원의 순이익을 올린다. 코옵 스위스의 조합원은 250만 명으로 2002년 스위스에 들어온 다국적 유통자본인 까르푸 매장 12개를 2008년 모두 인수하며 승계하였다. 스위스에는 대형마트의 저가정책보다 생산지와 품질, 지역경제를 중요시하는 소비자 의식과 협동조합이 국가 경제를 지탱하는 기둥으로 기능하고 있다. 조합원은 협동조합의 이윤 증대보다 값싸고 질 좋은 물건을 요구하며 협동조합기업은 단기이익에 매이지 않는 지속가능경영으로 경제의 선순환구조를 만들어 간다. 소매유통 이외에 국민이 살아가는 데 필요한 음식, 금융, 문화, 유류, 가구, 휘트니스 등의 대부분의 서비스를 협동조합이 제공하고 있다.[263]

---

262 같은 책, 104-105.
263 같은 책, 105.

(7) 일본의 협동조합

일본은 유럽과의 교역을 통해 문물을 받아들이면서 협동조합도 접하게 되었다. 일본에서는 영국의 로치데일공정선구자조합의 영향을 받아 1879년 처음으로 생활협동조합이 설립되었다. 도쿄에서 교리츠쇼사(共立商社)와 도에키샤(同益社)가 설립되고, 오사카에서는 오사카쿄리츠쇼텐(大阪共立商店)이 설립되었다. 이듬해에는 고베쇼기샤 쿄리츠쇼텐(神戶商議社共立商店)이 생겨났다.[264]

가가와 도요히코는 일본의 기독교협동조합에 중요한 역할을 했다. 그는 로치데일 유형에 기반한 협동조합이 기독교의 원칙을 세상의 경제생활에 적용하는 만능열쇠일뿐 아니라 세계 평화에 이르는 가장 확실한 길이라고 보았다. 그는 협동조합(co-operative societies)의 창립멤버로 활동함으로써 이 원칙을 가르쳤을 뿐 아니라 실천에도 최선을 다했다.[265]

그는 1888년 고베에서 태어났으며, 중학교 시절 미국인 선교사를 만나 예수를 믿고 세례를 받았다. 그는 고베 신학교를 졸업하고 미국 프린스턴 신학교에서 공부했다. 그가 프린스턴 신학교 재학 시절 뉴욕의 근대적 협동조합 주택을 본 것이 계기가 되어 협동조합에 관심을 갖게 되었다.[266] 그는 고베 신학교를 졸업하고 고베 지역의 빈민가로 들어가 가난한 이들을 돌보았다. 미국 유학을 다녀온 후에도 다시 고베의 빈민 지역에서 활동했다. 그는 복음의 실천을 강조했고, 현실의 사회문제에 깊이 관여하

---

264 사이토 요시아키, 다나카 히로시 옮김, 『현대일본생협운동소사』 (홍성: 그물코, 2012), 18.

265 Galen Merriam Fisher, “Kagawa and Co-operative Societies as an Economic Panacea,” *International Review of Mission*, 27/4 (1938, 10), 627.

266 이현웅, 『기독교 협동조합』, 229.

여 농민운동, 프롤레타리아 정당운동, 협동조합운동 등에 적극 참여하였다.

그는 가난한 이들을 돕는 것도 중요하지만 가난을 극복하는 근본적인 해결책은 협동조합을 통한 자립임을 확신하였다. 그는 빈민구제를 위해 소비조합에 관심을 갖고, 1920년 오사카에 구에키샤(共益社)구매조합을 만들었다. 1921년에는 고베소비조합과 나다구매조합을 세웠는데, 이것이 나다고배 생활협동조합이 되었고, 현재는 1백만 명이 넘는 조합원이 참여하는 코옵 고베(Co-op Kobe)생활협동조합으로 발전하게 되었다.[267]

그는 1921년에 농민조합을 결성하였으며, 1925년에는 도쿄에 '예수의 친구 목공 및 가구 생산협동조합'과 오사카에 농촌소비조합협회를 창설하였고, 1926년에는 도쿄학생소비조합을 세우고, 1927년에는 도쿄에 고토(江東)소비조합을 만들었다.[268] 그리고 도시 빈민가와 농촌의 소외된 이들이 의료혜택을 받을 수 있도록 1931년 도쿄의료이용조합을 만들었는데, 이를 계기로 의료협동조합은 전 지역으로 확대되었다.[269]

경쟁 중심적인 자유시장 경제 질서는 이익을 염두에 둔 현실 속에서 첨예한 대립과 갈등이 있다. 하지만 상호부조의 정신은 기독교적인 가치관에 기반한 경제에 체화된 사랑이다. 가가와 도요히코는 다음과 같이 강조하면서 사랑의 실천을 강조하였다.[270]

역사를 통하여 형제 운동이 번영할 때 서방 교회는 괄목할 정도

---

267 위의 책, 231.
268 윤형근, 『협동조합의 오래된 미래 선구자들』, 273 참고.
269 이현웅, 『기독교 협동조합』, 231.
270 Galen Merriam Fisher, "Kagawa and Co-operative Societies as an Economic Panacea", 628.

로 성장하였다. 만약 우리가 경제적 방식을 통해 사랑을 실현한다면, 세상은 그리스도가 이곳에 있음을 알게 될 것이다.

가가와 도요히코에 따르면, 기독교의 형제애 정신을 경제적으로 구현하는 두 가지 방법은 첫째, 착취에서 벗어나는 경제구조이고, 둘째는 협동으로 서로 돕는 조직이다. 협동으로 서로 돕는 조직으로 중세의 길드가 있는데, 길드는 조직 밖의 사람들에 대해서는 형제애를 찾을 수 없고 조직 내부에서만 형제애가 발휘된다.[271] 하지만 도요히코는 조직 내부를 넘어 모든 사람들에게 상호부조, 즉 형제애의 협동조합 정신을 확산시킬 수 있다고 확신하였다. 그는 이러한 신념을 갖고 고베소비조합, 가와사키 구매조합 등 지역의 시민이 중심이 된 생활협동조합을 설립하고 성장 발전할 수 있도록 힘썼다.

가가와 도요히코는 평화운동, 노동조합운동, 농민조합, 어민조합, 협동조합 등 폭넓은 활동을 펼쳤는데, 그의 이러한 활동은 그가 인간해방을 꿈꾸고 풍요롭고 건강한 사회를 건설하려는 우애, 봉사, 상호협동의 정신에 기반하고 있다.[272] 가가와 도요히코에게서 시작된 일본의 생활협동조합은 1970년대와 80년대에 걸쳐 급속히 발전하여 조합원이 2천만 명이 넘어서게 되었고, 생산자재 공급, 농산물 공동판매, 저축, 신용, 보험, 생활물자 공급 등의 사업을 통해 지역사회 형성에 큰 공헌을 하였다.

일본에서 협동조합이 주목받게 된 것은 1995년 고베대지진이 발생했을 때 생활협동조합의 두드러진 활약 때문이었다. 고베대지진으로 6천 명

---

271 윤형근, 『협동조합의 오래된 미래 선구자들』, 279.
272 위의 책, 275.

가까이 죽고 140조 원 상당의 피해가 발생하면서 도로 등 도시의 인프라가 파괴되어 어려움을 겪게 되었는데, 고베생활협동조합의 150개 점포가 문을 열고 보유한 물건을 일상 가격으로 판매하면서 피해 지역 사람들에게 생필품, 구호 물품을 제공하는 통로가 되었다. 교통망이 끊긴 곳에 생활협동조합 조합원들의 상호부조와 협동으로 피해 복구를 앞당길 수 있었다.[273]

(8) 기타 협동조합

베스트 웨스턴 호텔(Best Western Hotel)은 독립 호텔들이 협력하며 만들었다. 오션 스프레이(Ocean Spray)는 크랜베리 재배자들을 위한 산업계의 선두주자이다. 연합통신(AP)은 신문사들이 보도 자료를 공유하기 위해 만든 협동조합이다. 트루 밸류(True Value)는 갈수록 커지는 대형 상점의 위협에도 소규모 사업들이 생존하도록 돕는 협동조합이다.[274]

썬키스트(Sunkist)는 미국 캘리포니아, 애리조나주 감귤재배 6,500여 농가가 도매상의 횡포에 맞서 결성한 협동조합기업이다. 썬키스트는 미국에서 가장 오랜 역사를 지닌 감귤류 조합임과 동시에 청과물 업계에서는 세계 최대 규모를 자랑하는 협동조합이다. 연 매출이 10억 달러가 넘는 썬키스트는 1893년 감귤 농민과 8개 감귤 협동조합이 불안정한 시장 환경과 중간상인의 독과점 횡포에 대응하기 위한 경매소로 출범하였다. 이는 감귤의 공급량 조절, 마케팅과 거래 교섭 등의 기능을 통해 조합원을 위

---

273 위의 책, 270.
274 Andrew McLeod, 『협동조합, 성경의 눈으로 보다』, 26

한 최고 판매가격의 실현에 노력하였다. 썬키스트의 성공요인은 조합원의 공동행동에 기초하여 영리회사에 대한 교섭력을 강화한 점이다.[275]

AP(Associated Press) 통신은 미국 내 1,500여 개의 신문사들이 조합원으로 참여한 동업자 언론협동조합이다. 또한 FC 바로셀로나는 17만여 명 조합원이 운영하는 축구협동조합으로 기업광고 대신 유니세프 로고를 넣고 있다.[276]

예수의 가르침에 뿌리를 둔 협동적인 조직들이 있는데, 소박한 소규모 조직들 가운데 미국의 기독교 계획 공동체(Christian intentional communities)가 있다. 이들은 예수 그리스도의 가르침을 좇아 집단생활을 하기로 헌신한 가정들로 구성되어 있으며 가톨릭 노동운동이나 신수도원주의 운동에 가입되어 있다.[277] 또한 JPUSA(Jesus People USA)는 시카고에 큰 아파트 단지를 본거지로 하여 함께 거주하며 생계와 신앙을 공유하면서 여러 사업체를 운영하고 있다.

4) 한국의 기독교 협동조합

(1) 협동조합운동의 태동

① 협동조합운동의 시대 배경

협동조합은 국가적 재난이나 위기를 극복하기 위하여 경제적 성과와

275 이상호, "창조경제 시대의 협동조합", 50.
276 정재돈, "한국의 협동조합운동과 국내외 협동조합 모범사례", 104.
277 Andrew McLeod, 『협동조합, 성경의 눈으로 보다』, 38.

사회적 책임 모두를 효과적으로 감당하는 대안이 되는데, 이러한 특징은 우리나라에서 협동조합이 시작하게 된 배경이기도 하다. 우리나라에서 협동조합을 둘러싼 논의가 시작된 것은 1910년대 후반 국내외적으로 정세가 크게 변화하면서부터였으며, 3·1운동 이후 일제의 식민지 수탈에 대응하기 위한 자주적 경제건설운동으로 시작되었다.

일제는 한일합방 이후 1918년에 토지 조사 사업을 시행하였고, 이를 완료한 1920년대 들어서면서 산미 증산 계획을 수립하여 독점 자본을 기반으로 조선의 농촌을 완전하게 장악하여 수탈하였다. 일제는 조선의 농촌을 식량 보급지, 공업 원료 획득지, 독점 상품의 시장 그리고 자본 수출지로 재편성하였다.[278] 일제는 3·1운동 이후 문화정치로 전환하면서 경제면에서는 더욱 가혹하게 착취하였다. 일제는 1920년부터 15년간에 걸쳐 한국에서 생산된 쌀을 일본으로 빼돌렸으며, 부족한 양곡은 만주로부터 들여오는 조, 수수, 콩 등으로 보충하는 과정에서 농촌은 극도로 피폐하게 되었다.

일제의 약탈적 식민지정책으로 인해 조선의 소작농은 물론 자작농까지 몰락하게 되었고, 이로 인해 조선의 농촌과 농민의 삶은 극도로 고통을 겪게 되었다. 3·1운동이 일어나던 해에 3.4%를 차지하던 지주가 7년 뒤인 6·10 만세운동이 일어나던 해에는 3.8%로 증가하였고, 소작농은 1백만 3천 호였던 것이 7년 뒤에는 119만 3천여 호로 2배 가까이 증가하였다. 그리하여 농토를 잃은 농민은 산에 들어가 화전민이 되든지, 아니면 북간도나 만주로 이주하지 않으면 안 되게 되었다.[279]

---

278 김현숙, "일제하 민간 협동조합 운동에 관한 연구,"『사회와 역사』9 (1987), 189.
279 전택부,『한국 기독교청년회 운동사』(서울: 범우사, 1994), 308-309.

우리나라에서 협동조합운동을 시작한 선구자들은 일제의 식민 치하에서 정치적 탄압과 경제적 착취를 겪으면서 경제 운동을 통한 실력 양성 없이는 정치적으로 자립하여 독립을 쟁취하기가 어렵다는 것을 깨닫고, 경제적 자립과 협력을 목표로 소비조합을 결성하였다. 당시 소비조합은 소비자의 이익을 구현하고, 사회를 바람직한 방향으로 개조하며, 자본주의적 경제 발전에 적극 동참하기 위한 목적으로 시작되었다. 소비조합은 1920년 4월에 창립된 조선노동공제회와 1922년 말부터 전개되었던 물산장려운동에 영향을 받아 1923년에 확대되었다가 이후 다시 감소되는 경향을 보였다. 설립 당시 지도이론도 없고 상업적 기술도 어슬픈 상태로 뜻있는 이들(志士)에 의해 시작하였기에 경영 방법이 서툴렀으며, 전 세계적인 대공황의 파고를 견디지 못하고 대부분 파산되거나 개인 경영으로 전환하게 되어 유명무실하게 되었다.

하지만 우리나라의 협동조합은 정부나 기관이 중심이 되어 시작된 것이 아니라 민간에 의해 주도되었다는 점에서 협동조합의 근본정신에 더 가깝다고 할 수 있다. 민간협동조합은 동경유학생계의 협동조합운동사와 기독교계의 농촌협동조합 및 천도교계의 조선농민사 등 세 갈래의 흐름으로 전개되었다.

② 협동조합운동사

3·1운동 이후 지식인들은 한때 사회주의적인 운동으로 치달아 동맹파업, 사회주의 단체 수립 및 공산당 운동에 열중하기도 하였지만, 허울 좋은 사회주의운동에서 방향을 바꾸어 협동조합운동에로 관심을 돌리기 시작하였다. 그 관심의 싹은 동경에서 유학하던 학생들로부터 시작되었다. 1926년 5월 동경 유학생 60~70명은 동경 스콧트홀에서 협동조합운동사

(協同組合運動社)를 창립하였다.[280] 이들은 동경의 비밀 핵심 조직체였던 한빛을 중심으로 민족운동을 전개하고 있었는데, 조선의 민족운동은 협동조합이라는 경제 운동에서 시작하여 정치적으로 나아가야 할 것을 주장하였다. 그들은 먼저 협동조합에 대한 이론 연구에 힘쓰면서 국내에 선전대를 파견하여 협동조합을 조직하고 지도하는 데 힘쓰기로 하였다.

이들은 1926년 기관지 〈조선경제〉를 발간하여 협동조합의 필요성을 역설하였다. 이들은 1927년 여름 세 팀으로 나눠 전국의 40~50곳을 다니면서 협동조합을 대대적으로 홍보하였다. 천준한, 김택순, 정헌태 세 사람이 중심이 된 홍보대는 남으로는 경상도, 전라도로부터, 북으로는 평안남도, 평안북도 지역을 두루 여행하면서 협동조합을 알리면서 조직하기 위해 힘썼다. 이들은 40일간의 일정으로 뜨거운 여름, 교통이 불편한 시골길을 걸어 다니는 등 약 500리나 되는 장거리를 여행하면서 밤이면 모기, 빈대에 시달렸으며, 사회주의가 왕성한 지방에서는 이론 논쟁을 하기도 하면서 여정을 이어갔다.

천준한은 경북 상주군 함창에 협동조합을 조직하였다. 그는 100원도 채 안 되는 자금으로 개점하였는데, 6개월도 되기 전에 조합원은 300명을 웃돌고, 하루 판매고가 수 10원에 이르게 되었다. 이에 용기를 얻은 그는 이를 발판으로 〈협동조합의 실제〉라는 팜플렛을 출판하여 각처에 뿌리면서 회원 모집과 광고에 온 힘을 기울였다. 이들의 수고와 헌신이 결실로 이어져 청리(靑里), 예천(醴泉), 풍산(豐山), 소수(沼壽), 선영(宣寧) 등지에서 수많은 협동조합이 새로 생겨났다.

---

280 이항규, “1920년대 한국협동조합운동의 실태: 협동조합운동사, 함창협동조합, 평안협동조합을 중심으로,” 『한국협동조합연구』 3 (1985), 144.

하지만 일제가 탄압의 손을 뻗쳐 함창에 관제산업조합을 세워 함창협동조합과 대립시킴과 동시에 함창협동조합의 간부 여러 명을 공산당 가입 혐의로 투옥시켰다. 이러한 탄압에도 불구하고 이들은 협동조합경리사를 세워 협동조합의 연합기관(聯合機關), 그 예비기관(豫備機關)으로 창립시키려 했다. 하지만 일제의 탄압은 갈수록 심해졌고, 핵심 인사들에 대한 여러 차례의 검거, 송치(送致)로 인해 도저히 재기할 수 없는 상황이 되었다.[281] 그리하여 싹이 돋아나던 협동조합운동은 짓밟히고 꺾이는 아픔을 겪게 되었다.

③ 동아일보의 논설

1920년 8회에 걸쳐 연재된 소비조합에 관한 동아일보의 논설은 대중에게 소비조합에 대한 전반적인 이해와 더불어 소비운동을 확산시키는 기반이 되었다. 다음은 동아일보 논설의 주요 내용이다.

『소비조합이 何오 (5)』, 동아일보 1920. 5. 14. 논설은 소비조합의 이익에 대해 경제적으로는 첫 번째로 ① 대량의 물품을 직접생산자나 중간상에게 유리한 조건으로 구입할 수 있고, ② 대량의 물자를 운송하는 데 비용이 저렴하며, ③ 판로에서도 점포의 시설비와 광고비를 절약할 수 있으며, ④ 불필요한 상품을 구입하지 않아 자금을 절약할 수 있으며, ⑤ 상품 대금을 외상으로 미지급하는 경우가 없으며 헐가로 판매할 수 있는 점을 들고 있다. 두 번째로 품질과 도량형에 대해 소매업자의 부정수단에 속지 않을 수 있다는 점, 세 번째로 좋은 품질의 상품을 구입할 수 있는 점 등을 들고 있다. 또한 사회정책상 및 도덕상으로는 ① 조합원에 종

281 같은 책, 145.

전과 동일한 생활로 저축의 습관과 효력의 기회를 제공하는 점, ② 조합원으로 하여금 대경영 기업의 실정을 알게 하는 점, ③ 조합원에게 우애의 마음을 생기게 하는 점, ④ 현금으로 상품을 거래하는 습관을 양성하는 점, ⑤ 가난한 조합원에 대여로 구제하여 자주자활하는 자존심을 환기하는 점 등을 들고 있다.[282]

『소비조합이 何오 (7)』, 동아일보 1920. 5. 16. 논설은 소비조합이 이러한 역할을 하기 위해서는 ① 조합원이 가급적 다수가 되어야 하며, ② 조합 업무담당자의 인격과 수완에 소비조합의 성쇄가 좌우되므로 상업상 지식과 경험이 있는 사람이 선발되어야 하며, ③ 조합원의 협력일치의 정신과 일치화합의 행동을 가져야 한다고 주장했다. 또한 논설은 조선에서 소비조합을 경영한다면 초기에는 일정한 식료품만 판매하다가 점차 일본의 소비조합과 같이 일용잡화까지 판매를 확대하는 것이 적절할 것이며, 사치품은 거래에서 제외하는 것이 마땅하다고 주장하였다.[283]

아쉽게도 8회에 걸쳐 연재된 동아일보의 논설은 미완의 상태로 중단되었다. 이 논설을 누가 집필했는지, 왜 중단되었는지는 알 수 없지만, 이 논설은 소비조합을 대중에게 환기시키고 소비운동에 대한 대중계몽을 주도하면서 물산장려운동의 전개와 확산에 기여하였다. 당시 동아일보 논지를 주도하던 장덕수 등은 사회주의운동 조직인 사회혁명당 및 그 후신인 상해파 국내부의 주요 인물들이었다.

이 논설의 두 가지 특징은 첫째, 논설의 기본 입장이 조선의 경제적 낙후, 자본가와 노동자 미발전을 근거로 다분히 조선의 전 인민이 계급적

---

282 윤덕영, "1920년대 초반 협동조합운동론의 형성과 특징," 『역사문제연구』 39 (2018), 382.

283 같은 책, 384.

위치에 관계 없이 총체적으로 무산자의 위치에 있다고 보는 총체적 무산자론에 입각하고 있다는 점이다. 이는 후에 사회혁명당으로 합류하는 사회주의자들의 입장과 무관하지 않음을 보여준다. 둘째, 소비조합을 조합원의 소비에 대한 지출의 절약에 따른 소비자들의 생활 향상을 위한 조직으로 보면서도, 이에 머물지 않고 영국 맨체스터 중앙소비조합 사례의 언급에서도 드러나듯이 판매와 은행, 제조와 운송을 아우르는 조직으로 발전해야 할 조직으로 바라보는 점이다. 이는 소비조합이 자급자족의 산업조합의 역할을 장차 담당해야 한다는 것으로, 이는 뒤에 물산장려운동으로 연결되는 주장이다. 역사 속에서 보면 종교계가 소비조합운동에서 큰 역할을 담당하는 경우가 많다. 그러나 동아일보의 주장은 종교적 개량주의와 일정한 거리를 두고 있다.[284]

④ 조선노동공제회 소비조합

조선노동공제회는 1920년 9월 1일 소비조합 설립을 결정하고 이에 따라 시설부 사업으로서 7월 1일 '조선노동공제회 소비조합'을 창립하였다. 당시 한국인 노동자들은 매우 비참하였는데, 일본인 노동자의 약 50%밖에 임금을 받지 못하며 기아선상에서 시달리던 한국인 노동자들에게는 값싼 일상 생활용품을 구입하는 것이 가장 급한 일이었다. 이런 필요에서 시설부 사업으로 소비조합을 조직하게 된 것이었다.[285] 조선노동공제회 소비조합은 노동자들을 위한 최초의 소비조합이었으며 노동 운동의 일부분으로 전개되었다는 점에서 의의가 있다.

---

284 같은 책, 385.
285 김현숙, "일제하 민간 협동조합 운동에 관한 연구", 216.

1922년 말부터 1923년 초에 걸쳐 자작회(自作會), 조선물산장려회, 그리고 그 자매단체인 토산물애용부인회, 민립대학설립기성회 등의 실력 양성을 목표로 한 민간단체가 설립되어 활동하게 되었다.

(2) 일제 강점기의 협동조합운동

① YMCA의 협동조합운동

한국 기독교의 협동조합 운동은 YMCA(조선 기독교 청년회 연합회)에 의하여 주도된 농촌 협동조합에서 그 유래를 찾을 수 있다. 당시 기독교 지식인들은 일제 치하의 식민지 상황에서 생겨난 자본주의 경제 질서의 모순을 인식하면서 협동조합을 통해 대안을 모색하려 하였다.

1923년 YMCA의 총무가 된 신흥우는 당시 농촌에 대한 실태를 면밀하게 조사하여 이를 이사회에 보고하였다. 신흥우는 1923년 겨울 서울에서 약 30리 떨어진 '자마장'이라는 동네와 약 100리 되는 '부곡리'란 동네에서 3개월 동안 농민들과 함께 지내면서 농촌의 사정을 상세하게 조사했다. 그는 농민들의 실정, 관습, 가족 문제, 생활, 교육, 종교, 심리 상태 등 전반적인 진상 파악에 힘써 제1단계 농촌 조사를 마친 후 이사회에 보고하였다. 그는 "우리는 모든 국민들의 경제적 향상과 사회적 단결과 정신적 소생을 도모한다"는 강령을 발표하였다.[286]

YMCA는 1924년 신흥우를 미국에 파송하여 YMCA 국제위원회 총무였던 모트(J. R. Mott), 브로크만(F. S. Brockman), 페니(J. C. Penny) 등과 함께 레이크 플래시드(Lake Placid)에서 회담을 통해 합의했다. 그리

286 전택부, 『한국 기독교청년회 운동사』, 310.

고 1926년 4월 5일부터 9일까지 5일간 서울에서 한국 YMCA의 농촌사업을 연구 촉진하기 위한 세미나를 열었다. 이 세미나에 참석한 이들은 한국 YMCA측은 윤치호, 이상재, 신흥우, 구자옥, 홍병선 등이었고, 한국에 와 있던 외국인 간사였던 브로크만(F. M. Brockman), 반하트(B. P. Barnhart), 내쉬(W. L. Nash), 그레그(G. A. Greg), 그리고 농촌사업 전문기사로 파송되어 한국에 온 외국인 기술자 어비슨(G. W. Avison), 쉽(F. T. Shipp), 그리고 YMCA 국제위원회를 대표한 브로크만(F. S. Brockman), 라이언(D.W. Lyon) 등이었다. 이들은 세미나를 통해 농촌운동의 필요성을 촉구하고, 농촌운동의 목적과 재정 및 출판물 조달, 실무자의 훈련, 외국인 간사의 임무 등을 논의하여 확정하였다.[287]

다음은 YMCA가 당시 논의를 통해 농촌운동의 필요성을 촉구한 내용이다.[288]

> 한국의 전체 인구 중 85%가 농업에 종사하고 있다. 한국의 농민은 심각한 경제난에 빠져 있다. 전 국토의 20%만이 경작 가능한 농토이며, 전체 농민의 3/4이 소작인이다. 더욱이 농민들은 이자가 비싼 빚을 내어 농사를 짓고 있기 때문에, 해마다 총생산고의 30% 내지 48%에 해당하는 이자를 고리대금업자에게 내주어야 한다. 그러므로 농민들은 서로 협동하여 농사짓는 방법을 개량하고 소기업으로 발전시키지 아니하면 희망이 없다. 농민들은 싼 이자로 농자금을 얻어가지고 종자를 구입하고, 비료를 사고, 농기구를 살 수 있는 방법과 농산물을 비싼 값으로 팔 수 있는 방법을 모르고 있다...... 한국 YMCA는

287 같은 책, 314-316.
288 같은 책, 314.

이러한 절망적인 시기에 부름을 받고 있다.

1934년의 총독부 통계에 따르면, 한국의 농민들은 점차 몰락하고 있었다. 당시 농민 한 가정의 연평균 수입은 250원(75달러)이었는데, 대다수 농민은 빚에 쪼들려 있었다. 연평균 이자가 3부 6리 이상이었기에 이 빚으로 인해 농민들은 지주에게 땅을 빼앗기고 소작인으로 전락하였다.[289] 이러한 곤궁에서 농민들을 구출해내는 운동이 바로 협동조합 운동이었다. 농촌사업의 일환으로 전개된 협동조합은 농민을 위해서 소비조합보다는 소비, 생산, 신용 활동 등을 겸해서 진행된 산업신용조합 형태였다. 협동조합은 각 지역의 사정과 상황에 따라 다양한 편차를 보이며 진행했는데, 보통 부인회에서는 40가정이 모여 매 끼니마다 몇 줌씩의 쌀을 모아 1년에 35원의 자본금을 적립하여 협동조합을 만들었다. 이렇게 모은 적금이 300원에 달하면 조합원들에게 영농비, 비료값 등으로 돈을 빌려주었다.[290]

YMCA는 당시 한국이 직면했던 농촌의 황폐한 실태에 대한 조사를 바탕으로 1926년도부터 농촌지역에 협동조합을 조직하였는데, 1932년에는 그 수가 65개까지 확대되었다.[291] YMCA는 농민들의 단결심을 농산물 판매에 적용하였는데, 함흥 YMCA는 사과 판매조합을 만들었다. 사과 하나에 1전 5리밖에 안 되지만, 일본에 수출하면 3전부터 5전까지 받을 수 있다는 것을 알고 YMCA 간사가 직접 일본에 출장가서 일본 업자와 수천 상자의 계약을 맺었다. 그리하여 농민들은 사과를 협동판매조합에 위탁하

289 같은 책, 368.
290 같은 책, 369.
291 김형미 외, 『한국 생활협동조합운동의 기원과 전개』 (파주: 푸른나무, 2012), 35.

였다. 먼저 1천 상자를 수출하였으며 그 뒤 4천 상자를 수출하였다.[292] 이를 통해 협동판매조합은 농민들에게 경제적인 이익을 얻게 했을 뿐 아니라 정신적인 확신과 희망까지 선사하였다.

전국적으로 YMCA가 전개한 협동조합의 규모는 1929년 5월 기준 49개, 전체 조합원 수는 1,692명이었으며, 1930년대에 들어서는 더욱 확대되었으며 1931년 4월에는 중앙기독교청년회에서 협동조합연합회를 결성하였다. 1932년에는 전국에 65개의 협동조합이 있었고 총자본금이 11,273원에 달했다.[293]

협동조합이 이처럼 활발하게 전개될 수 있었던 이유는 YMCA 국제위원회의 재정적인 원조도 한몫했다. 1935년도의 보고에 따르면, 사업의 전성기였던 1933년도의 국제 보조는 12,786달러였고, 1934년에는 7,284달러, 1935년에는 7,930달러였는데, 1925년부터 약 10년간의 총 경비는 대략 116만 달러가 농촌사업에 투입되었다.[294] 이처럼 외부적인 원조와 자력갱신의 염원을 담은 YMCA의 협동조합운동은 공동체적 단결과 연대를 기초로 농촌과 농민의 삶을 개선하고 개혁하는 데 역점을 두어 성과를 거두었다.

② 장로교 총회의 농촌부 활동

기독교는 경제적 몰락이 가속화되어가던 농촌이 사회주의자들에 의해 장악되는 데 대한 대응책으로서 농촌사업을 전개하였다. 기독교청년회가 주관했던 협동조합 운동은 농촌사업의 일환으로 1925년 2월 농촌부가 신설되면서 본격화되었다.

---

292 같은 책, 369.
293 같은 책, 369.
294 같은 책, 370.

장로교에서는 1928년도 총회에서 농촌부를 설치할 것을 결정하였으며, 정인과 목사가 초대 농촌부장을 맡았다. 장로교단 내에 농촌부가 설치되면서 농민강습을 하였는데, 교과목에 협동조합운동을 넣어 가르쳤다. 농촌부 설치 이후 1930년도에는 중앙신용협동조합이 설치되었고 신용조합운동이 전개되었다.[295]

장로교 총회의 협동조합 운동은 1928년 예루살렘에서 열린 국제선교협의회(International Missionary Council)에 참석했던 이들이 덴마크를 시찰하고 돌아온 뒤 본격적으로 전개되었다. 6명이 한국 대표로 국제선교협의회에 참석했는데, 단장인 신흥우를 비롯하여 정인과, 양주삼, 김활란 등이었고, 선교사였던 윌리엄 노블(William Arthur Noble)과 사무엘 마펫(Samuel A. Moffet)이 참여하였다. 이들의 목적은 예루살렘의 국제선교협의회에 참석하는 것뿐 아니라 덴마크의 농촌사업을 시찰하는 것이었다. 신흥우는 농촌사업부 간사 홍병선으로 하여금 YMCA 국제위원회의 재정원조로 덴마크를 시찰하게 하였는데, 이때 김활란도 동행했다.[296] 이들은 덴마크 현지를 돌아보고 귀국하여 협동조합운동에 대해 상세하게 소개하였다.

하지만 활발하게 발전하던 협동조합은 1930년대에 접어들면서 일제의 탄압에 의해 점차 약화되었다. 때마침 1930년 일제가 만주를 침공하면서 이를 빌미로 한국인 자체 단체에 대한 탄압이 시작되었으며 농민 강습회도 일제의 철저한 감시와 통제를 받게 되었다. 이 와중에 1930년 6월 새로 부임한 우가키(宇垣一成) 총통의 "농어촌의 진흥과 자력갱생"이란 새로운

---

295 한경호, "한국 기독교 협동조합운동의 역사와 성격," 『기독교사상』 655 (2013. 7), 24.
296 전택부, 『한국 기독교청년회 운동사』, 357.

경제 정책의 여파로 큰 타격을 입게 되었다.

조선 총독부는 겉으로는 자력갱생을 가장했지만, 그 속셈은 YMCA의 농촌사업을 말살하려는 것이었다. 1932년 7월부터 실시된 일제 주도의 농촌진흥운동에 따라 점차 관제 농민운동으로 포섭되어 버렸다. YMCA의 농촌사업 내용이 자력갱생 운동과 유사하여 총독부의 체면을 손상시킨다는 이유로 농촌 진흥 운동은 농촌 부락으로 재편성되었고, 일제는 YMCA의 농촌사업 조직을 부락진흥회에 강제로 합병시켜 버렸다. 그 결과 협동조합은 부락진흥회에 흡수되거나 해체되어 1935년경에는 거의 사라지고 말았으며, 1937년에는 중앙의 협동조합연합회도 해체되었고 1938년에는 기독교청년회의 농촌부마저 폐지되고 말았다.[297]

③ 평양과 오산의 소비조합운동

1920년 8월에 결성된 평양의 조선물산장려회와 1922년 말 민족주의 계열의 조선청년연합회 등에서 시작했던 물산장려운동은 1923년 1월 서울에 조선물산장려회가 창립되고 각 지방에 지부가 결성되면서 전국적 규모로 확대되었다.[298]

물산장려운동은 실력 양성 운동의 일환으로서 외래품을 배척하고 토산품을 애용하여 민족 기업을 육성함으로써 민족 경제의 자립을 얻고자 했던 계몽 운동으로 강연회, 전단 살포 등의 방식을 통해 전개되어 나갔다.

조만식은 평양을 중심으로 소비조합운동을 전개하였는데, 1929년 9월에 '평양소비조합' 설립에 참여하였고, 이후 황해도와 평안남북도의 소

---

297 김현숙, "일제하 민간 협동조합 운동에 관한 연구", 245.
298 같은 책, 217.

비조합들이 연합하여 '관서협동조합경리사'라는 연합체를 창립하여 협동조합 운동에 힘썼다.[299] 또한 남강 이승훈 선생이 설립한 오산학교에서 시작된 오산소비조합은 1930년대 후반에 이르면 정주의 화신연쇄점을 인수할 정도로 성장했다. 각 마을마다 동회를 만들어 향촌규범을 정하고 마을 일을 결정했고, 공동경작과 부업으로 직조업을 키우고, 생산품의 공동판매를 추진했다. 이로 인하여 오산 지역은 교육과 생산과 소비의 협동구조를 기반으로 자율적이고 자립적인 지역사회를 만들었다. 이런 자율성과 강한 공동체 훈련 덕분에 오산 지역은 1940년 성서조선사건과 혈맹단사건 같은 탄압을 받고 총독부에게 학교의 운영권을 강탈당하기까지 자립을 유지할 수 있었다.[300]

물산장려운동에 호응한 소비조합이 전국 각지에서 조직되어 선전, 구매, 판매 활동을 벌였으나, 물산장려운동 자체가 지닌 계급적 한계(민족자본 형성을 위한 운동으로서)와 일제의 정책 유도에 따른 개량적 전개로 인해 점차 유명무실해지면서 소비조합들은 소멸하게 되었다.

④ 배민수의 농촌운동

일제강점기 유재기와 배민수가 추진했던 '예수촌운동'은 그리스도의 복음과 삼애(三愛), 즉 하나님 사랑과 농촌 사랑, 그리고 노동 사랑의 이념에 기초해서 농촌사회를 물질적으로 자립적인 이상사회로 만들려는 목표로 시작된 기독교 공동체 운동이었다.

일제강점기 장로교 농촌부 총무였던 배민수는 약 100여 호 농가 단위

---

299 한경호, "한국 기독교 협동조합운동의 역사와 성격", 24.
300 이경란, "한국 근현대 협동운동의 역사와 생활협동조합," 『역사비평』 (2013. 2), 50.

로 구성된 이상적인 농촌마을을 구상하였다. 각 농가는 약 5-6천 평의 토지를 자작하고, 필요할 경우 부업을 하여 소득을 높이는 공동체를 꿈꾸었다. 협동조합을 만들어 생산과 소비 그리고 이용을 효율적이고 경제적으로 운영하며, 목욕탕, 이발소, 상점 등 생활에 필요한 시설을 함께 운영하면서 의무교육을 시행하는 '전체는 하나를 위해, 하나는 전체를 위해' 협력하며 살아가는 공동체를 건설하고자 했다.[301]

(3) 해방 이후의 협동조합운동

가나안농군학교의 김용기는 기독교 신앙에 기초한 이상촌을 꿈꾸면서 에덴동산을 재현하고자 했다.

> 오곡이 익어가며, 과수들의 꽃이 만발하고, 벌과 나비가 춤추고, 집집마다 젖 짜는 양이 있고, 교회가 있으며, 사람들은 모두 형제가 되어 하나님을 믿고, 모두가 근로하여 생산함으로써 경제적으로도 풍요한 생활을 영위하고, 하나님을 공경함으로써 정신적 영적 안위를 얻는 에덴동산의 재현을 꿈꾸었다.

이러한 이상적인 마을공동체에 대한 그의 꿈은 1931년 봉안 이상촌을 시작으로, 삼각산 농장(1946년), 용인의 에덴향(1952년), 경기도 하남의 가나안농장(1954년), 강원도 신림의 신림동산(1957년)으로 계속 이어졌다. 그가 공동체의 이념적 토대로 삼았던 것은 청교도적인 가치들로서

---

301 한규무, "1950년대 기독교연합봉사회의 농민학원 설립과 운영," 『한국기독교와 역사』 33 (2010), 115 참고.

근검, 절약, 근면, 정직이었다. 이러한 가나안 복민 공동체의 정신은 박정희 대통령에게 영향을 주어 농촌진흥청이 만들어지는 데 영향을 끼쳤고, 새마을운동의 모델이 되어 전국으로 확산되었다.[302]

일제 치하에서 시작된 민간주도의 협동조합운동은 일제의 핍박에 의해 폐쇄되거나 소멸되었고, 금융·농업·산업·어업·산림조합 등의 관제 협동조합이 일제로부터 설립되어 현대의 협동조합 운동에까지 영향을 미쳤다. 해방 이후에는 좌우의 대립으로 인한 혼란, 한국전쟁 등으로 인해 협동조합운동이 싹트지 못하다가 1950년대 후반부터 다시 시작되었다. 해방 이후의 협동조합운동은 대부분 정부 주도로 농민들을 중심으로 한 '농업협동조합'과 함께 여러 생산자협동조합이 차례로 생겨나게 되었다. 정부 주도의 협동조합 외에 민간주도의 협동조합운동은 다음과 같이 전개되었다.

① 풀무소비자협동조합

오산학교의 이승훈과 조만식을 중심으로 협동으로 부를 창출하고 그 부를 함께 나누는 이상촌 건설운동은 이찬갑에게 계승되었다. 이찬갑은 1948년에 월남하여 감리교의 주옥로 목사와 함께 충남 홍성군 홍동면에 1958년 4월 풀무고등공민학교(중학교 과정)를 설립하였다.[303] 풀무학교는 독자적인 농업학교 교육과정과 일상생활 속에서 협동조합을 경험하는 활동을 했다. 풀무학교 학생들은 1960년에 시작된 학생생협에서 공동구입과 민주적인 협동조합운영을 일상적으로 경험했다. 졸업생들은 1969년 풀무신협을 시작해 농촌고리대를 근절하기 위해 소액융자를 비롯한 여러 사업

302 노영상, 『마을교회 개론』 (용인: 킹덤북스, 2020), 120.
303 한경호, "한국 기독교 협동조합운동의 역사와 성격", 25.

을 펼쳤고, 1980년에는 풀무소비자 협동조합을 설립하여 농기구, 철물, 학용품, 잡화, 채소, 건어물 등 생활필수품을 판매했다.[304]

〈풀무학교가 있는 홍동면 홍동밝맑도서관〉

〈홍동면 뜸방 입구〉

---

304 이경란, "한국 근현대 협동운동의 역사와 생활협동조합", 57.

② **가톨릭의 신협운동**

가톨릭교회는 가난한 이들의 자립을 위하여 조직되기 시작한 협동조합운동에 관심을 갖고 참여하였다. 가톨릭의 협동조합은 부산의 메리 가브리엘라 수녀와 서울의 장대익 신부를 중심으로 한 신용협동조합운동으로 시작되었다. 이들은 이 땅의 민중으로 하여금 빈곤의 악순환에서 벗어나게 하는 방안으로 협동조합운동을 택했다.

한국 신협은 부산 메리놀회의 메리 가브리엘라 수녀와 서울의 장대익 신부가 중심이 되어 시작되었다. 메리 가브리엘라 수녀는 '한국 신협운동의 어머니'라 불린다. 1959년 2월 한국 최초의 신용협동조합이 메리 가브리엘라 수녀에 의해 태동해 1960년 5월 1일 부산 메리놀병원에서 창립회원 27명이 참석한 가운데 '성가신용조합'이라는 이름으로 창립총회를 열게 되었다.

서울에서는 장대익 신부를 중심으로 한 협동경제연구회가 1960년 6월 26일 서울 계성여자중학교에서 '가톨릭중앙신용조합'이라는 이름으로 조합원 80명이 참석한 가운데 창립총회를 열게 됨으로써 이 땅에 신용협동조합운동을 시작하게 되었다.

1960년 부산에서 '성가신협'이, 서울에서 '가톨릭중앙신협'이 설립되었으며, 두 흐름은 1963년 협동교육연구원으로 합류되었다. 신협들은 신용사업, 복지사업, 조합원 공제사업, 조합원의 경제적·사회적 지위향상을 위한 교육사업 등을 수행했다. 신협운동이 성장하면서 1964년 55개 신협이 모여 한국신용협동조합연합회를 결성했다. 신협연합회는 다시 소비자협동조합 지도자를 양성해 소비조합운동의 성장에 기여했고, 전국소비조합연합회(1969년)와 한국소비자연맹(1971년)의 창설을 지원하여 소비자운동

의 조직적 기초를 마련하였다.[305]

1960년 한국 최초로 설립된 '성가신용협동조합'은 전국으로 퍼져나갔지만, IMF 구제 금융에 의한 경제침체 위기에 처하게 되면서 결국 예금보호공사로부터 공적자금을 받고 금융감독원의 관리감독 아래 놓이게 되었다. 이로 인하여 협동조합운동으로서의 성격을 크게 잃었다는 비판을 받고는 있지만 현재까지도 신협은 우리나라 협동조합운동의 큰 흐름으로 자리하고 있다.[306]

천주교 서울대교구 빈민사목위원회가 재개발 빈민지역이었던 금호동, 무악동, 봉천동, 삼양동 등지에서 주요 활동을 한 결과 가톨릭 협동조합운동이 일어나는 못자리가 되어 금융협동조합인 명례방협동조합으로 발전하였다.[307]

가톨릭교회 최초의 노동자 출신 교황인 요한 바오로 2세 교황은 가난한 이들이 처한 비참한 상황에 관심을 갖고 변화를 촉구하였다. 그는 오늘날 노동자들이 공업화로 인하여 궁핍해지는 상황에 놓이게 됨을 전제하고, 하나님의 피조물이며, 비교할 수 없는 품위를 부여받은 인간이 자신의 삶을 영위할 수 있도록 삶의 조건이 개선되어야 할 것을 강조하였다. 프란치스코 교황은 그의 회칙 『복음의 기쁨』을 통하여 가난한 이들을 그저 돕는 것에 그치지 말고 빈곤의 구조적 원인을 없애고 가난한 이들의 온전한 발전을 촉진하며, 연대하여야 한다고 가르치면서 재산의 사회적 기능과 재화의 보편적 목적이 사유재산에 앞선다는 사실을 인식하여 가난

305 이경란, "한국 근현대 협동운동의 역사와 생활협동조합", 55.
306 유영훈, "협동조합 사례: 도시빈민을 위한 가톨릭 협동조합운동인 명례방협동조합," 『한국협동조합연구』 33/2 (2015), 161.
307 앞의 책, 161.

한 이들에게 속한 것을 그들에게 돌려주는 결정을 실천하도록 촉구하였다.[308]

1972년 강원도 지역에 내린 홍수로 인해 큰 피해를 당하자 천주교 원주 교구는 강원지역 곳곳에 소비자협동조합을 조직하였다. 1979년 강원도 평창에 소비자협동조합이 결성되면서 공산품 유통을 중심으로 하는 농촌소비자협동조합들이 강원도를 기점으로 곳곳에서 설립되었다.[309] 교통이 불편하던 당시 농촌지역에 공급되는 공산품의 가격이 도시보다 많이 비쌌기 때문에 물품을 공동구매하여 저렴하게 판매하는 소비자협동조합은 농민들에게 환영을 받았다. 이후 도로 사정이 좋아지면서 공산품 가격도 차등이 사라지자 농촌지역의 소비자협동조합은 점차 약화되었고, 유기농으로 생산한 농산물을 생산, 유통하는 생활협동조합으로 발전하였다.

명례방협동조합이 설립되던 1993년은 김영삼 정부가 막 출범한 시기이다. 가톨릭교회의 협동조합운동은 지학순 주교가 초대 원주 교구장으로서 직무를 수행하기 시작하면서 크게 성장하였다. 지학순 주교는 부산 교구에서 초장동성당의 주임신부로 사목하는 동안 메리 가브리엘라 수녀의 신용협동조합 운동의 결실을 확인하였고, 원주 교구장 부임 후 즉시 교구 사도직에 신용협동조합운동을 통합하였다. 온 인류가 한 집안 형제자매를 구성한다는 연대의식의 기풍은 원주를 한국판 몬드라곤, 또는 협동조합의 메카로 불리는 밑바탕이 되었다.

명례방협동조합은 1993년 6월 공동체사회를 지향하는 경제 사업을 추진하기 위한 젊은이 모임으로 시작되었다. 그들은 명동성당의 보좌신부

---

308 앞의 책, 166.
309 강성열 외, 『목회매뉴얼-생명목회』 (서울: 한국장로교출판사, 2015), 126.

였던 이기우 신부가 시작한 청년 교육 프로그램인 '청년명례방강좌'에서 사회교리를 공부한 청년들로 지식으로 배운 것을 실천하기 위한 장을 모색하던 중이었다. 당시 주거 불안과 고용 불안정으로 가난한 이들이 중심이 된 생산 공동체의 필요성이 절실하던 차에 가난한 이들이 월 10% 이상의 이자를 떼는 고리대금을 이용할 수밖에 없는 상황을 본 이기우 신부는 이를 개선하기 위한 방법으로 협동조합운동이 적절하겠다고 판단하고 '청년명례방강좌'를 마친 청년들과 함께 가난한 이들을 위한 신용협동조합을 만들기로 결심하였다.[310]

'명례방협동조합'은 이후 몇 차례의 발기인 모임을 거쳐 28인의 발기인이 중심이 되어 1993년 8월 27일 설립되었다. 9월 26일에는 75명의 조합원과 3,500여만 원의 출자금으로 창립총회를 열었고, 창립 즉시 조합원 수련회와 임원교육을 실시하면서 활동을 시작하였다.[311]

명례방협동조합은 사회적 애덕과 경제 정의를 실현하고, 공동체 운동을 지향하며, 가난한 이들과 연대하고, 가톨릭 신앙을 사회적으로 증거한다는 목적 아래 꾸준한 증자로 각자의 저축을 늘려갔다. 그들은 사유재산을 공동으로 관리하고, 공동체 교육을 통하여 사회교리 과정 안에서 협동조합운동이 나아갈 길을 추구하며, 연대하고 있는 공동체와의 협조를 긴밀히 하고, 빈민사목 활동과 연대하여 '가난한 이들의 복음화'에 기여한다는 목적을 이루기 위해 힘썼다. 정관에 따르면, 조합의 연원을 한국 천주교 초대교회의 '명례방 신앙공동체'에 두고 "가난한 이들에 대한 우선적인 선택"을 정관으로 규정하고 있다. 2015년 6월 명례방협동조합 소식지

---

310 유영훈, "협동조합 사례", 169-170.
311 같은 책, 170.

에 따르면, 조합원 500명과 단체 23개 규모에 총 출자금은 6억 1,500여만 원이다.[312]

③ 감리교의 산업선교회

1960년대 이후에는 도시산업선교 차원에서의 협동조합운동이 전개되었는데, 감리교의 인천산업선교회, 청주산업선교회 등 여러 곳에서 소비조합과 신용조합을 결성하여 도시 노동자들의 경제적 삶을 향상시키는 데 힘썼다.

④ 예장 통합의 영등포산업선교회

한국교회의 산업선교는 한국의 공업화가 본격화된 1950년대 후반부터 공장에서 일하는 노동자들에게 관심을 기울이면서 시작되었다. 예장 총회는 산업전도위원회를 조직하고 각 지역마다 산업전도위원회를 결성하였다. 이에 따라 영등포 지역에도 산업전도위원회를 조직하여 목회자 중심의 전도활동이 시작되었다.[313] 예장 총회는 1958년 영등포와 안양지구에 여전도사 3인을 파송하여 대동모방, 대한모직, 동아염직 등 세 곳의 공장에 교회를 세웠다. 이에 따라 매주 2회씩 기업주 및 회사 중역들과 노동자들이 함께 참여하는 예배가 드려지게 되었다.[314]

---

312 같은 책, 172.
313 영등포산업선교회40년사기획위원회, 『영등포산업선교회 40년사』 (서울: 영등포산업선교회, 1998). 35.
314 같은 책, 52.

〈영등포산업선교회 입구〉

초창기 전개된 산업선교 활동에 대해 인명진 목사는 다음과 같이 평가했다.[315]

> 경영주나 관리자들을 대상으로 한 프로그램은 실제적인 효과도 없었으며 잘 되지도 않았다. 노동자들을 전도한다는 것도 결국 공장 내 크리스천들을 중심으로 한 예배활동에 그치므로 예배를 한두 번

315 같은 책, 58-59.

더 드린다는 것 이외에 산업전도자에게나 노동자들에게 큰 의미가 없다. 무엇보다 더 중요한 도전은 기업자나 관리자 초청으로 공장에 가서 근로자들을 모아들여 그들에게 설교하는 것으로 복음을 전할 수 있으리라 생각했던 것에 대한 실망이었다.

위에서 알 수 있듯이 선교 현장의 예배는 단순히 예배드리는 것 외에 큰 효과를 거두지 못하고 오히려 교회와 복음에 대해 부정적인 생각과 반발을 일으키는 부작용을 초래하게 되었다. 그 이유는 산업선교 현장에 파견된 전도자들에 대한 노동자들의 오해에서 기인하였다. 노동자들은 산업전도자를 크리스천 경영자들이 자신들을 억압하고 무마하고 설득하기 위해 초청한 경영자들의 친구로 인식하였다. 그리하여 하나님의 말씀을 전하는 설교를 기업가들에게 절대적으로 복종하며 불평하지 않고 열심히 일하기만을 요구하는 것으로 오해했다. 이러한 오해는 기업 경영자와 노동자 간의 이익이 팽팽하게 얽혀 있는 산업사회의 성격에 대한 교회의 무지에서 초래된 결과였다.

산업사회란 교회와는 다른 곳이며, 교회에서의 예배와 교육 등이 노동자를 대상으로 할 때는 들어맞지 않는다는 문제점에 대한 인식은 새로운 선교방법과 내용에 대한 모색을 찾는 계기가 되었다. 즉 기업주와 노동자의 이해관계, 관리자의 입장, 노동자가 당면하는 노동 문제들은 기존의 농경사회와는 전혀 다른 맥락에서 접근하여 해결책을 찾아야 한다는 것이다. 선교란 바로 노동자와 노동 현장에서 발생하는 문제를 다루는 현장이 되어야 한다는 것이다. 그리하여 산업선교 실무자들이 산업사회를 이해하고 배우면서 산업선교회를 위한 기반을 모색하는 새로운 계기가 되었다.

1964년에서 1967년까지는 영등포산업선교회가 평신도를 중심으로 전도활동을 체계적으로 전개하였다. 영등포지구 산업전도위원회는 평신도 산업전도연합회를 결성하여 평신도들이 자발적으로 산업전도 활동을 전개할 수 있도록 적극 지원하였으며 체계적인 교육사업도 전개하였다. 또한 노동절 축하예배를 정착시켰으며 노동자들이 감사예배와 같은 독창적인 예배 형식을 창출하기도 하였다.[316]

1968년부터 1972년까지는 노동조합을 통한 산업선교로 전환하였다. 영등포산업전도위원회는 감리교와 연합하여 '영등포산업선교연합회'를 구성하여 초교파적인 활동을 전개하였다. 그리고 노동조합 지원 등 노동자들의 권익을 옹호하기 위한 활동을 하였으며 신용협동조합을 설립하여 활동하였다.[317]

신용협동조합은 1969년 8월 협동교육연구원에서 수차례에 걸친 회원교육을 실시한 후 50여 명의 회원으로 설립되었다. 신용조합의 설립 목적은 1) 경제적인 조직을 통해 산업선교를 보다 활발하게 하기 위해 2) 뜻밖에 어려운 재난을 당하는 근로자들에게 경제적인 도움을 주기 위해 3) 저임금으로 항상 목돈이 없는 근로자들에게 목돈을 소유하게 하므로 안정성 있는 생활을 누리게 하기 위해 4) 적은 돈을 서로 협력해서 사용함으로써 구체적인 이웃사랑을 할 수 있게 하기 위해서였다.[318] 1969년 말에는 200여 명의 회원과 40만 원을 초과하는 저축기금으로 목돈의 금액을 대부하고 다시 그 돈을 10개월에 걸쳐 상환하도록 월 2부 이자를 받았다. 그리고 1972년에는 조합원이 700명으로 늘어났으며 800만 원의 출자금

---

316 같은 책, 63.
317 같은 책, 103.
318 같은 책, 125.

을 조성할 정도로 발전하였다.[319]

예장 통합 교단의 영등포산업선교회는 1974년 무주택 노동자들을 위하여 주택조합사업을 벌였으며, 정권의 탄압으로 해산된 후 1978년 6월부터는 '다람쥐회'라는 이름으로 활동을 이어갔다.

1980년대 후반부터는 여러 교단에서 농촌목회자협의회가 창립되었고, 1990년대에는 유기농에 대한 인식으로 생활협동조합을 중심으로 협동조합이 전개되었다. 전북 완주의 율곡교회는 완주한우영농조합법인을 설립하였고, 전주 지역의 정농회원인 정경식과 가톨릭교인인 이덕자가 중심이 되어 한울생협이 설립되었다.

⑤ 기타 협동조합 운동

1989년 원주 호저교회의 호저소비자협동조합(원주생협)이 설립되었고, 2002년에는 농어촌선교단체협의회에 의한 농선회 생협과 아름다운 생협이, 그리고 2003년에는 서울에서 한누리생협이 설립되어 운영되고 있다. 협동조합은 경쟁중심적인 갈등관계를 극복하면서 상호존중과 공존을 도모하며 공동체 정신을 함양하여 인간다운 공동체를 건설하는 데 유용한 도구가 된다. 농촌의 경우 전통적인 공동체가 붕괴되고 있는 상황에서 협동조합운동을 통해 마을공동체를 만들어나갈 수 있다.

---

319 같은 책, 125 참고.

3. 협동조합의 가치

1) 정의와 경제민주화

협동조합은 단지 경제적인 삶을 영위하기 위하여 참여한 이들을 순응시키는 것에서 나아가 자신만을 위한 경제활동이 아닌 모두가 함께 더불어 살아가는 공동체를 위한 삶으로 나아가게 하는 장점을 지닌다. 정의는 서로 간에 공동체로 산 결과이다.[320]

공동체가 양극화로 치닫는 것을 막기 위해서는 낮은 수준에서부터 사회경제적 기능을 수행하는 자유롭고 정의로운 연합체를 필요로 하는데, 협동조합은 가장 효율적이고 긍정적인 기능을 할 수 있는 연합체이다.[321] 협동조합은 평범한 사람들이 스스로 돕기 위해 조직할 수 있는 수단으로서 누구나 편리하게 이용할 수 있다. 그런 점에서 협동조합은 평범한 사람들에 의해 시작되어 집단의 목적을 이상적으로 수행할 수 있는 가장 정의롭고 민주적인 조직이라 할 수 있다.

협동조합은 신뢰를 기반으로 하는 사회적 자본에 주목하여 수평적 관계와 사회의 네트워크를 적극적으로 이용하는 특성이 있다. 지역의 소규모 경제단위로는 수행할 수 없거나 비용이 많이 발생하는 과제를 보다 효율적으로 접근하여 성과가 나올 수 있게 해결하는 장점이 있다.

---

320 Jonathan Brooks, "Be a neighbor," *U.S. Catholic* 84/10 (2019. 109), 18.
321 Martin Edward Schirber, "Cooperatives and the Problem of Poverty", 16.

2) 연대성과 호혜의 경제

한나 아렌트는 일하는 인간의 이미지를 '아니말 라보란스(Animal laborans)'와 '호모 파베르(Homo faber)'로 구분하였다.[322] 아니말 라보란스는 굴레를 짊어진 채 매일 고된 일을 되풀이 하는 일하는 동물로서의 인간이다. 아니말 라보란스는 원자폭탄을 '매력적'으로 느꼈던 오펜하이머나 보다 효율적인 가스실을 만들기 위해 절치부심했던 아이히만에게서 발견된다. 이들은 자신이 하는 일이 공동체에 어떤 결과를 빚게 될 것인지에 대해 아무런 반성 없이 세상과는 차단된 채 일 자체에만 몰두했다. 반면 호모 파베르는 공동의 삶을 만들기 위해 힘쓰는 제작하는 인간의 이미지다. 더 나은 세상을 만들기 위해 다른 이들과 함께 토론하며 서로 어울려 협력하면서 일하는 모습이다.

토마스 홉스의 『리바이어던(Leviathan)』에서 자연 상태 속의 인간은 야수로, 이빨과 발톱이 붉게 물든 짐승으로 등장한다. 자연에는 미술도 문학도 사회도 없다. 오직 끊임없는 공포와 위험이 계속된다. 인간의 삶은 고독하고 가난하고 사악하고 야만스럽고 짧다. 만인에 대한 만인의 투쟁에서 인간의 이성은 허약하다. 자연 상태 속에서 인간의 삶을 지배하는 것은 결코 균형이 아니므로, 평화로운 협력 능력은 빈약하다. 따라서 자연 상태의 야수성을 극복하고 공동체가 제대로 작동하기 위해서는 서로 간의 연대와 협력이 중요하다.

리처드 세넷(Richard Sennett)은 협력을 약화시키는 두 가지 힘을 구

---

322 Richard Sennett, 김홍식 옮김, 『장인』 (파주: 21세기북스, 2011), 21.

조적 불평등과 새로운 노동 형태라고 지적하였다.[323] 구조적 불평등이 서로를 단절시키고 급변하는 노동 환경이 관계를 피상적으로 만들어 협력하는 능력을 상실하게 만든다. 급변하는 노동 구조는 다른 이들과의 소통과 협력을 약화시키는 요인으로 작용한다. 과거에는 한 가지 기술과 경력만 가지고도 어려움 없이 살 수 있었지만, 최근에는 비정규직과 같은 단기적이고 임시적인 일자리가 늘어나면서 노동 환경은 갈수록 열악해지고 있다.

연대성이 약한 공동체는 공동체에 어려움과 역경이 닥칠 때 타인의 고통에 쉽게 눈감아 버리고 각자도생의 극단적인 개인주의를 불러일으켜 아노미 상태로 치닫을 가능성이 크다. 반면 연대성이 강한 공동체는 끈끈하게 연결된 유대를 바탕으로 서로 협력하며 상생을 도모한다. 위기와 역경 가운데서도 서로 배려하면서 연약한 이들을 돌보며 연대와 협력의 정신으로 이를 돌파하려 한다.

세넷에 의하면, 다른 사람과 함께 협력하는 것은 인간의 유전자 속에 각인된 본성이다. 그런데 경제적 사회적 불평등은 협력을 약화시키는 요인이 되기에, 협력은 개발되고 연마되어야 할 중요한 자질이다. 협력이란 우리가 익히고 훈련해야 하는 하나의 기술이며, 실기(craft)이다.[324] 협력하는 실기는 지속적인 훈련을 통해 연마되어야 하며, 실생활에 자연스럽게 녹아 들어가야 하기에 일 자체와 더불어 상대에 대한 존중과 헌신도 필요하다. 세넷은 협력하며 일하기 위해서는 서로를 이해하고 응답하는 기술을 터득해야 하는데, 그 과정은 매우 어려우면서도 분명한 해답조차 없는 과정일 수 있다고 하였다. 세넷은 이를 '같이 노는' 장인과 '따로 노는' 장인에 비유하였다.

---

323 Richard Sennett, 김병화 옮김, 『투게더』 (서울: 현암사, 2013), 288.
324 같은 책, 468 참고.

> 전문가가 되는 길에는 같이 노는 방식이 있고, 따로 노는 방식도 있다. 수공업 장인은 작업하는 물건과 계속 대화하면서 물건에 변화를 주고 다듬어 간다. 작업 대상은 장인과 떨어져 있지 않으며, 오히려 장인이 펼쳐가는 무대에 출연하는 주인공이다. 마찬가지로 같이 노는 전문가는 전문지식의 시야를 펼쳐서 다른 이들을 초청할 무대를 만든다. 그 무대에서 다른 이들과 대화한다. 말썽 난 문제를 교정하는 일이 곧 찬찬히 가르쳐주는 일이다. 그가 일을 풀어가는 작업 표준은 투명하다. 반면 따로 노는 전문가들은 다른 이들에게 모욕감을 주고, 전문가 스스로 곤란에 처하며, 자신을 고립시킨다.[325]

원시의 수렵채집 사회가 평등했던 이유는 그들이 우리보다 더 자비로워서가 아니라, 사냥에서 잡은 동물이나 나무에서 딴 열매 외에는 재산이라 할 만한 것이 없어 집단 내의 다른 사람들보다 훨씬 더 큰 부를 축적하기 어려웠기 때문이었다.[326] 열악한 환경과 상황에서는 혼자 독식하기보다는 남들과 나누는 것이 더 합리적인 선택이다. 사냥해서 풍족할 때 호의를 베풀어 두면 다음에 내가 도움이 필요할 때 남에게서 보답을 받을 수 있기 때문이다. 이러한 호의와 나눔은 서로 간의 연대를 강화하고 협력의 기반을 굳건하게 다지게 된다.

초기 협동조합을 시작했던 이들은 자신들을 매우 거칠게 이용해 왔던 경쟁 시스템을 대체할 새로운 협동적 질서를 건설하고자 하였다. 그들은 자신들의 시간과 에너지를 협동조합을 건설하기 위해 아낌없이 쏟아부었

---

325 Richard Sennett, 『장인』, 401.
326 Keith Payne, 『부러진 사다리』, 33.

던 이타적 리더들이었다. 협동조합은 이윤창출을 위한 경쟁적 투쟁에 휘말려 서로를 적대시하기보다는 상호부조의 기반에서 함께 협력하도록 만든다. 그 누구도 타인을 희생해가면서 이익을 얻을 수 없다. 재능과 능력을 가진 이들이 자발적인 연대성으로 묶여 경제적 진보를 천천히 이뤄가는 것을 보여주는 것이 협동조합의 강점이다. 이러한 연대성 가운데 특별한 재능을 가진 이가 집단 전체의 이익을 위해 자신의 재능을 사용할 수 있게 된다. 그런 점에서 협동조합은 돈이 아니라 공동체의 이상적인 가치와 목적을 선사한다.

협동조합은 영리를 목적으로 하지 않으며, 이익으로 얻은 모든 것은 그들에게 돌아가기에 구성원을 착취할 이유가 없다. 협동조합은 동료와의 관계에서 경쟁의 정신보다 협력의 정신을 이상적으로 보여주는 수단이다.[327] 협동조합은 스스로 혼자 살아가기 위하여 존재하는 것이 아니라 연대하고, 나누면서 시너지를 통해 발전하는 유기적인 조직이다. 특히 '협동조합 간의 협동'이라는 원칙은 거대 자본이나 외부 기업과의 경쟁에서 우위를 점하지는 못하더라도 조합을 영속시킬 수 있는 힘이 되며, 다양한 협동조합 사이의 연대와 경제활동을 통하여 시장을 넓히고, 상호 발전할 수 있게 된다. 따라서 규모에 상관없이 협동조합을 만드는 데에 적극적으로 지원하고, 연대하는 데 힘을 기울인다면 공동체를 든든하게 세움으로 지속가능하게 한다.

협동에 대한 발견은 우리 몸속 피의 순환이 지닌 중요성과 같다. 마치 피가 우리 몸속 곳곳을 돌면서 모든 세포들에게 생명을 공급하듯이, 협동은 공동체 곳곳에 골고루 퍼져나가 분배하는 경제적 수단이 된다. 따라서 호혜의 정신을 지닌 협동조합 조직을 만드는 것은 중요하다. 협동조합

---

327 Martin Edward Schirber, "Cooperatives and the Problem of Poverty", 17.

은 윤리적, 교육적, 경제적 함의를 지닌 사회 조직체이기에 사회학자와 교육자들에 의해 연설과 글과 가르침 등으로 매우 중요하게 강조되어야 한다.[328] 그리고 이를 통해 협동 조직을 구성하고 사회 곳곳에서 스며들어 선한 영향력을 펼치도록 이끌어야 한다.

3) 사회적 약자 보호

약육강식의 가치관이 지배하는 자본주의 경제는 점차 비정규직화되어 가고, 헤지펀드와 기업 사냥꾼들이 득실거리는 흉측한 세상으로 변해가고 있다. 아무런 제어장치나 규제 없이 승자독식의 경제구조가 지배하도록 내버려 둔다면 부의 불평등은 더욱 심해질 것이다. 신명기 15장 11절의 "그 땅에서 가난한 이가 없어지지는 않을 것"이라는 구절처럼 가난한 이들은 항상 존재하지만, 기독교의 핵심 가르침인 이웃사랑을 실천하는 효과적인 방법 중 하나는 협동조합을 통한 경제공동체 건설이다.

협동조합은 사회적 약자에게 가해지는 경쟁의 충격을 완화하는 동시에 가난한 자들 스스로 자신의 삶을 재건하고 발전시킬 수 있도록 만든다. 가난은 개인의 나태와 게으름 때문에 발생하기도 하지만, 사회구조적 요인으로 발생하기도 한다. 그런 점에서 경제적 궁핍은 복합적 요인의 결과라 할 수 있다. 협동조합은 자조의 방식으로 가난의 원인과 결과가 되는 강철같은 수레바퀴를 끊어버리는 방법을 제공한다.[329]

328 Eugene Rider Bowen, "Social Implications of the Cooperative Movement," *American Catholic Sociological Review* 2/4 (1941. 12), 203.

329 Martin Edward Schirber, "Cooperatives and the Problem of Poverty", 18.

교회의 목적 중 하나는 대사회적 봉사와 책임이다. 교회의 이러한 책무에 주목할 때, 세상에서 소외되고 취약한 자들의 진정한 이웃이 되는 데 초점을 맞추어야 한다. 하나님이 그곳에서 일하시는 충만함을 사람들이 볼 수 있도록 아름다움을 고양시켜야 한다.[330] 16세기 영국의 구빈 활동은 교회에 그 도덕적인 책임을 지우고 있었으나, 노동능력이 있는 자는 강제로 일하게 하고, 일하지 않는 자를 가두기도 했으며 나태한 빈민은 처벌하도록 하는 법을 1576년 제정하여 시행하기도 하였다. 그 후 엘리자베스 여왕 43년인 1601년에는 빈민의 구제를 국가의 책임으로 정하는 법이 생겼고, 이 법은 사회복지의 시초로 평가된다.

로치데일의 가난한 노동자 계층들이 이루었던 놀라운 성취는 가난한 자들이 책임을 떠맡을 수 있으며 매우 복잡한 사업을 경영하는 것도 배울 수 있음을 증명하였다. 저소득 농부들 가운데 농원보장국(Farm Security Administration)에 의해 지원받은 협동조합은 그들의 특징적인 가치를 증명할 수 있었으며, 노바스코샤(Nova Scotia), 자메이카(Jamaica), 아이랜드(Ireland), 중국 등지에서도 마찬가지이다.[331]

협동조합은 그 구성원뿐 아니라 둘러싸고 있는 공동체 모두의 경제생활을 풍요롭게 만든다. 제한된 경제 능력을 지닌 사람들이 그러한 모험에 참여하도록 발전시키는 데 중요한 역할을 한다.[332] 가난한 이들의 경제적 지위를 향상시키는 노력과 연관해서 협동조합의 성장과 발전은 매우 중요한 역할을 한다. 그런 점에서 협동조합은 우애의 경제(brotherhood

---

330 Jonathan Brooks, “Be a neighbor”, 18.

331 Martin Edward Schirber, “Cooperatives and the Problem of Poverty”, 18.

332 Anis Mashdurohatun & Kumia Halomoan, “The Urgency of the Public Police of the Construction Service Cooperatives in Realizing the Welfare of the Community Based on Justice Value,” *Hamdard Islamicus*, 43/1 (2020), 355.

economics)로서 이상적인 형태이다. 협동조합은 그 구성원들과 일반 공동체의 복지를 증진시키고 이를 통하여 사회를 보다 정의롭고 풍성하게 만드는 역할을 한다.

4) 신뢰와 책임에 기반을 둔 평화와 공존

자유시장경제가 지배하는 자본주의 시스템에서 영리 추구와 사회적 책임을 통합시키는 것은 어려운 과업이다. 자본주의는 보이지 않는 손이 지배하는 시장경제에서 개인의 영리 추구는 자연스럽게 공동체 전체의 혜택으로 이어질 것으로 가정하면서 사회적 책임은 부인하는 경향이 있다. 하지만 개인적인 영리 추구는 사회적 갈등과 긴장을 초래할 가능성이 크다.

반면 협동조합은 사회적 책임과 영리 추구를 자연스럽게 통합시키는 강점을 지니기에 자본주의 시스템의 대안이 된다. 사적인 영리추구와 사회적 책임은 가정 경제에서 자연스럽게 통합되는데, 협동조합의 생명력은 가정 경제의 원칙과 실천이 사회적 경제에로 확장되는 데 있다. 가정 경제에서 제공되는 서비스는 영리가 아닌 자발적인 동기이며, 이러한 동기는 협동조합 경제에서도 마찬가지이다. 협동조합은 민주적 조직체이기에 자연스럽게 다른 민주적 제도들을 발전시키게 되는데, 교회, 학교, 정치 등과 같은 조직체들은 협동조합적 공동체에서 번성하게 된다.[333]

기업들은 순수하게 경쟁하는 접근방식보다 협동조합의 방식으로 접근

333 Eugene Rider Bowen, "Social Implications of the Cooperative Movement", 200.

하면서 이점을 얻을 수 있다. 가장 바람직한 상태의 협동조합 기업은 굳건한 신뢰의 기반 위에서 세워지고, 도덕적 계약을 통해 지속될 수 있다. 이러한 계약과 연관된 충성, 연대, 우정은 신학적 가치들로 가득 찬 비즈니스 세계를 조화롭게 구성한다.[334]

신뢰는 생산자(제조자)와 공급자 간 장기적 관계로 발전할 것을 모색하게 함으로 서로 간에 성공적인 관계를 형성하는 데 중요한 역할을 한다. 제조자는 경쟁력 있는 가격에 질 좋은 부품을 적시에 공급받을 것을 요구하고, 공급자는 적절한 지불과 사업의 지속성에 관심을 둔 신뢰가 요구된다. 기업 환경에서 신뢰와 협동조합이 양성될 수 있는 두 단계(level)가 있다.[335]

비즈니스 세계에서의 신뢰 형성은 경영자 사이의 관계와 국가 비즈니스 제도의 행위자 양자에 의해 영향받는다. 그리하여 상업적 영역에서의 신뢰는 개인적이며 시스템적 측면 모두를 갖고 있다.[336] 유진 보웬(Eugene Rider Bowen)은 협동조합 설립에 따른 여섯 가지의 특징적 결과들을 다음과 같이 제시하였다.[337]

첫째, 사람들이 자발적으로 협동조합에 참여하기로 결심할 때 인성이 개발된다. 협동조합은 외적인 강압보다 내적 훈련에 기반을 둔 사람들 속에서 선을 촉진시킨다. 정부의 도움은 사람들을 의존적이게 만들지만, 협동을 통한 자조 노력은 인성을 개발한다.

둘째, 협동조합은 우애의 경제적 조직체로서 열린 공동체를 지향하며,

---

334 Neil Pembroke, "Trust and Moral Commitment in Co-operative Business: A Covenantal Perspective", 332.
335 같은 책, 333.
336 같은 책, 340.
337 Eugene Rider Bowen, "Social Implications of the Cooperative Movement", 202.

1인 1표의 원칙에 우애(brotherhood)가 담겨있다.

셋째, 협동조합은 공정 가격(Just Price)의 원칙을 실천하는데, 이는 모든 수익 요소가 제거된 가격이라는 의미에서 강점을 지닌다.

넷째, 토지는 사회학적 기반이 되는데, 소유가 모든 사람에게 공유되는 것이 자연스럽듯, 협동조합은 특정 개인이나 집단에게만 귀속되는 소유를 거부하며, 사업과 자금 등을 모두가 공유한다.

다섯째, 협동조합은 목적을 구성원에게 강요하기보다 설득한다. 경제적 조직체일 뿐 아니라 윤리적이며 교육적이다. 특별히 성인 교육의 기본적 방식과 같은 학습 공동체를 증진시킨다.

여섯째, 협동조합은 경제 조직체 이상이다. 톰킨(J. J. Tompkins)이 협동조합을 '영성화된 경제(spiritualizing economics)'라고 말했듯, 협동조합은 영적이면서 물질적인 재화를 분배하는 조직체이다. 가정이 단순한 집 이상인 것과 마찬가지로 우애의 정신이 그 안에 깃들어 있기에 협동조합은 단순히 공장이나 점포와는 그 차원이 다르다.

4. 협동조합의 역할

1) 신자유주의 체제의 대안

과거에는 국가가 경제 발전을 주도하고 기업이 중심이 되어 경제활동이 진행되었다면, 지금은 국가나 기업이 아닌 시민운동을 기반으로 하는 새로운 역할이 중요하게 되었는데, 이러한 역할을 효과적으로 감당할 수 있는 것이 바로 연대의 경제, 공유의 경제라고 불리는 협동조합이다.

신자유주의는 경쟁을 통하여 인간의 창의력과 창조성을 최대한 자극하고, 효용성을 극대화한다. 적절한 경쟁은 창의력을 자극하고 좋은 제품을 싸게 만들어 소비자를 만족시키는 원동력이 된다. 하지만 과도한 경쟁은 동반성장의 가능성마저 차단시켜 버린다. 신자유주의로 인한 과도한 경쟁구도는 세계 경제를 비인간화시킬 뿐 아니라 장기적으로는 경제의 체질마저 약화시키는 결과를 빚게 된다.[338] 기업들은 과도한 경쟁에서 살아남기 위해 기계화 자동화로 인건비를 절약하여 효율성을 극대화시킬 수밖에 없는데, 이로 인해 노동자들은 일자리를 잃게 된다. 기업들이 인건비를 절약하고 얻는 이득은 공평하게 분배되는 것이 아니라 소수의 경영자들과 자본가들에게 돌아가게 되면서 빈부격차는 더욱 심화된다. 기득권을 가진 특정 소수가 재화와 권력을 독점하고, 이 과정에서 공동체적 삶과 환경은 파괴되고 혼란에 빠지게 된다.

따라서 신자유주의로 인한 무한경쟁과 탐욕이 빚은 이러한 위기를 극복하기 위해서는 공정무역이나 윤리적 소비와 더불어 협동조합과 같은 공동체가 중심이 되는 경제활동이 필요하다. 협동조합은 상생과 보편적 복지를 추구한다는 점에서 신자유주의와 금융 자본주의의 폐해를 극복할 효과적인 대안이 되며, 빈부격차를 해소하고 경제 민주화를 실현하는 효과적인 도구가 된다.

338 김명용 외, 『조직신학적 관점에서 본 하나님의 경제 II』, 33.

2) 일자리 창출을 통한 실업문제 해결

고용 없는 경제성장과 평생직장이라는 말이 사라지고 있고, 고용 인구 중 비정규직이 40%에 이르고 있는 현실에서 협동조합은 구조적 실업 문제에 대한 효과적인 대안이 된다.[339] 영리를 추구하는 기업들은 불황이 닥치면 투자와 고용을 줄이지만, 협동조합은 연대를 통해 고용을 유지하며 안정적으로 성장하는 모습을 보여준다. 협동조합은 경제 위기에서도 물가 상승을 완화하며 안정된 일자리를 만들어 지역경제 유지와 안정에 기여하는 점에서 실업문제의 효과적인 해결책이 될 수 있다.

협동조합은 노동을 단기적으로는 가변비용이 아니라 고정비용으로 간주한다. 이는 생산 감소가 곧바로 해고로 이어지지 않는다는 것을 의미한다.[340] 협동조합은 안정적 고용을 최종목적으로 삼기 때문에 일반기업과 달리 단기적 수익을 추구하지 않고 장기적 이윤을 지향한다. 따라서 불황이나 경제위기가 닥쳐와도 좀처럼 노동자를 해고하지 않는 경향이 있다.

스위스의 미그로 생활협동조합은 가격인하로 물가안정에 기여하였고, 철수하는 프랑스의 유통자본 까르푸 12개를 스위스 협동조합이 인수하면서 고용을 승계하였다. 또한 2008년 미국의 리먼브라더스 사태로 인해 세계적인 은행들이 파산하면서 대량 해고사태가 발생했을 때, 이탈리아의 볼로냐는 8천 개의 협동조합이 지역경제의 45%를 차지하면서 해고 없이 금융위기를 넘겼고, 120여 개의 협동조합과 8만 5천여 명의 직원을 보유한 스페인의 몬드라곤 역시 해고 없이 위기를 극복했다. 이처럼 협동조합은

339 신성식, 『새로운 생협운동의 미래』 (파주: 푸른나무, 2011), 170.
340 다나 마헤슈와라난다, 『자본주의를 넘어』, 217.

해고 대신에 조합원의 노동시간 단축, 생산과 서비스 라인의 새로운 개설, 노동자의 재훈련, 다른 협동조합으로의 전근 등을 통해 고통을 분담하려고 한다.

협동조합은 이익을 내부에 유보하면서 위기가 닥치면 내부에 유보된 자금을 활용하여 해고를 막고 고용을 유지한다. 협동조합은 서비스의 제공과 더불어 직접적인 고용을 목표로 하기 때문에 전 세계 다국적 기업이 만든 일자리보다 120%나 더 많은 일자리를 창출하고 있다. 협동조합은 통합의 메커니즘을 활성화시키는 속성이 있기 때문에 생산적이고 효율적인 복지에 기여하게 된다. 그리하여 사회적 약자들이 더 많이 가진 자들의 부를 재분배받는 방식이 아니라, 직접 생산에 참여하는 과정을 통해 사회적 돌봄을 제공받는다.[341]

3) 독과점에 대한 효과적인 대응책

협동조합은 독과점 문제에 대한 효과적인 대응책이 된다. 시장이 독과점화 되면 독과점 기업의 폭리추구로 인해 상품가격이 지나치게 높게 책정되는 경향이 있다. 협동조합은 독과점 기업의 횡포를 막을 수 있다. 영국의 소비자협동조합들은 지역독과점 상인들의 부당한 가격부과 행위에 대응하면서 소매시장의 혁신을 선도하는 조직으로 발전하였다. 네덜란드의 원예농업협동조합들도 구매기업들의 담합과 같은 독과점행위에 효과적으

341 김현대, "협동조합 참 좋다," 대한예수교장로회총회사회봉사부, 『교회와 협동조합 세미나 자료집』 (2013), 55.

로 대처한 바 있다.[342]

독과점을 견제하기 위한 협동조합의 경쟁력은 원가경영(business at cost)과 조합원의 공동행동(group action)을 통해 가능하다. 협동조합은 조합원에게 최선의 편익과 서비스를 제공하기 위해 상품과 서비스의 가격을 평균비용 수준에서 결정하는데, 이를 협동조합의 원가경영이라고 한다. 이는 일반적으로 영리회사가 시장지배력을 이용하여 평균비용에다 일정수준의 이윤율을 더한 독과점가격을 설정하여 그 차액만큼 초과이윤을 얻는 점과 대조된다. 조합원의 공동행동은 협동조합이 영리회사에 대한 경쟁우위를 확보하기 위한 핵심수단이다. 이는 협동조합이 주식회사의 시장지배력 행사에 대응하기 위한 조합원의 집단적 자구노력에 해당한다.[343]

4) 사회적 자본 형성과 지역경제 활성화

협동조합은 경제적 기능과 가치뿐만 아니라 사회적 기능과 가치와 같은 사회적 파급효과를 갖는다. 협동조합은 공동체 안에 사회적 정치적 영역들을 넘나들면서 사회적 자본(social capital)을 촉진시킨다.[344] 사회적 자본이란 지역사회의 구성원들이 가족 이외의 사람들과 협동할 수 있는 능력을 뜻한다. 사회적 자본은 새로운 부와 가치를 생산하거나 거래하는

---

342 이혁배, "협동조합의 한계와 가능성," 『기독교사상』 655 (2013. 7), 208.
343 이상호, "창조경제 시대의 협동조합", 48.
344 R. Lang & D. Roessl, "The Role of Social Capital in the Development of Community-Based Co-operatives," M. Tuunanen & J. Windsperger & G. Cliquet & G. Hendrikse, *New Developments in the Theory of Networks* (Physica-Verlag, 2011), 368.

데 긍정적인 역할을 한다.

부르디외와 퍼트남에 따르면, 민주적 산업사회의 공동체들은 개인 간의 신뢰나 지역사회와의 유대가 점점 약해지고 있는데, 이는 줄어드는 투표율과 자원봉사율의 감소와 공동체 문제에 대한 시민적 참여가 줄어들고 있는 데서 잘 드러난다.[345] 하지만 협동조합은 사회적 상호작용과 신뢰를 증가시킴으로써 공동체 내의 사회적 자본을 강화할 수 있다.

퍼트남은 정치와 경제의 지역 간 격차를 좌우하는 가장 중요한 요인은 시민공동체, 즉 시민의 활발한 참여규범과 네트워크의 존재라고 주장하면서, 이 네트워크가 정치 민주화를 촉진하고 나아가 중소기업과 협동조합을 수단으로 경제 활성화도 가능하게 만드는 것으로 보았다.[346] 사회적 시장 경제는 시장과 인간의 부패를 인식하고 이를 극복하려고 한다는 점에서 인간의 자유를 존중하는 민주적 시장 경제라 할 수 있다. 이는 이웃 사랑과 사회 공동체에 대한 책임을 강조하며 지속 가능한 경제로서 노동자와 자본가, 인간과 자연 사이의 상생을 가능케 하는 상생의 경제 질서이다.[347]

협동조합은 사회적 자본을 통해서 지역경제를 활성화시키는 장점을 지닌다. 협동조합의 조합원들은 지역민이기 때문에 조합의 수익이 지역경제로 흘러 들어간다. 따라서 협동조합은 신뢰를 기반으로 신용을 창출하고 많은 일자리와 사회적 자본을 만들어 낼 수 있다. 또한 협동조합은 문화와 복지에 대한 지원을 통해 낙후된 지역사회를 개선하는 데

---

345 C. D. Merrett & N. Walzer, ed, *Cooperatives and Local Development* (New York: M. E. Sharp, Inc, 2004), 15.

346 타나카 나츠코, 이성조 옮김, 『이탈리아 사회적경제의 지역전개』 (홍천: 아르케, 2014), 19.

347 김명용 외, 『조직신학적 관점에서 본 하나님의 경제 II』, 52.

기여할 수 있으며, 개발도상국 혹은 국제 투자가 미치지 못하는 지역의 경제성장에 중요한 역할을 할 수 있다.

협동조합은 경제영역에 참여하면서 사회 전체를 개혁해나가는 진보의 결사체라는 점에서 경제적 약자들이 주체화되는 공간이며 세상을 변화시켜나가는 저항의 토대가 된다. 결사체로서의 협동조합은 사회개혁을 위해 노동조합이나 시민사회단체와 연대하여 사회운동에 참여할 수 있다.[348]

세계 경제가 좀 더 정의로운 방향으로 발전하기 위해서는 독립된 경제영역들의 분권화를 통한 상생과 협력으로 전환되어야 하는데, 이는 협동조합의 활성화를 통해 가능하다. 협동의 길은 하나님의 계획에 따른 자유의지를 양성해 정의로운 사회를 향한 자유롭고 질서정연한 변천을 도모하게 한다.[349] 어떤 사회는 부유하고 풍요로우면서도 정의와 선이 결여될 수 있다. 협동조합은 이러한 결함과 모순을 해소하는 역할을 한다. 그런 점에서 협동조합은 좀 더 정의롭고 평화로운 세계를 향한 점진적인 변화의 기회를 제공하며 생명, 정의, 평화의 하나님 나라를 지역공동체 안에서 이루는 유용한 도구가 된다.

---

348 이혁배, “협동조합의 한계와 가능성”, 208.
349 Andrew McLeod, 『협동조합, 성경의 눈으로 보다』, 134.

제Ⅲ부

기독교 협동조합의 현황과 방향성 모색

1. 기독교 협동조합의 현황
2. 기독교 협동조합의 당면과제
3. 협동조합을 위한 교회의 역할과 과제
4. 사회적 협동조합의 현황
5. 사회적 협동조합의 취약점과 대응방안
6. 사회적 협동조합을 위한 교회의 역할과 과제
7. 종합적 결론 - 제로섬에서 포지티브섬으로

제 III 부

기독교 협동조합의 현황과 방향성 모색

1. 기독교 협동조합의 현황

1) 예장통합의 협동조합운동

예장생협은 농촌과 도시를 적극적으로 연결하여 상생하는 새로운 생활방식을 모색하며 건강하고 친환경적인 먹거리를 위해 힘쓰고 있다. 1989년 원주 호저교회가 호저생활협동조합(현 원주생협)을 시작으로 1990년대에는 여러 교회에서 생명농업운동을 전개하였다. 예장통합교단의 대표적인 협동조합운동은 다음 교회들을 중심으로 활발하게 진행되고 있다. 장성의 백운교회(한마음공동체), 거제 다대교회(한울타리공동체), 봉화 옥방교회(새누리공동체), 충주 은혜교회(한울공동체), 춘천 금산교회(새땅공동체), 고령 산당교회(땅지기공동체) 등이 있었는데, 이러한 생명운동은

생활협동조합운동으로 활발하게 전개되었다.[350]

장신영농조합은 친환경 농사를 통해 생명목회를 실천하고, 농촌교회가 감당하기 어려운 목회자의 생계 문제를 스스로 해결할 목적으로 2004년 예장통합 출신의 농촌목회자 8명이 설립했다. 농촌에서 재배한 특화작물이나 농산물을 도시교회와 직거래를 통해 수익을 창출한다. 영농조합에 참여한 교회가 재배하는 농작물은 느타리버섯과 호박, 가지와 된장, 고추장 등 저마다 특화된 작물이며, 이 외에도 고추나 쌀, 잡곡, 들기름, 참기름 등을 계약해서 재배하기도 한다. 또한 친환경 사료와 자연식 방사를 통해 생산되는 계란도 중요한 품목이다.

장신영농조합은 친환경 농산물뿐만 아니라 여러 형태의 농촌체험 프로그램을 통하여 도시교회와의 교류에 힘쓰고 있다. 도시의 청년이나 청소년을 위한 수련회나 특강 등을 통한 교육 프로그램 외에 두부만들기, 황토 및 천연염색, 역사탐방, 흙빚기, 농사체험 프로그램과 더불어 집수리 및 도배. 이미용 봉사, 의료봉사, 여름성경학교 지원, 노인시설방문 등의 농촌봉사프로그램을 병행하고 있다. 또한 장신영농조합에 참여하고 있는 교회들은 추수감사절 모든 교인들이 함께 모여 공동예배를 드리면서 친교를 나눈다. 이때에는 농촌의 전통 문화적 요소를 가미한 토착적 예배형식을 시도하기도 하며, 지역주민을 초청하여 마을공동체 전체의 축제가 되도록 힘쓰기도 한다.[351]

대구 YMCA는 가출청소년들을 마을 구성원으로 받아들이면서 담장허물기, 벽화 조성, 마을축제, 커뮤니티 비즈니스 등 다양한 시도를 하면

350 강성열 외,『목회매뉴얼-생명목회』, 51.
351 조용훈, “지역공동체운동을 통한 농촌교회 활성화 방안-마을기업을 중심으로”, 176-177 참고.

서 삼덕동 마을만들기를 주도하였다. 담장허물기로 시작된 삼덕동의 마을만들기는 동네 환경에 관심을 이끌면서 모범사례가 되었다. 시민운동가와 자원봉사자가 함께 담당허물기를 추진하면서 동네 박물관도 만들며, 골목 공동체 형성에 힘써 전국으로 파급되었다. 빛살미술관 개관, 무료 시간제 보육시설 애기똥풀놀이방, 어린이 이동도서관 코코, 희망자전거제작소 등과 같은 사업은 마을공동체를 든든하게 세우는 운동이다.

2) 마을공동체를 통한 협동조합운동

전통적으로 우리 사회는 마을 중심이었다. 마을이라는 울타리 속에서 서로를 보살피며 필요를 채워주는 공동체 중심적인 삶이었다. 그런데 우리 사회가 산업화와 도시화로 빠르게 진행되는 과정에서 공동체성은 약해지게 되었다. 전통사회에서는 마을이 공동체를 든든하게 세우는 울타리와 삶의 버팀목으로 기능하였지만 경제 성장과 물질적 풍요를 향한 질주 과정에서 전통적인 마을은 사라지고 개인의 삶은 파편화되었다. 아이들이 마음껏 뛰놀던 주택가의 골목은 도로와 주차장으로 변해버렸고, 구성원들이 공유하며 소통할 수 있는 공간 또한 찾아보기가 쉽지 않게 되었다. 마을 중심의 삶이 해체되면서 서로에 대해 냉담하고 이기적인 삶의 형태로 바뀌게 되면서 다양한 사회적 갈등이 생겨나게 되었다. 또한 지방의 소도시나 농어촌 지역은 저출산, 노령화, 그리고 젊은이들이 대거 도시로 이동하면서 인구가 급격히 줄어들고, 심지어는 소멸 위기에 직면하는 경우도 생겨나게 되었다.

이러한 위기 상황을 극복하려는 방안으로 지역공동체를 중심으로 한

마을만들기 운동이 전개되고 있다. 마을 중심의 삶을 회복하는 것이 현대 사회의 병리적인 현상을 치유할 수 있다. 경쟁보다는 보살핌, 타인을 짓밟고 내가 일어서야 한다는 강박관념보다는 보살핌을 우선시하며, 마을 사람들의 소리를 듣고 서로 대화하는 삶으로의 전환이 요구된다. '마을'이 살지 않으면 교회 또한 생존할 수 없다는 인식하에 교회가 마을과 함께 협력하며 성장을 모색하는 새로운 목회방안이 전개되고 있다. 마을공동체에 관한 관심은 교회가 사회적 신뢰를 잃으면서 고립되고 무기력해진 상황에서 벗어나 대사회적 신뢰와 영향력을 회복하기 위한 것이기도 하다. 마을공동체 운동은 농어촌교회의 범주를 넘어서 다음 세대와 직결되는 문제이기도 하다. 마을이 살아야 교회도 살고, 교회에 아이들이 있어야 교회도 유지될 수 있기 때문이다.

(1) 마을공동체 운동과 교회의 참여

① 마을공동체 운동

마을은 삶을 영위하는 공간이자, 서로 소통하고 지역공동체를 형성하는 모임 살이 공간이다.[352] 마을은 원래 몰술로부터 왔다. 몰은 촌(村)을, 술은 곡(谷), 즉 흙이라는 의미가 있다. 마을을 뜻하는 리(里)도 밭을 뜻하는 전(田)과 흙을 뜻하는 토(土)가 합쳐진 것으로 땅의 의미를 담아낸다.[353] 마을의 어원을 살펴볼 때, 마을은 땅과 연결되어 있으며, 우리가 둥지를 틀고 사는 삶의 터전임을 드러낸다.

오늘날 급변하는 시대적 흐름과 환경에 따라 마을은 새롭게 정의

---

352 이재민, 『마을공동체 만들기』 (서울: 커뮤니케이션북스, 2019), 1.
353 박종삼 외, 『마을 목회와 지역사회복지』 (서울: 동연, 2019), 132 참고.

될 필요가 있다. 록웰 스미스(Rockwell Smith)에 따르면, 지역사회는 특정 지역에 사는 사람들을 의미하고, 같은 경제적 사회적 서비스에 의존하고 살며, 소속감과 지역사회에 대한 충성심을 가지고 있는 것으로 정의하였다. 또한 힐러리(G. A. Hillery)에 의하면, 지역사회는 일정한 지리적 영역 안에서 공동의 유대를 가지고 사회적 상호작용을 하는 인간집단이라고 하였다.[354] 따라서 마을은 단순히 지리나 공간적 개념을 넘어 공동체에 대한 소속감과 유대, 생활의 체험과 역사적 기억을 지닌 구성원들이 더불어 살아가며 인간다운 삶을 가능케 하는 총체적 문화공간과 같은 보다 넓은 개념으로 정의될 필요가 있다.

한국의 전통사회는 마을을 중심으로 상호 노동 교환과 공동 참여, 상호부조가 잘 이루어졌던 공동체 중심 사회였다. 농촌은 생활 욕구 충족을 위한 생산활동을 주축으로 긴밀한 인간관계가 이루어지는 사회적 상호작용의 터전으로서 두레와 품앗이 같은 생산을 위한 노동의 결합과 교환이 이루어지고, 수리 시설의 공동설비와 관리, 농기계의 공동소유나 작업의 교환, 경제적 상호상조, 상호 저축을 위한 계조직, 관혼상제의 협동, 오락과 문화, 종교 등의 측면에서 긴밀한 관계가 이루어진 삶의 터전이었다.[355]

하지만 근대화 이후 도시화 산업화를 겪으면서 마을은 삭막한 관계로 변질되면서 공동체 의식이 사라지고 있다. 게오르그 짐멜(G. Simmel)에 따르면, 자본주의가 지배하는 도시의 삶과 화폐가 중심이 되는 문화는 돈에 대한 끊임없는 욕망을 자극하며 물신화시킨다. 화폐경제는 도시인의

354 같은 책, 50.
355 한국농어촌사회연구소 한국가톨릭농민회, 『지역사회 지배구조와 농민』 (서울: 연구사, 1990), 36.

삶을 냉소주의와 둔감함, 심리적 거리두기로 인해 신경질적으로 반응하게 만든다.[356] 콘크리트 건물로 구획된 도시의 삶은 익명성과 냉담함으로 관계를 더욱 단절시키고, 서로 경쟁하는 가운데 이익 중심의 관계로 파편화되면서 끈끈한 인간적인 관계마저 사라지게 된다.

농촌 사회의 위기는 오래전부터 쌓여 왔던 문제들로 인한 결과이다. 값싸게 들어오는 수입 농산물로 인해 국내에서 생산된 농산물은 생산 원가조차 맞추기가 어렵게 되었고, 유전자조작식품(GMO)과 다국적 식량회사의 종자독점으로 식량주권을 상실하고 있다. 또한 과다한 화학비료와 무차별적인 제초제 사용으로 인해 땅이 병들고 있다. 승자독식의 경제구조는 농촌 지역까지 잠식하여 농민들의 삶은 더 힘들어지고 있다.

같은 건물이나 지역에 살면서도 상호부조나 연대로 연결되지 않는데, 이는 공동체의 위기임과 동시에 사회적 돌봄의 위기이기도 하다. 소외된 개인이나 집단이 늘어날수록 소외된 이들의 상대적 박탈감이 확대되어 삶의 질이 저하될 뿐 아니라 공동체의 지속가능성까지 위협하게 된다. 이대로 방치하면 엄청난 사회적 비용이 발생할 것이다.

이러한 위기를 극복하기 위한 대안 중 하나가 바로 마을공동체 운동이다. 마하트마 간디는 '마을이 세계를 구한다'라고 강조하면서 마을스와라지(마을자치) 운동을 전개했다.[357] 간디에 따르면, 마을을 회복시키는 것은 사람을 살리고 사회를 살리며 세상을 구원하는 것이기에 마을공동체를 통한 자치운동을 전개했다. 마을공동체 운동은 신뢰와 호혜를 기반으로 서로에 대한 상호 책임과 공감과 소통, 돌봄과 나눔을 통해 윤리적인

---

356 Georg Simmel, 김덕영 옮김, 『돈의 철학』 (서울: 길, 2013), 425, 842 참고.
357 Mahatma Gandhi, 김태언 옮김, 『마을이 세계를 구한다』 (서울: 녹색평론사, 2011), 56.

가치를 추구하며, 이를 실천할 방안을 협력하며 모색하는 운동이다.

마을공동체 운동은 정부나 지방자치단체가 주도하는 정부주도형과 자발적인 시민단체가 중심이 된 민간주도형, 그리고 정부(지자체)와 민간이 연계한 혼합형으로 나눌 수 있으며, 지역에 따라 도시형과 농촌형으로 구분할 수 있다. 민간주도형은 주체에 따라 시민사회나 마을주민이 주도하는 유형과 교회가 주도하는 유형으로 나눌 수 있다. 국가(정부) 주도형은 새마을운동이나 서울형 마을공동체 운동, 농림부 주도의 전원마을 운동이 대표적이다.

시민단체들이 중심이 된 마을공동체 운동은 1990년대 들어서면서 생활과 밀접한 문제를 해결하기 위한 목적으로 다양한 형태의 자발적인 주민참여가 이루어졌으며, 1999년부터는 마을만들기 운동으로 발전하였다. 이러한 결과 걷고싶은도시만들기시민연대의 통학로 개선 활동, 인사동, 북촌, 부평 문화의 거리, 대구 YMCA의 삼덕동 골목 가꾸기(담장허물기, 벽화 조성, 마을 축제, 커뮤니티 비즈니스), 부산 해운대구 반송동의 희망세상(풀뿌리 주민 활동을 통한 마을환경개선, 복지, 교육, 느티나무도서관) 등의 괄목할만한 성과가 있었다.[358]

마을공동체 운동은 2000년대 중반부터 정부나 지자체의 지원으로 더욱 활성화되었으나 도시개발을 둘러싸고 갈등을 빚으면서 공동체 중심의 도시형 마을만들기로 대안을 모색하였다. 2005년 정부가 마을만들기를 정책의제로 제기하자 마을공동체 운동이 주목받았으며, 2007년부터는 마을만들기 시범사업 등으로 정책이 구체화되었다. 2007년부터 3년간 국토부에서 총괄했던 이 사업은 선정된 도시에 1년에 10~30억 원, 마을은 1~2

---

358 김기호 외, 『우리, 마을 만들기』 (고양: 나무도시, 2012), 12.

억 원의 사업비를 지원했는데, 동사무소와 주민자치센터는 지역경쟁력 강화 차원에서 적극적으로 참여하면서 다양한 유형의 마을만들기가 시도되었다.[359] 그 결과 문재인 정부 시절 서울시의 찾동(찾아가는 동주민 센터), 서울형 혁신교육지구, 마을공동체 사업이 추진되었으며, 경기도의 따복 공동체(따뜻하고 복된 마을공동체) 등이 진행되었다.[360]

현재 마을공동체 운동은 자발적인 마을주민이 주축이 되어 정부나 지자체의 지원을 받아 진행하는 혼합형으로 전개되고 있다. 그동안 진행되었던 마을만들기 사업은 다음과 같은 문제점이 노출되었다. 첫째, 마을만들기 사업이 지역의 발전을 주목적으로 진행되었지만, 일부 전문가와 공무원이 주도하여 합리성과 효율성만을 추구하면서 정작 주체가 되어야 할 마을주민들은 소외되는 부작용을 낳았다. 둘째, 마을만들기 사업이 건축, 토목, 조경 등 하드웨어 중심의 토건 사업이 주를 이루면서 농촌을 관광지화하거나 생태공원화하는 등 물리적인 경관 조성에만 치우치는 경우가 있었다. 셋째, 마을만들기 사업이 정부나 지자체에서 예산을 지원받는 공모사업으로 진행하는 과정에서 마을 실정에 맞게 유연하게 대응할 수 없어 결국 재정만 쓰고 지속성이 없는 사업이 되는 경우가 있었다. 넷째, 마을만들기 사업으로 지원되는 돈 때문에 오히려 공동체가 갈등을 겪는 일도 있었으며, 마을공동체 활동이 흥미 위주의 활동으로 전락하거나, 행정기관의 홍보 수단으로 활용되는 등 제 본연의 기능을 수행하지 못하는 경우도 있었다.[361]

---

359 같은 책, 23 참고,

360 노영상, 『마을교회 개론』, 284.

361 이재민, 『마을 공동체 만들기』, 30, 70 참고. 우양우 외, 『우리는 마을에 산다』 (서울: 살림터, 2018), 25 참고.

도시 근교나 농촌지역의 교회가 지역사회의 현안에 뛰어들어 지역공동체를 활성화하기 위해 힘쓰는 것은 의미가 있다. 교회의 대사회적 참여는 기독교가 초기부터 농촌운동에 선도적으로 참여하여 문맹퇴치, 농사개량, 협동정신 등을 고취시킴으로 농촌경제 활성화를 위해 힘쓴 일과 민중교회를 통해 농민 노동자 등과 함께 산업선교에 힘썼던 일과 연계된다.[362]

일제강점기 장로교 농촌부 총무였던 배민수는 '예수촌운동'을 통해 기독교 신앙을 기반으로 한 공동체운동의 이상을 실현하고자 했다. 김용기는 가나안농군학교를 통해 기독교 신앙에 기초한 공동체 운동을 전개하였다. 김용기의 공동체 운동은 1931년 봉안 이상촌을 시작으로, 삼각산 농장(1946년), 용인의 에덴향(1952년), 경기도 하남의 가나안농장(1954년), 강원도 신림의 신림동산(1957년)으로 이어졌다.[363] 또한 산업화 시대 김진홍은 청계천에서 빈민운동을 하다가 도시재개발로 인해 어쩔 수 없이 삶의 터전을 옮기게 되자 두레마을 공동체를 통해 활동을 지속하였다.

1950년대 후반부터 공업화 정책과 도시화가 진행되면서 민중선교에 대한 관심으로 노동자 문제에 관심을 갖고 산업선교에 참여하게 되었는데, 지역의 생산 현장과 생활 현장으로 들어가 지역적 토대와 대중적 토대를 확충하려 노력하였다. 산업선교는 1957년 예장, 1961년 감리교, 1962년 성공회, 1963년 기장, 1965년 구세군과 복음교회가 참여하였다.[364] 야학과 상담소, 탁아소와 공부방 등의 주민 선교 프로그램을 통해 지역에 깊이 뿌리내렸다. 1970년대 초반에는 망원동 뚝방 일대, 신설동, 광주대단지

---

362 최경석, "기독교 사회윤리학에서 바라본 한국 개신교의 경제운동에 대한 평가," 『기독교사회윤리』 42 (2018), 280. 민중교회자료집편집위원회, 『민중의 교회, 민족의 희망』, 한국민중교회운동연합자료집, (1996) 참고.

363 노영상, 『마을교회 개론』, 120 참고.

364 민중교회자료집편집위원회, 『민중의 교회, 민족의 희망』, 9, 117 참고.

등 20여 곳의 빈민 지역을 중심으로 선교활동을 펼쳤다.[365] 당시 빈민 선교는 주민들의 자주적인 행동을 지역문제 해결의 동력으로 보고, 가난한 주민들이 스스로 주체가 됨으로써 자신들의 삶의 수준과 의식을 변화시키도록 도왔다. 이후 도심재개발로 인해 외곽지역으로 강제로 이주당하는 철거민들의 재정착과 자립·자활을 도왔다. 이러한 노력이 결실을 맺어 양평동 철거민을 위한 '복음자리' 마을공동체, 1980년대 초 목동 철거민을 위한 '한독주택마을'과 '목화마을' 등이 생겨났다.[366]

② 교회의 마을공동체 운동 참여

최근 마을공동체 운동에 대한 교회의 지나친 관심과 참여는 시민사회의 반발과 우려를 낳고 있다. 시민사회를 중심으로 활동해온 지역 활동가들은 교회의 참여에 의심의 눈초리로 대하고 있다. 마을은 그동안 전도의 대상으로 여겨져 왔기에 마을공동체 운동 또한 전도를 통한 교세 확장의 방편일 것으로 여긴다. 그리고 교회가 인적 자원과 물적 자원을 총동원하여 참여함으로 인해 마을생태계나 기존의 질서를 깰 우려가 있기에 그동안 마을을 위해 힘써온 활동가들 입장에서는 탐탁지 않게 보일 수도 있다.[367]

교회는 지역사회를 구성하는 한 구성원임과 동시에 지역사회를 위해 존재한다. 교회가 제 역할을 감당하기 위해서는 교회가 속한 지역사회와 긴밀한 관계를 유지하면서 마을을 품어야 한다. 이를 위해 목회자는 먼저 교회의 테두리를 넘어 지역사회를 품어야 한다. 지역사회의 필요가 무엇인

---

365 같은 책, 117, 243 참고.
366 김기호 외, 『우리, 마을 만들기』, 16 참고.
367 노영상, 『마을교회 개론』, 74-75 참고.

지, 이러한 필요를 채우기 위해 교회가 할 수 있는 부분은 어떤 것이 있는지 적극적으로 살피고, 섬기려는 자세가 필요하다. 교회가 지역사회에서 역할을 감당하려면 지역사회와 소통하기를 힘써야 하며, 이를 위해 관계 형성을 통해 접촉점을 갖는 것이 중요하다.

충남 아산 송악교회 이종명 목사는 송남초등학교의 시범 교사로 자청하여 아이들과 산과 들로 다니며 자연체험학습을 실시하여 어린이들과 부모들의 관심과 사랑을 받게 되었다. 송남초등학교는 학생이 없어 학급 수를 줄이는 감소 추세에 있다가 체험학습으로 활기를 띠게 되었고 도시 지역에 살던 젊은 가정들이 대거 이사하여 학급수가 늘어나고 학부모들의 자발적인 봉사와 참여로 변모하게 되었다. 이종명 목사는 귀농하는 이들을 위하여 비닐하우스 설치법을 가르치고 공동 농사를 할 수 있도록 강의하고 협력하여 소득향상에도 도움을 주고 있다.[368]

송악교회의 사례에서 보듯, 교회가 마을공동체 운동에 참여하는 것은 첫째, 지역사회를 살리고 활기를 불어넣는 새로운 목회방식과 선교전략이다. 대도시와 달리 농촌교회들은 열악한 재정 형편과 더불어 고령화로 인한 교인 수의 자연 감소로 활기를 잃어가고 있으며 미자립 상태로 정체되어 있다. 마을공동체 운동은 쇠락해가는 마을에 활기를 불어넣고 마을의 지속가능성을 증가시킨다. 마을공동체 운동을 통한 경제활동으로 농촌교회들은 열악한 재정에서 벗어날 수 있을 뿐 아니라 교인이나 지역 주민에게 적절한 일자리를 제공하고, 경제활동으로 창출한 이윤을 지역사회에 재투자함으로써 지역사회에 활기를 불어넣을 수 있다. 교회가 지역공동체의

---

368 김도일, "마을 목회, 마을 학교에 관한 기독교 교육적 고찰," 노영상, 『마을교회 개론』, 153.

사회와 문화 속으로 스며들어 교회의 모든 자원을 동원하여 세상을 섬기며 하나님 나라를 실현하는 효과적인 방식이다.

둘째, 마을공동체 운동은 교회의 공적 책임을 드러내는 효과적인 방식이다. 신앙은 사적인 일(private affairs)에 머물러서는 안 되며, 공적인 영역으로 확장되어야 한다. 신앙은 공공 영역에서 소명 받은 청지기로 살면서 윤리적 실천을 요구받는데, 이것이 바로 공공신학(public theology)이 추구하는 핵심 가치이다.[369] 맥스 스택하우스(Max L. Stackhouse)에 따르면, 신자들의 내적 신념과 개인적 종교 행위는 삶의 공적 영역에도 영향을 미친다. 종교는 신자의 내면세계에 자리 잡은 것이지만 동시에 외적으로 드러나는 요소를 지닌다. 종교 조직과 건물은 그 종교의 성격과 특징을 반영하면서 지역 사람들에게 신앙의 내면세계를 드러내며 신앙으로 초청하는 역할을 하게 된다.[370] 신앙공동체는 어떤 형태로든 공적인 영역으로 노출되면서 영향을 받게 되는데, 교회가 마을공동체 운동에 참여하는 것은 지역사회에 대한 교회의 공적 책임을 드러내는 방식이 된다.

미르체아 엘리아데(Mircea Eliade, 1907~1986)에 의하면, 인간의 존재 양식은 거룩함과 세속성이라는 경험의 두 가지 양식을 갈라놓는 심연이 선명하게 드러난다.[371] 거룩함과 세속성의 분리는 거룩한 공간과 시간을 구심점으로 일상을 구성하는 세속의 공간과 시간까지 질서 있게 배치함으로써 무질서에 속했던 삶을 정갈하고 거룩하게 만든다. 하지만 노동과 재생산, 소비의 경제성을 최고로 확보하기 위해 공간을 계획적으로 구획하고 나아가 더 많은 이윤의 창출을 위해 시간까지 균질한 단위로 수량화되는

---

369 새세대 교회윤리연구소, 『공공신학이란 무엇인가?』 (서울: 북코리아, 2007), 7.
370 같은 책, 31.
371 Mircea Eliade, 이동하 옮김, 『성과 속: 종교의 본질』 (서울: 학민사, 1988), 13.

근대 도시문명에 의해 흔들리게 되었다. 지나친 세속화로 인해 거룩의 세계와 역사가 파괴되었으며 이로 인해 인간의 삶 역시 그 존재의 깊이를 상실해 버렸다는 것이다.[372]

하비 콕스(Harvey Cox)는 교회야말로 도시 내부에 자리 잡은 게토의 가난한 주민들에 대한 교외 지역의 부유한 주민들의 관심과 책임, 나아가 희생을 일깨워야 하는데, 이러한 책임과 희생이 단순한 구제 사역에 머무는 것이 아니라 1960년대 시카고 우들론 지역의 예처럼 빈민 지역 주민들을 위한 임대료 보이콧, 피케팅 등과 같은 정치사회 운동과 함께 가야 한다고 보았다. 세속도시 속의 교회는 부유한 지역의 사람들과 가난한 지역의 사람들을 서로 관계 맺게 하는 사회정치적 매개체로서의 역할을 해야 한다. 교회의 이웃사랑을 위한 윤리적 실천은 지역과 지역, 사람과 사람 사이를 연결하는 매개체가 되어야 한다.

다음은 교회가 마을공동체 운동에 참여하고 있는 대표적인 사례들이다. 하나의 교회(공동체)가 여러 유형을 동시에 진행하는 경우도 있는데, 이를 대표적인 유형으로 분류하면 다음과 같다.

유형	대표 사례
생태공동체 운동	전남 장성 백운교회의 한마음공동체, 경북 봉화 옥방교회의 새누리공동체, 충북 보은 보나교회의 수마을, 경남 산청 민들레교회의 민들레공동체 아산 송악교회의 생태공동체, 거제 다대교회의 한울타리공동체 충주 은혜교회의 한울공동체, 춘천 금산교회의 새땅공동체, 고령 산당교회의 땅지기공동체, 전남 보성 복내산촌생태마을공동체 전북 남원 갈계교회, 경기 이천 임마누엘교회, 전북 진안 좌포교회 보은, 영암, 고흥의 선애빌마을, 산청 간디학교, 장수 하늘소마을, 무주 진도리 광대정마을

372 김혜령, "마을공동체운동과 마을교회", 228.

복지공동체 운동	천안 광덕교회, 원주 작은예수공동체, 해남 새롬교회 경북 포항 구룡포 석병교회, 전남 곡성 원등교회, 덕수교회, 연신내 광현교회 충북 괴산 추점교회, 전북 정읍 농촌샬렘교회, 전북 운주 금당교회 화천 시골교회, 영광 여민동락공동체
문화공동체 운동	충북 청주 쌍샘자연교회, 전북 진안 봉곡교회, 강원도 화천 원천교회, 충남 보령 시온교회 전남 강진 신전중앙교회, 성공회 원주교회, 충북 음성 생극교회
경제공동체 운동	전남 고흥 매곡교회(전통에덴식품), 충남 예산 광시송림교회(꿈포유), 경남 거제다대교회(한울타리공동체), 충북 옥천 창대교회(창대떡방앗간) 담양 개동교회(담양개동마을회), 광시송림교회(꿈이 익는 영농조합) 장신영농조합, 홍동마을, 화순 신실한교회(힐링알토스 협동조합) 거창 대산교회(솔향담은 장마을), 인천 강화 콩세알나눔센터
다문화 공동체운동	전남 완도 성광교회, 거제도 다대교회 경북 상주교회 다문화공동체, 상주외국인학교
교육공동체 운동	한남제일교회(이태원), 새롬교회(부천 약대동)
종교 영성 공동체	태백의 예수원, 함양 두레마을, 단양 산위의 마을, 산청 민들레공동체

마을교회는 교회가 개교회만을 위한 교회가 아니라, 마을을 품고 세상을 살리기 위해 진력하는 교회이다. 마을교회는 교회가 마을 사람들의 전반적인 삶에 관심을 갖고, 마을 사람들과 긴밀하게 사귀면서 소통하고, 마을의 현안문제에 대해 적극 참여하면서 협력하는 데서 시작된다. 마을교회가 마을 사람들과 적극적으로 소통하고 참여함으로써 삶 전체 속에서 하나님의 나라가 구현될 수 있도록 힘쓰는 것이다. 공동식사, 공동육아, 공동노동 등을 통하여 더불어 할 수 있는 일들을 찾아내고 마을목회를 통해 이를 솔선수범하는 것이 중요하다.

마을교회는 성도들이 지역에 속한 공동체 주민들을 이웃으로 보게 함으로써 이웃사랑의 정신을 확산하는 교회이다. 마을교회는 교회만을 위한 교회가 아니라, 마을을 품고 세상을 살리기 위해 힘쓴다. 마을목회는 지역의 모든 주민을 목회의 대상으로 보는 것이다. 이 시대에 요청되는 바람직한 교회는 마을과 동떨어져 섬으로 있는 교회가 아니라, 마을로 들어가 마을의 중심에서 섬기며 봉사하는 교회이다. 마을목회는 교인들의 영혼 돌봄을 넘어 교회가 속한 지역주민의 전인적 삶에 관심을 두고, 지역사회 발전에 적극 참여하면서 지역과 함께 성장을 도모하는 것이며 지역사회 안에서 하나님 나라를 구현해 나가는 것이다. 마을목회를 위해 목회자는 마을의 대소사에 적극 참여하여 함께 기도해 주는 역할을 해야 한다. 마을 사람들을 많이 만나 이야기하고, 그들의 삶의 현장에 직접 다가간다.

마을교회를 통한 생명목회는 자연생태계 및 인간과의 온전한 관계를 회복하여 피조세계 안에서 작동하고 있는 하나님의 창조질서를 보존하는 목회이다. 농촌목회는 생명을 풍성하게 하는 먹을거리를 생산하는 생명농업과 지역의 모든 생명체에 대한 청지기로서의 돌봄, 즉 하나님의 피조세계에 대한 무분별한 개발과 파괴를 막고 적극적 돌봄의 실천까지 감당해야 한다.[373]

교회는 모이는 교회일 뿐만 아니라 흩어지는 교회이기도 하다. 교회는 모이는 교회로서 예배와 성경연구와 성도들 간의 교제를 통하여 건강한 예배공동체, 신앙공동체가 되어야 한다. 교회는 흩어지는 교회로서 봉사와 섬김과 비움과 나눔의 제자도를 모범적으로 실천하는 생활공동체이며 공공 기관으로서의 역할을 감당해야 한다. 교회를 통하여 축적된 사회적 자본이 교회 밖으로 확장되어 마을 사람들과 함께 사회적 자본을 쌓게 됨으로 교회가 마을의 중심적인 역할을 함으로써 마을을 섬기는 주요 기관

---

373 강성열 외, 『목회매뉴얼-생명목회』, 74.

으로 자리잡을 수 있게 된다.

교회는 혼자만 잘되는 공동체가 아니라 세상을 품고 함께 잘사는 마을공동체와 세상을 만들기 위해 힘쓰는 공동체이다. 교회는 지역 마을의 다양한 특성을 연구하고 그들의 필요를 파악하여 주민들과 끈끈한 접촉점을 갖도록 노력해야 할 것이다. 특히 마을목회는 지역 내에서 복지의 혜택을 받지 못하는 사람들을 그리스도의 마음으로 돌보는 데 역점을 두어야 한다.

교회가 마을공동체 운동에 참여할 때, 개교회 차원의 참여보다는 지역교회들과 함께 연합하여 참여하는 것이 더 효과적이며 지속적인 영향력을 발휘할 수 있다. 지역교회들이 협력하여 마을기업을 운영하면서 실직으로 어려움을 겪는 소외계층에게 일자리를 제공하고, 지역주민들을 위한 복지와 서비스를 제공하고 적절한 직업교육을 병행하면서 지원하는 것이 효과적이다.

교회는 교회의 문을 활짝 열어야 한다. 교회가 문을 먼저 열지 않고서는 폐쇄성에서 벗어날 수 없다. 교회가 마을에서 빛과 소금이 되고 마을공동체를 이끌고 함께 가고자 한다면 교회 문을 열고, 성도들의 마음도 활짝 열어야 한다. 문을 연다는 것은 생각의 변화를 의미하며, 이웃의 입장과 생각을 먼저 고려한다는 뜻이다. 교회를 에워싸고 있는 경계를 허물고 평화롭게 공존하고 서로 연대하고 협력하기 위해 교회당 담장 밖의 마을 사람들에게 삶으로 보여 줄 수 있어야 한다.

앤드류 모슨(Andrew Mawson) 목사가 1984년 런던 동부 브롬리 바이 보우(Bromely By Bow) 지역의 교회로 부임했을 때, 200석 규모의 교회에는 12명의 70대 이상 노인들만 있었다. 브롬리 바이 보우 지역은 극빈곤 지역으로서, 2001년 기준 40%의 가난한 원주민, 40%의 방글라데시인,

20%의 아프리카인, 동유럽과 소수민족으로 구성된 다민족복합지역이었으며, 기독교, 이슬람교, 힌두교, 불교, 유대교 등 다양한 종교가 혼재해 있었다. 이주민, 망명자, 가난한 이들이 대부분인 마을 사람들은 고립된 채 외로움이나 좌절을 경험하고 있었으며, 누구나 기회만 되면 떠나고자 하였다. 마을 주민들은 복지기관의 보조금이나 임시방편으로 근근이 유지하고 있었다.

마침 교회 주변에는 런던 중심가의 높은 집세를 감당하지 못하고 밀려나 그곳까지 이사 온 젊은 예술가들이 있었다. 모슨 목사는 젊은 예술가들에게 교회 강당을 작업실로 내주게 되었고, 점차 교회의 노인들과 젊은 예술가들 사이에 관계망이 생기기 시작했다. 모슨 목사는 보육, 탁아, 건강 등의 지역문제를 인식하고 이를 해결하기 위해 교회의 한 곳을 아이들의 탁아공간으로 개방하였다. 주일에는 예배 장소로, 평일에는 보육시설이나 집회 장소로, 특별한 때에는 갤러리나 지역주민을 위한 행사 장소로 개방하여 공유하는 복합공간으로 만들었다. 모슨 목사는 주민들을 만나 그들의 욕구를 확인하고, 교회 공간을 플랫폼으로 개방하고 지역사회의 필요를 충족시키기 위해 노력했다. 이를 계기로 브롬리 바이 보우 센터(BBBC)가 설립되었다.[374]

모슨 목사는 시대의 흐름을 파악하고 이를 적절한 방식으로 구현했다. 그는 주민 스스로 지역재생의 원동력이 되고 커뮤니티를 재생하는 방법으로서 사회적 기업을 통해 주민을 사회적 창업가로 키우고자 했다.[375] 그는 지역주민들을 만나면서 필요가 무엇인지 발견하고, 자조 그룹을 만

---

374 심성보 외, 『마을교육공동체운동』 (서울: 살림터, 2019), 287.
375 니시야마 야스오 & 니사야마 야에코, 김영훈·김기수·최광복 옮김, 『영국의 거버넌스형 마을 만들기』 (서울: 기문당, 2009), 200.

들어 해결하도록 함과 동시에 사회적 기업을 만들어 정부의 지원금을 따오고, 지역의 대형마트 체인과도 사업적 제휴를 맺으면서 낙후된 지역에 새로운 활력을 불러일으켰다.[376]

교회는 더 나아가 교회 옆 공원을 관리하는 사회적 기업을 만들어 지역주민들의 일자리를 만들어 자력갱생의 대안을 찾았다. 그리고 장애인들을 위한 돌봄 서비스, 카페와 도서관 개설, 지역 예술가나 문화인들을 초청하여 지역 주민들을 교육하도록 하여 훌륭한 작품들이 만들어지게 되었다. BBBC는 혁신적 디자인과 따뜻한 환대가 느껴지는 창의성과 노력의 플랫폼으로서 현재 100여 명의 스태프가 매주 100개 이상의 활동을 운영하거나 지원하는 3,700평의 지역공원으로 탈바꿈했다. 또한 지역개발을 위한 3억 파운드(한화 약 4,500억 원) 규모의 임대주택 개발을 맡아 8,000여 개의 부동산을 관리하는 공공업무도 담당하게 되었다.

마을 목회는 시혜적 차원의 목회나 교회의 지속가능성을 확보하기 위한 수단이 아니라 자기를 비우고 마을을 위해 온전히 헌신하려는 섬김에서 시작되어야 한다. 마을은 전도의 대상이 아닌 섬김의 대상이라는 고백에서 시작해야 한다. 교회가 지닌 사회적 자본이 가치를 발휘하기 위해서는 마을공동체 안에서 소금처럼 자신을 녹이는 헌신과 사랑의 실천이 동반되어야 한다.

강원도 홍천군 도심리교회의 홍동완 목사는 호주에서 선교사 훈련을 받던 중 선교사들의 갈등을 목격하면서 선교사의 꿈을 접고, 몇 가정과 뜻을 모아 홍천의 한 시골로 들어가 영적인 삶을 함께 하고자 했다. 그가 도심리 골짜기로 들어가자, 지역 주민들은 그의 이사를 반대하기도 했

---

376 심성보 외, 『마을교육공동체운동』, 289.

다. 하지만 그는 예리한 감성과 공감 능력으로 지역 주민들에게 자연스럽게 스며들었다. 지하수를 끌어 올리는 모터가 자주 고장나자, 그는 밤낮을 가리지 않고 모터를 고쳐주었고 그의 진심을 이해한 마을 사람들도 그를 점차 좋아하기 시작했다.

한번은 마을 사람이 "동완이는 목사님인데 왜 교회를 안 하느냐"고 묻자, 그는 도심리에 들어올 때 "교회를 설립하지 않고 전도하지 않겠다"고 결심했다고 대답했다. 그러자 마을 사람들은 "그러면 약속을 지키기 위해서라도 우리가 교회를 시작할 테니 동완이가 이젠 목사님으로 부임하면 되지 않겠냐"고 하여 도심리교회가 탄생하였다. 홍동완 목사는 마을주민과 함께 곰취나물을 비롯한 채소를 지배하고 수확한 채소를 유통하여 마을의 경제적 자립에도 기여하고 있다.[377] 이처럼 마을 목회는 마음 목회이며, 사랑과 인내, 진정성으로 마을 속으로 자연스럽게 스며드는 목회임을 알 수 있다.

③ 마을공동체 운동의 의의

교회는 선교 초기부터 이웃사랑 정신을 바탕으로 복지의 사각 지역에 있는 소외된 이웃을 위한 섬김과 봉사를 실천하면서 지역사회를 위한 봉사에 중심적인 역할을 하면서 대사회적 책무를 감당하였다. 교회가 참여하는 마을공동체 운동은 다음과 같은 점에서 의의가 있다.

첫째, 마을공동체를 통한 자립적인 경제활동은 신자유주의 시장경제에 대한 창조적인 대안이 된다. 마을기업은 지역 주민의 일자리를 만들어

---

377 김도일, "기독교의 공공성과 마을목회의 기독교교육적 함의," 『종교교육학연구』 70 (2022. 8), 177-178.

소득을 증대시키고, 지역사회에 필요한 복지서비스를 제공함으로써 지역사회의 문제를 스스로 해결하는 방식이다. 마을기업은 경제활동으로 창출한 이윤을 지역사회에 재투자함으로써 쇠락해가는 마을공동체에 활기를 다시 불어넣는다. 그런 점에서 마을공동체 운동은 무한경쟁으로 인한 고용불안과 실업 문제 등과 같은 신자유주의적 시장경제가 초래하는 문제를 완화하기 위한 대안이 된다.

신자유주의가 전세계적으로 확장되면서 자본주의 시장경제를 장악하는 데 비해 마을공동체를 통한 마을기업은 상대적으로 미약하고 취약한 듯 보인다. 하지만 지역을 중심으로 한 풀뿌리 공동체운동이 미치는 파급효과는 크다. 프랑스 파리에는 콜리브리(Colibris)라는 단체가 있는데, 이 단체는 콜리브리(벌새)가 등장하는 전설에서 유래했다. 옛날 어느 숲에 큰 불이 나자 동물들이 모두 달아나 멀리서 바라보고만 있었다. 그런데 작은 벌새 한 마리가 나뭇잎에 물을 떠다 불을 끄려 하였다. 신이 작은 벌새에게 "벌새야 너 그래봤자 아무 소용도 없다는 걸 아니?"라고 말했다. 그러자 벌새는 '나도 알지만 내가 할 수 있는 일을 하는 것뿐입니다'라고 대답했다고 한다. 작은 벌새를 통해 우리가 배우는 교훈은 각자 자기 자리에서 할 수 있는 일을 하면 된다는 것이다.

콜리브리는 작은 벌새 같은 이들로 인해 세상은 바뀔 것이라는 생각으로 알제리 출신의 생태운동가 피에르 라비(Pierre Rabhi)가 중심이 되어 2007년 만들어졌다. 콜리브리는 지역화폐운동, 경제자치와 주거, 유기농 생산자와 소비자의 직거래, 마을 공동텃밭가꾸기, 공동육아. 생태적 놀이방 등 삶의 모든 방식에서 뜻을 함께 하면서 결집하여 전국적 단위의 생

태적, 휴머니스트적 협동조합운동을 펼쳐나가고 있다.[378]

그라민은행은 저소득층의 자활을 위해 자금을 대출하고 교육하는 무담보 소액대출 서비스로 시작된 은행이다. 그라민이란 방글라데시어로 '마을'이라는 뜻으로, 그라민은행은 그동안 빈곤층 1억 가구에게 혜택을 제공하였다. 시작은 보잘 것 없었지만 작은 몸짓이 나비효과처럼 확산되어 수많은 이들이 경제적으로 자립할 수 있었다. 우리나라에서 저소득층을 위한 무담보 소액대출 운동은 거룩한빛광성교회가 모범적으로 진행하고 있다. 거룩한빛광성교회는 신용이나 담보가 없는 취약 계층에게 소액의 창업 자금을 담보나 보증 없이 빌려주는 미소금융 사역을 위해 2007년 10월 광성복지재단을 설립하였고, 2009년 2월에는 사회복지법인 해피월드복지재단으로 명칭을 변경하여 휴먼예금관리재단과 복지지원사업으로 15억원 계약을 체결했다. 2009년 6월에는 광성노인요양홈을 개원했다.[379]

해남 새롬교회에 부임한 이호군 목사는 중고트럭을 구입하여 10년 동안 폐지모으기로 마련한 1억 8천만 원으로 지역사회를 위한 봉사를 했으며, 새롬사회봉사단을 조직하여 매주 토요일 경로식당을 운영하고, 급식에 나올 수 없는 분들을 위해 도시락을 배달하였고, 매년 11월에는 사랑의 바자회를 열었다.[380] 사회적기업 ㈜콩세알을 통해 교인들의 일자리를 창출하고, 지역사회를 위한 활동에 필요한 재원을 마련하였으며, 초록가게를 통한 환경운동에 참여하는 한편, 다문화가정과도 협력하였다.[381] 새롬교회는 해남푸드뱅크와 새롬경로식당을 통해 지역주민들의 필요를 충족하

378 목수정, 『파리의 생활좌파들』 (서울: 생각정원, 2015), 203.
379 노영상, 『마을교회 마을목회 실천편』 (서울: 한국장로교출판사, 2018), 37.
380 한경호 외, 『마을을 일구는 농촌교회들』 (서울: 동연, 2019), 217.
381 같은 책, 219.

며 삶의 자리에 함께하면서 지역을 섬기고 있다.

담양의 개동교회는 전형적인 농촌마을의 이점을 살려 담양개동마을회라는 마을기업을 만들어 절임 배추 판매를 시작하였고, 딸기, 수박, 땅콩, 김장 체험으로 마을 사람들에게 수익을 얻게 하였다.[382] 마을기업은 공동체 활동을 통해 경제적 이윤을 발생시키고, 이러한 이윤을 다시 마을공동체를 위해 투자하는 선순환 체계를 구축함으로써, 외부의 재정 지원 없이 주민 스스로 경제적 자립을 가능하게 만든다.

전라도 화순 신실한 교회는 2013년 힐링알토스협동조합을 설립하여 2016년 행정자치부 지정 마을기업에 선정되었다. '힐링알토스'란 그리스어로 치유라는 뜻의 '힐링'과 곡식으로 만든 양식이라는 뜻의 '알토스'를 합하여 "우리 몸을 치유하는 음식"이라는 의미이다. 힐링알토스협동조합은 마을에서 생산되는 농산물을 이용하여 건강차, 잼, 지역농산물, 천연비누, 케냐커피를 생산, 가공하여 판매하면서 꾸준하게 성장하고 있다. 주력 상품인 작두콩차는 비염과 몸의 면역력을 향상시키는 효능이 인정되어 많은 주목을 받고 있다.[383]

홍요한 목사가 시무하는 진안의 좌포교회는 2015년 청년협업농장을 만들어 귀농인들을 대상으로 협동조합을 교육하면서 이들이 귀농하여 잘 정착하도록 돕고 있다.[384]

둘째, 마을공동체 운동은 신뢰와 호혜에 기반을 둔 사회적경제 운동으로 쇠락해가는 마을에 활기를 불어넣는다. 퍼트남에 따르면, 미국에서 볼링 리그의 감소는 자발적인 시민 결사체를 통한 공동체 참여가 급감하

382 강성열·백명기, 『한국교회의 미래와 마을 목회』 (서울: 한들, 2016), 48.
383 같은 책, 23, 29.
384 한경호 외, 『마을을 일구는 농촌 교회들』, 154.

는 현실을 상징적으로 보여준다. 나홀로 볼링족만 늘어나는 추세는 사회적 자본의 감소를 상징적으로 보여주며, 사회적 자본의 쇠퇴는 공동체의 삶의 질을 떨어뜨리게 된다.[385]

하지만 마을공동체 운동은 사회적 자본을 활성화시켜 마을에 활기를 불어넣는다. 퍼트넘은 사회적 자본을 개인들 사이의 관계성으로 정의했는데, 사회적 연결망과 호혜와 신뢰의 규범은 호혜적 관계의 촘촘한 네트워크 속에 자리 잡을 때 가장 강한 힘을 발휘한다고 하였다.[386] 사회적 자본은 집단의 문제를 쉽게 해결할 수 있도록 하며, 공동체를 부드럽게 움직이게 하는 윤활유 역할을 하며, 우리의 운명이 연결된 다양한 방식에 대한 인식의 폭을 넓힘으로써 우리의 처지를 개선하는 특징을 지닌다.[387]

칼 폴라니는 신자유주의 시대 이후에는 호혜와 우정이 지배하는 시대가 올 것으로 예견하였다. 신뢰, 호혜성, 상호교류, 나눔, 헌신과 보살핌 등의 특징을 지닌 사회적 자본은 교회와 공동체 양자를 끈끈하게 묶는다. 교회는 마을공동체를 위해 일하고, 마을주민은 교회에 혜택을 제공하게 된다. 교회와 마을공동체는 호혜적 관계로 묶여 모두에게 혜택을 제공하는 사회적 자본을 만드는 계기가 된다.[388]

사회적 자본은 마을공동체의 형성과 성장에 중요한 기능을 하면서 선순환 효과를 일으킨다. 피에르 부르디외는 사회적 자본을 인간관계 속에 존재하는 관계의 연결망을 통해 얻을 수 있는 실제적이고 잠재적인 자원의 총합으로 보았다. 사회적 자본은 사람들을 연결(linking), 결속

---

385 Robert D. Putnam, 『나 홀로 볼링』, 184-188.
386 같은 책, 17.
387 같은 책, 474-476.
388 Fred Olney & Lewis M. Burton, "Parish Church and Village Community: The Interchange of Social Capital in a Rural Setting," *Rural Theology* 9/1 (2011), 27.

(bonding), 연계(bridging)시켜 주는 효과로 나타나며, 서로 간에 두터운 신뢰 관계를 형성하게 하며, 서로를 돌봐주는 관계로 발전하여 민주시민으로서의 인식 향상에 영향을 미친다.[389]

자본주의의 발전에는 물적 자본, 인적 자본이 많은 사회가 상대적으로 유리하지만, 공동체 형성의 측면에서는 '선의, 동료 의식, 우정, 동정, 공감, 사회적 상호작용과 교류 등과 같은 사회적 자본이 더 중요하다. 경제적 효율성보다 사회적 자본이 긍정적이고 생산적인 기능을 하면서 사회 발전의 주요 동력으로 작용한다. 네트워킹, 지원, 정보를 포함하는 사회적 자본은 개인이나 집단이 필요로 하는 자원으로 저장될 수 있으며 다른 집단과 조직을 위해 사용될 수도 있는 이점이 있다. 사회적 자본을 기반으로 하는 사회적경제는 지역주민과 지역사회의 필요와 욕구와 관련된 재화와 서비스, 지역경제와 공동체의 재생, 취약 계층의 일자리 창출과 복지와 관련된 모든 과정에 참여하는 이해당사자들 간의 상호협의와 활동들로 구성된다.

마을공동체 운동은 신뢰와 호혜에 기반을 둔 사회적경제를 촉진하면서 낙후된 지역의 문화를 활성화할 수 있다. 각 지역의 특성을 활용한 향토문화축제, 문화예술공연 및 전시회, 전통문화를 활용한 다양한 문화콘텐츠를 통해 마을에 활기를 불어넣을 수 있다. 화순의 신실한 교회는 지역 주민을 위한 문화공간으로 활용하여 도서관, 바자회, 음악회, 농촌 체험학습 등의 콘텐츠를 개발하여 다양한 볼거리를 제공하면서 마을에 활기를 불어넣고 있다.[390]

---

389 김도일, "마을 목회, 마을학교에 관한 기독교교육적 고찰," 『기독교교육논총』 59 (2019), 172.

390 강성열·백명기, 『한국교회의 미래와 마을 목회』, 20.

마을기업과 연계한 공동체 운동은 주민의 자발적인 상호작용을 통해 지역의 문화가 전승되고 재생산되는 거점 역할을 함으로써 농촌사회의 자율성과 지속가능성을 증진한다. 충북 음성 생극교회의 안치석 목사는 10년 동안 교회 안에 머물면서 전형적인 교회 중심의 목회를 지속하다가 한계에 봉착하자 교회 밖으로 나와 지역을 살피던 중 건물을 임대하여 주민들과 만나는 장소로 문화센터를 설립하여 다양한 지역주민들을 만나면서 모임을 만들어 나갔다.[391] 안 목사는 교회 울타리를 넘어 지역사회 안에 세운 문화센터를 통해 교회 안에서는 만날 수 없었던 사람들을 만나 친교를 나누면서 선한 영향력을 펼쳐나가고 있다.

마을공동체를 위한 마을목회는 교회의 공공성 회복을 위한 노력일 뿐 아니라 교회의 대사회적 책무를 실현하는 일이기도 하다. 호혜와 신뢰로 서로 연대하고 협력하면서 서로의 삶을 돌보며, 사회적 자본을 키워나가는 방식이다. 마을목회를 통한 교회의 대사회적 참여는 교회의 선교적 사명을 다하는 일뿐 아니라 교회공동체와 마을공동체의 관계를 긴밀하게 연결하면서 교회의 공공성을 드러내는 계기가 된다.

'함께하는교회'와 '언덕나무교회'는 마을공동체 형성을 우선적인 과제로 삼고 상호존중과 상호소통의 가치를 중시하며 적극적으로 마을공동체 운동을 펼쳐가고 있다. 인천시 계양구 효성2동의 함께하는교회는 2011년 4가정으로 시작하여 현재 20여 가정이 중심이 되어 '바오밥'(북 까페), '좋은나무학원', '함께하는 커뮤니티'(비영리법인 마을교육문화센터) 등을 교회와 마을주민들이 공동 운영하고 있다. 함께하는교회는 교회와 마을의 경계를 넘는 인문학독서모임 '청춘다방'을 이끌고 있으며, 공동체 내부 신

391 한국일, "선교적 교회와 마을목회," 노영상, 『마을교회 개론』, 178.

앙모임과 독서모임, 마을주민들과의 동아리 모임 등을 통해 마을공동체를 든든하게 세우면서 크고 작은 주민 중심의 소모임을 이끄는 근거지로서 역할을 하고 있다.[392]

'언덕나무교회'는 '이타카'(북까페)를 교회이자 마을주민들이 함께 사용하는 공동의 공간으로 활용하고 있다. 청소년들을 위한 학습공간, 학부모의 공예, 악기, 발표회 등 다양한 문화공간으로 폭넓게 활용하면서 마을주민들로부터 마을 어귀의 평상 같은 편안하고 안락한 북까페로 인정받고 있다.[393]

충남 보령 시온교회(김영진 목사)는 지역의 필요를 채워주면서 마을에 활기를 불어넣고 있다. 폐교를 앞둔 낙동초등학교를 되살리고, 미생물(EM)을 활용한 친환경 농법을 마을에 도입하였다. 지역과 호흡하기 위해 기획한 마을 잔치가 정부가 후원하는 '찾아가는 문화프로그램'으로 발전하여 매년 1,500여 명의 관람객이 찾는 대형축제가 되었다. 시온교회는 지역교회 목회자들과 '신죽리 수목원네트워크'를 만들어 커피 로스팅, 맷돌, 치즈 만들기 체험 등을 비롯해 다육식물, EM 비누, 말통커피(보령커피), 유기농 우유 등과 같은 친환경 먹거리로 수익을 창출하고 있다.[394]

셋째, 마을공동체 운동은 주민의 자치역량과 공동체 의식을 강화함으로써 공동체를 든든히 세우는 역할을 한다. 테일러(M. Taylor)에 따르면, 공동체에는 첫째, 공유된 가치와 신념, 둘째, 구성원들 사이의 직접적이며, 동시에 다면적·복합적인 관계, 셋째, 호혜성의 실천 등 세 가지 특징이 있

392 고성휘, "교회의 마을 목회 전환과 마을공동체 교육에 있어서의 활동유형 연구," 『종교교육학연구』 66 (2021), 190.
393 강성열·백명기, 『한국교회의 미래와 마을 목회』, 20.
394 박승탁, "마을목회에 대한 교회사회복지의 실천 방안 고찰," 『신학과 목회』 53 (2020. 6), 248.

다.

페퍼(D. Pepper)는 마을공동체를 구성하는 다음과 같은 여섯 가지 요소를 제시했다. 첫째, 공동체 구성원의 자율적 의지에 따른 낮은 진입 장벽, 둘째, 직접적인 대면 관계가 발생하는 범위의 형성, 셋째, 일상생활 요소로서 한 가지 이상을 공유하거나 나누는 구체적 활동, 넷째, 공동체 구성원들의 가정의 사생활을 제외하고 다른 관계에 비해 우선한 공동체 관계를 유지하는 것, 다섯째, 경제적 이해관계를 넘어서며, 공동체 내 이해 가능한 목적의 공동 관심, 여섯째, 구성원들이 대안적 사회를 추구하는 과정을 중요시하는 자세다.[395]

주민자치는 민주주의의 발전을 위해 중요한 개념이다. 서구에서 민주주의가 발전한 나라들은 모두 자발적인 주민자치 활동이 활성화되어 있다. 마을공동체 운동은 마을주민 스스로 주체적 시민의식을 가지고 마을의 당면 문제를 찾아내어 스스로 해결책을 모색해 나가는 것이다. 마을공동체 운동은 관 주도의 하향식 운동이라기보다는 주민이 주도하는 상향식 운동이며, 지방자치 분권화를 통한 풀뿌리 민주주의를 정착시키려는 노력이기도 하다.

마을공동체 운동을 통해 지역사회를 조직화하는 것은 지역 주민의 자치 역량 강화와 시민적 역량을 높여 지역사회를 변화시키는 계기가 된다.[396] 시민의 참여는 자발성, 지역성, 사회성의 특징을 지닌다. 첫째, 시민의 참여는 자발성을 지니기에 개인적인 헌신과 공공을 위한 도덕적인 덕목이 요청된다. 둘째, 시민의 참여는 지역성을 지니기에 자신이 속한 공동체에서

395 이재민, 『마을 공동체 만들기』, 28.
396 심성보 외, 『마을교육공동체운동』, 19.

영향력을 지니도록 의식을 부여한다. 셋째, 시민의 참여는 사회성을 지니기에 다른 사람과의 관계 속에서 잘 드러난다.

정재영은 '눈에 보이는' 마을만들기와 '눈에 보이지 않는' 마을만들기의 두 측면을 강조하였다. 눈에 보이는 마을만들기는 마을 사람들의 활동으로 형성되는 마을이지만, 눈에 보이지 않는 마을만들기는 사람 만들기라는 것이다. 이는 참여하는 마을 사람들이 시민의식을 가지고 참여하도록 의식을 개혁하는 것을 가리킨다.[397] 공동체 의식은 구성원들의 사회적 결속과 관련된 집합의식으로서 소속감과 애착, 정체성, 유대감, 상호교류, 연대와 협력 등의 특징을 지닌다. 따라서 마을공동체 운동은 구성원들의 소속감과 정체성을 강화할 뿐 아니라 공동의 과제를 해결하기 위해 연대와 협력을 효과적으로 끌어낸다.

전남 완도의 성광교회는 720여 개의 평신도 사역위원회를 통해 지역사회개발모델에 근거하여 교인들의 자발적인 참여와 자조를 통해 지역사회와 함께하는 모범적인 교회이다. 먼저 지역사회의 필요를 파악하기 위해 지역문제발굴위원회, 지역문제대책위원회, 지역발전연구위원회, 지역행사지원위원회, 지역단체협력위원회, 지역행정협력위원회, 지역봉사연구기획위원회, 지역주민친화위원회, 지방자치연구위원회, 대완도표어사역위원회, 지역축제후원위원회, 사회복지개발위원회 등의 여러 위원회를 통해 지역의 문제를 파악하여 대책을 세우고, 교회 자체로 해야 할 일, 행정기관과 협력해야 할 일, 행정기관이 하도록 촉구하는 일로 나누어 시행하면서 지역 문제해결을 위한 자원을 발굴하고 적극적으로 활용하면서, 교인들의 역량을

397 정재영, "지역사회개발과 마을 목회," 노영상, 『마을교회 마을 목회 이론편』 (서울: 한국장로교출판사, 2018), 57.

강화하고 지역사회 응집력을 높이는 데 힘쓰고 있다.[398]

성광교회는 교인들의 역량 강화를 위해 대형면허증, 간병사, 사회복지사, 보육교사, 청소년상담사, 한글교사자격증 등과 같은 자격증을 취득하도록 지원하였으며, 행정관서 및 지역의 타교단 교회 및 지역 단체들과 유기적인 협력 체계 구축과 공동 사업에 앞장서고 있다. 또한 성광교회는 기초자치단체가 진행하는 여러 사업에 적극 협력하면서 지역사회의 신뢰를 받아왔으며, 행정기관의 요청으로 노인전문요양원, 청소년회관을 교회가 운영하면서 마을에서 중심적인 역할을 하고 있다.[399] 이처럼 다양한 은사와 자질을 지닌 성도들로 구성된 교회가 마을공동체에 참여하는 것은 세상 속에서 빛과 소금의 역할을 감당하며 하나님 나라를 구현하는 효과적인 방식이다.

(2) 마을공동체 운동의 현실과 실천과제

① 젠트리피케이션과 도시형 마을공동체 회복

도시형 마을공동체가 직면한 현실적 문제는 젠트리피케이션(gentrification)이다. 젠트리피케이션의 원래 의미는 중산층 이상의 계층이 도심 지역의 노후한 주택으로 이사하면서 기존의 저소득층 주민을 대체하는 현상을 말한다. 본래는 외부인이 들어와 지역이 활성화되는 것을 뜻했지만, 지금은 그 지역에 거주하던 원주민이 경제적인 이유로 다른 지역으로 밀려나는 현상을 뜻하게 되었다. 젠트리피케이션은 도시 재활성화로

---

398 손신, "지역사회와 함께 하는 교회의 실천 모델과 사례분석," 『한국기독교신학논총』 77 (2011. 10), 299-300 참고.

399 같은 책, 301.

부동산 가격이 상승하면서 원래 거주하던 저소득층은 떠나고 그 자리를 고소득층이 대신하는 현상이다.

도시가 재생되는 과정에서 저소득층이 대부분인 지역의 주민은 도심 밖으로 어쩔 수 없이 내몰리게 되고, 도시 재활성화로 인한 경제적 혜택은 대부분 부동산 중개업자와 개발업자에게 고스란히 돌아간다.[400] 예술가나 원주민이 낙후된 도시를 재생하고 활성화하는 데 앞장섰음에도 철저한 자본의 논리로 인해 노력한 이들은 인정받지 못한 채 도리어 불공정하게 배제되면서 도시 외곽으로 내몰리게 된다. 한때 낙후했던 구도심이자 한적한 주택가였던 홍대 앞, 서촌, 경리단길이 젊고 창의적인 예술가나 상인들에 의해 산뜻하고 맵시 있게 변신하자 많은 이들이 모여들게 되었고, 이에 따라 땅값, 건물값, 임대료가 폭등하게 되면서 거리에 활력을 불어넣은 변화의 주역들이 또다시 주변부로 쫓겨나게 되었다.[401]

은평구 한양주택은 주민들이 25년 동안 가꿔왔으나 2005년 은평뉴타운 사업이 결정되면서 주민들과 시민단체들의 격렬한 반대에도 불구하고 끝내 철거되었고, 동대문구 용두동 꽃길 골목은 2006년 도심재개발 과정에서 흔적도 없이 사라지게 되었고, 20여 년 동안 정을 붙이고 살았던 주민들은 뿔뿔이 흩어지게 되었다.[402] 이처럼 자본의 경제 논리에 함몰된 도시계획으로 그동안 주민들이 소중하게 가꾸어 온 삶의 터전과 더불어 마을 공동체는 붕괴하였다. 서울의 경리단 거리나 홍대 거리, 이태원 등에서 이권 문제로 크고 작은 갈등이 벌어지고 있다. 거주자나 세입자의 권리보다 건물주나 집주인의 소유권이 우선시되고 지지하는 현행 제도는 보완되거

---

400 정원오, 『도시의 역설, 젠트리피케이션』 (서울: 후마니타스, 2016), 20.
401 같은 책, 22.
402 김기호, 『우리, 마을 만들기』, 19.

나 수정될 필요가 있다.[403]

뉴타운 사업 등 재개발의 논리와 시공간의 저변을 뒤흔드는 자본의 폭력성 앞에 자생적인 마을공동체 운동은 지속성을 갖기 어려운 구조적 취약성을 지닌다. 도시계획은 도시의 쇠락한 공간을 개발의 대상으로 볼 뿐 보호하고 유지할 대상으로 보지 않는다. 오래된 저층 주거지를 철거하여 정돈된 아파트 단지로 변신시키는 과정을 반복하면서 낡은 도심이나 마을은 철거해야 할 대상이자 투기의 먹잇감으로 여긴다. 이런 사회적 분위기 속에서 주민들은 재개발, 재건축을 통해 막대한 초과 이익을 꿈꾼다. 주민들에게 심어진 이러한 환상과 기대는 대량의 신규주택을 공급하는 원동력이 되지만, 그 이면에는 마을공동체를 해체하고 주민을 내쫓는 파괴적인 과정을 정당화시키는 방식으로 이용되곤 했다.[404]

아무리 양호한 주택단지라도 단독, 다세대주택이 밀집한 저층 주거지들은 개발차익을 실현할 대상으로 간주되기에 항상 철거재개발의 위협에 놓이게 된다. 따라서 재개발, 재건축사업의 파괴적인 위력과 그로 인해 초래된 현실을 면밀하게 주시할 필요가 있다. 폭력적인 대자본, 고층아파트 중심의 물리적 환경 개선에만 치중한 행정, 주민들을 현혹하는 정비업체, 부동산을 통한 경제적 이익에 매몰되지 않도록 공동체를 든든히 하고 지역 성격에 맞는 다양한 개발방식이나 환경정비정책, 주민들의 삶의 안정성과 지속성을 보장하기 위해 힘쓸 필요가 있다.

자본의 폭력성이 가하는 젠트리피케이션을 치유하지 못하면 지속가능성 상생 도시, 공존하는 창조 도시로 나아갈 수 없다. 이를 위해 제도

---

403 성석환, 『지역공동체와 함께 하는 교회의 새로운 도전들』, 166 참고.
404 김기호, 『우리, 마을 만들기』, 49 참고.

적 요건이 지속해서 보완될 필요가 있다. 데이비드 하비(David Harvey)는 『반란의 도시(Rebel Cities)』에서 도시를 고정되고 완성된 공간으로 이해하지 않고 도시화의 과정으로 이해한다. 도시는 계속 형성되는 과정에 놓여 있으며, 도시공간의 형성은 도시 공유재를 끊임없이 사유화하고 파괴하는 과정이기도 하다는 것이다.[405] 그런데 도로나 거리, 공원 등은 모두의 세금으로 건설되는 공유재임에도 특정 이익집단이 사유화하면서 공공재를 개인 소유로 둔갑시킨다. 경제적 계급에 따라 거주영역과 공유영역이 구분되고 구별되면서 고립이나 배제를 당연시하는데, 이때 도시는 더는 더불어 살아가는 공간이 될 수 없다. 따라서 도시를 개인의 권리가 아닌 집단적 권리로 인식하고 더불어 살아가기 위해 필수적으로 보장받아야 할 권리를 요구하고 그것을 지켜내기 위해 공동체가 함께 노력해야 한다.

불평등과 차별로 나타나는 세속도시의 병과 상처야말로 교회에 의해 치유되어야 한다. 진정한 이웃됨은 윤리적 주체로서 타인과 만나는 삶의 자리에서 완성된다. 얼굴도 알지 못하는 취약 계층에게 시간을 내어 찾아가 손을 내밀어 이웃이 되어주려는 주체의 윤리적 결단 없이는 약자들이 처한 고통은 여전히 그들만의 것으로 남는다. 본회퍼(Ditrich Bonhoeffer)는 교회의 공동체성을 주목하면서 예수 그리스도의 몸인 교회로서 존재하는 하나님의 백성들은 개인으로만 존재하는 것이 아니라 타자와의 건강한 관계 또한 중요함을 강조하였다.[406] 교회는 십자가의 사랑으로 서로 연대하는 거룩한 공동체(Sanctorum Communio)이다.

마을공동체 운동은 도시 환경을 개선하거나 삶의 질을 높이는 것

405 성석환, 『지역공동체와 함께 하는 교회의 새로운 도전들』, 165.
406 김도일, "마을 목회, 마을학교에 관한 기독교교육적 고찰", 168.

도 중요하지만 삶의 방식에 대한 근본적인 질문이 선행될 필요가 있다. 현대의 도시는 탈영토화된 문화가 접목되면서 교회는 도시의 혼종된(hybridized) 문화 속에 처하게 된다.[407] 다인종과 다종교, 다문화권 등과 같은 다양한 문화가 혼재하고 있는 상황에서 교회는 도시의 다양한 요구와 필요에 응답해야 한다. 교회는 도시의 혼종된 상황에 순응하거나 양립하기 위한 타협점을 찾기보다는 더불어 살아가는 마을공동체를 통해 창조적 대안을 모색할 필요가 있다. 마을간 차이와 다양성을 인정하고 차별화된 방법을 통하여 지역의 특성을 살린 공동체 운동을 전개할 필요가 있다.

자본에 대한 탐욕으로 인해 파편화되고 경쟁과 갈등으로 분열되는 도시를 화해와 조화, 나눔의 공동체로 변화시키기 위한 교회의 역할이 중요하다. 도시형 마을공동체의 모범 사례는 새롬교회와 한남제일교회에서 찾을 수 있다.

부천시 약대동의 새롬교회는 3단계의 지역사회를 위한 선교의 꿈을 품고 1986년 창립되었다. 첫째 단계는 식탁공동체를 통한 사귐과 나눔의 단계이다. 둘째 단계는 사귐과 나눔을 통해 가난한 자들의 마음속에 새로운 공동체를 향한 믿음이 자연스럽게 생기는 단계이다. 셋째 단계는 하나님의 나라가 한 지역에 머무르지 않고 다른 지역으로 확장되어 퍼져나가는 단계이다.[408] 새롬교회는 이를 위해 창립 당시부터 약대동 지역의 무주택 전월세 맞벌이 부부와 아이들을 위한 선교에 초점을 맞췄다.

407 노영상, 『마을교회 개론』, 194 참고.
408 이원돈, 『마을이 꿈을 꾸면 도시가 춤을 춘다』 (서울: 동연, 2011), 51-53 참고.

〈새롬교회가 꿈꾸는 약대동 마을〉

〈새롬교회가 운영하는 마을카페 달토 입구〉

〈달토 내부에 있는 마을방송국 꼽이〉

새롬교회는 창립되던 해인 1986년 약대동 지역 맞벌이 부부와 아이들을 위해 새롬어린이집을 개원해 방치되던 어린이들을 돌보기 시작했으며, 1989년에는 마을도서관 형태인 '약대글방'을 열고 5천여 권의 책을 비치하여 주민들에게 제공했다. 1990년에는 새롬만남의집이라는 방과 후 공부방을 열었으며 새롬어린이집, 약대글방, 새롬공부방, 신나는집 등의 활동을 함께 묶어 새롬지역선교위원회라는 이름으로 활동을 종합화하고 연계를 꾀하였다. 그리고 2000년에는 가정지원센터를 세워 가정해체를 막고 가정을 세우는 사역을 하였고, 2001년부터는 약대동 마을공동체 운동을 주도적으로 진행하였다.[409]

새롬교회는 마을주민과 함께 출자하여 설립한 협동조합을 통하여 '달

409 강성열 외, 『목회매뉴얼-생명목회』, 101 참고.

나라토끼', '꿈텔스'를 통해 마을교육을 담당하고 있다. 새롬어린이집에서 시작하여 지역아동센터로, 약대 신나는 가족도서관으로, 꿈텔스로 다양한 변신을 하면서 한 아이가 마을에서 성장하는 과정을 주민들과 함께 돌보면서 양육 또한 가능한 구조를 만들기 위해 힘쓰고 있다.

이태원의 한남제일교회는 마을교회를 모범적으로 실천하고 있는 도시형 마을교회이다. 오창우 목사가 1985년 한남제일교회에 부임할 때, 그는 한남제일교회를 넘어 한남동의 이태원 지역에 부임한 것으로 여기고, 지역을 품고 목회하기로 결심하였다. 그리하여 한남제일교회는 지역사회에 있는 소외된 여성을 돌보고, 용산구 내의 배고픈 이들을 위해 푸드뱅크를 운영하였다. 한남제일교회는 외국인들과 한국인 사이에 태어난 다문화 가정의 아이들을 돌보기 위해 벧엘사회교육관을 열었고, 본당을 개방하여 외국인들을 위한 예배 장소로 제공하였다. 용산구의 저소득층 가정 자녀들이 악기를 배울 돈이 없음을 알고 교회는 이들을 위해 꿈꾸는 오케스트라를 운영하고 있으며, 어르신들과 어린이들을 위해 구립 한남어린이집과 구립 한남노인요양원을 위탁운영하고 있다.

선교는 교회가 속한 마을에서 출발해야 한다고 믿는 오창우 목사는 마을주민들의 모임에 적극 참여하면서 지역의 현안 문제를 해결하기 위해 노력하며, 마을의 공동체성을 회복하는 데에 많은 시간을 할애하고 있다. 오창우 목사는 오랜 세월 겸손한 종의 자세로 마을주민들과 신뢰를 쌓으면서 존경과 사랑을 나누고 있다. 한남제일교회는 드림방과후교실, 용산구 사랑나눔 푸드뱅크, 다문화사역, 어르신 사역, 어린이집과 노인요양원 등의 봉사와 운영을 통해 도시 한 가운데서 마을생태계를 온전하게 회복하는 데에 힘쓰고 있다. 한남제일교회는 때로는 지역봉사센터로서, 때로는 공동육아센터로서 그리고 마을학교로서의 제 역할과 책임을 든든히 해 나가고 있다.

교회는 마을 속에서 하나님의 나라를 실현하고 확산하는 하나님 나라 백성의 책무이며, 이를 위하여 말씀의 선포, 예배와 성례가 살아있는 거룩한 공동체이며, 교제와 섬김, 전도를 실천하는 신앙공동체이며, 마을 속에서 이러한 사역을 수행하는 가운데 생명과 연대, 보살핌과 상생의 정신을 실천하는 생활공동체의 역할을 감당하게 된다.

쌍샘자연교회 백영기 목사는 1992년 쌍샘교회를 개척하여 공부방과 주민도서관을 열어 주민들에게 다가갔고, 사회교육을 위해 한글학교도 개설했다. 도시재개발로 주민들이 흩어지자 2002년 도시외곽으로 이전하여 '쌍샘자연교회'로 활기찬 문화 마을을 선도하고 있다.

> 첫째, 생명자연생태사역으로 <쌍샘자연학교>를 운영한다. 둘째, 겨울방학을 이용하여 <신나는 겨울놀이학교>를 1박 2일로 운영한다. 셋째, 생태, 자연도서관 <봄눈>을 통해 다양한 강좌를 개설하고 다른 프로그램과 연계한 북 스테이 등을 통해 가족과 개인 소모임을 주도하고 있다. 넷째, 민들레학교를 중심으로 시작한 로컬 푸드 <착한살림>을 통해 지역농산물과 생활문화장터를 아우르고 지역 농민들의 삶을 챙기고, 지역주민들에게는 안전하고 믿을 수 있는 먹거리를 제공한다. 다섯째, 지역의 먹을거리로 밥상을 차리는 <맛있는 밥집, 야곱의 식탁>이다. 여섯째, 땅과 땀의 거룩한 만남 <주말농장>이다.[410]

410 박승탁, "마을목회에 대한 교회사회복지의 실천 방안 고찰", 243-244.

② 농촌형 마을공동체와 지속가능성

A. 건강한 농촌 마을

건강한 농촌의 마을공동체를 이루기 위해서는 경제적으로 자립하고, 정치적으로 자치하며, 사회문화적으로 자발적이며, 생태적으로는 지속가능해야 한다. 자립성, 자치성, 자발성, 지속성은 건강한 마을공동체의 기본 요건이다. 공동체에 기반을 둔 지역적 특성과 가치들은 경쟁력 있는 요소가 된다. 글로벌(global)과 지역성(local)이 혼종된 글로컬(glocal) 시대에는 지역의 교육, 복지, 문화, 경제, 환경과 관련된 사회적 이슈에 대한 해결은 지역공동체인 마을에서 찾는 것이 효율적이며 생산적이다.

농촌 마을은 겉보기에만 좋은 외양적 이미지를 넘어 마을이 품고 있는 문화적인 요소와 자원을 결합해 품격 있는 공동체가 되기 위해 노력할 필요가 있다. 농촌 마을은 삶의 쉼터이며, 고향 마을 같은 아늑한 곳으로서 농민, 귀향·귀농인 등 다양한 이들이 함께 어울려 살아가는 곳이 되어야 한다. 마을은 다양한 재주와 특기를 가진 귀농인들이 다채로운 마을 시민으로 결합하여 인간다운 생활을 하며, 삶의 질을 보장받을 필요가 있다.

마을 시민이란 농사짓지 않는 귀농인을 의미한다. 교사, 예술인, 연구원, 작가, 운동가, 성직자, 기업가, 기술자, 상인 등 다양한 직업을 가진 이들은 치열한 도시 생활에서 각자 갈고 닦은 경험, 기술, 노하우, 지식정보 같은 무형자산과 재능을 갖고 있다.[411] 이들은 마을 시민으로서 농사짓는 대신 자신의 재능으로 마을을 다채롭게 만들 수 있다. 마을 시민은 지역공동체적 사회자본, 혁신적 인적 자본으로서, 마을공동체 사업을 관리하

---

411 정기석, 『사람 사는 대안마을』 (창원: 피플파워, 2014), 28. 참고.

고 경영하는 역량을 갖춘 책임 있는 사업 주체로 기능할 수 있다.[412]

사람답게 사는 대안마을은 1차 친환경 농산물 생산, 2차 농특산물 바이오 가공, 3차 도농 교류를 통한 직거래 유통, 그리고 교육, 문화, 체험 등과 관련된 서비스를 아우르는 생태적이고 유기적인 토대가 구축된 마을이다. 융·복합형 농촌 발전 전략을 토대로 마을 시민과 마을기업이 중심이 되어 주체적이고 사회혁신적으로 실천하여 지속가능한 공동체마을이다.[413] 마을에 의사, 성직자, 교사, 연구원, 작가, 사회운동가, 기업가, 기술자, 상인, 문화예술인이 함께 어울려 살아야 진정한 마을이다.

충남 홍성군 장곡면 신동리교회의 오필승 목사는 마을이 고령화되면서 사라질 위기에 처하자 2010년 충남 농업기술원 제1기 귀농대학교육(100시간)을 받으면서 마을 목회로 패러다임을 전환하였다. 2011년 3월에는 홍성군 귀농지원연구회를 창립하여 귀농인 단체를 통한 농촌살리기에 기초를 놓았으며, 2016년부터 예장귀농상담소를 열고 귀농·귀촌 상담과 세미나를 통해 목회자나 신학생을 귀농, 귀촌 후 자비량 목회를 할 수 있도록 훈련하고, 지속가능한 농업과 농촌을 위해 힘쓰고 있다. 또한 그는 마을 이장을 맡아 작목반과 영농조합을 조직하고, 농업기술센터 사업 공모에 참여하면서 마을의 발전 방향을 제시하고, 주민들과 협력하여 마을회관도 신축했으며, 마을 역사홍보관을 개관하였다.[414]

B. 지속가능성

마을공동체 운동이 지속가능하기 위해서는 경제적으로 자립해야 한

---

412 정기석·송정기, 『마을학개론』 (전주: 전북대학교출판문화원, 2019), 7.
413 정기석, 『사람 사는 대안마을』, 10 참고.
414 노영상, 『마을교회 마을 목회 실천편』, 186.

다. 먹고 사는 경제문제가 해결되지 않으면 생존할 수 없다. 마을의 경제가 무너지면 마을은 지속될 수 없다. 경제적 자립은 공동체 운동의 기반이지만 성취하기 어려운 과제이기도 하다. 마을공동체가 경제적 자립을 통해 지속가능성을 높이기 위해서는 일차로 생산된 제품 그대로 시장에 내놓기보다는 가공 과정을 거쳐 부가가치를 창출하여 판매하는 것이 중요하다. 이를 위해서는 마을기업으로의 전환이 필요하다.

경북 군위군은 생산된 '군위 찰옥수수'를 그대로 팔아서는 제값을 받기 어려웠다. 이에 대한 대안으로 옥수수를 진공 포장하면서 한약재를 넣어 가공하는 기술을 자체 개발하여 수익을 증대시켰다. 2013년 기준으로 찰옥수수를 400원 주고 농민들에게 구입하여 가공을 거쳐 1,150원에 판매하여 750원의 부가가치를 창출하였다. 100여 개의 옥수수 재배 농가들은 시가보다 1.5배에서 2배 높은 가격을 받고 옥수수를 출하하였다.[415] 또한 강원도 평창군은 1년 중 6개월만 농사지을 수 있는 고랭지 농사로는 수익이 제한되었으며 위험부담 또한 컸다. 평창군의 '의야지 청년경제사업단'은 고랭지 배추밭을 겨울에는 스키장으로 활용할 계획을 제안했고, 마을기업 주민들과 협력하여 마을기업을 운영함으로써 수익을 증대시켰다. 사업 소재인 눈, 배추밭, 바람은 전형적인 지역자산인데, 한겨울에 놀리는 밭을 사용했기에 기회비용은 0원이며, 눈과 바람은 천연자원이기에 이보다 더한 투자는 없다고 할 수 있다.[416]

이처럼 마을기업은 마을의 특화된 자원과 지역의 특수성을 활용한 수익사업을 통해 일자리를 만들면서 소득을 증대시키고, 지역공동체의 문

415 정윤성, 『마을기업 희망 공동체: 농촌을 살리는 대안경제』 (서울: 씽크스마트, 2013), 58-63 참고.
416 같은 책, 128 참고,

제를 해결하면서 공동체 전체의 유익을 실현하는 효과적인 방식이다. 이를 위해서는 주민 스스로가 지역의 특화된 자원과 인재를 활용하여 사업에 적극적으로 관심을 갖고 참여해야 한다. 마을기업을 통해 생긴 새로운 일자리는 취약 계층에게 먼저 제공함으로써 이들의 생활 안정에 기여하고, 지역공동체를 활성화할 수 있다.

마을기업은 탄탄한 지역 공동체성을 바탕으로 마을기업이 '우리 마을의 기업'이라는 주민들의 주인의식과 적극적인 참여가 중요하다. 하지만 마을기업이 아무리 좋은 의도가 있더라도 시장경쟁력을 갖추지 못하면 지속할 수 없다. 규모의 경제학이 우위를 점하고 있는 현실에서 대다수의 마을기업이 영세하고 수입 또한 불안정한 형편은 마을기업의 경제적 자립을 위협하는 요인이다. 설익은 주민 의식, 준비가 안 된 마을공동체, 불분명한 목표와 책임 의식, 성과에 목마른 자치단체가 만나면 마을기업은 부실한 결과를 빚게 될 가능성이 크다. 따라서 마을기업을 운영하는 가장 튼실한 토대는 주민들의 확고한 의지, 분명한 목표 의식, 이를 뒷받침할 수 있는 절박한 현실 인식이다.

정윤성은 마을기업의 자립과 지속가능성을 높이기 위해서는 마을기업 운영의 조건과 공급망(supply chain)의 중요성을 강조하였다. 첫째, 마을기업은 공급망, 즉 제품 생산을 위한 원료 조달에서부터 생산자와 소비자에 이르는 물류의 흐름에서 외부 의존도를 줄이고 스스로 조달할 수 있어야 한다. 마을기업은 원재료를 원하는 시점에 원하는 물량만큼 원하는 가격에 확보할 수 있어야 한다. 또한 확보한 원재료를 가공해서 원하는 제품을 만들 수 있어야 하며, 생산된 제품을 원하는 가격에 판매할 수 있어야 한다.[417] 마을기업이 이러한 조건을 갖추면 지속가능한 토대가 마련되지만, 이러한 조건을 마련하지 못한 상태로 성급하게 시작하다가 어려운 상황에 직면하면 오래 버티지 못한다.

둘째, 마을기업은 자체적인 핵심기술을 확보할 수 있어야 한다. 핵심기술 없이는 마을기업은 없다. 마을에서 생산된 원재료를 가지고 최종 제품을 만들 수 있는 노하우와 자체 기술력을 갖추지 못하면 외부 인력에 의존할 수밖에 없다. 그런데 마을기업이 제품 생산의 중요 부분을 외부 인력에 맡기면 어려움에 부닥칠 가능성이 크다. 반면 제품 생산의 핵심기술을 스스로 보유하고 있으면 외부환경이 변하더라도 원하는 제품을 만들어 낼 수 있다. 스스로 생산한 제품을 가공하기에 제품의 정확한 원가를 계산할 수 있고 다양한 응용상품을 비롯한 신제품 개발, 비용 절감 등도 가능하다.[418] 그런 점에서 다양한 마케팅 전략으로 변화하는 환경에 적절하게 대응하려면 핵심기술 확보는 필수조건이다.

전남 보성 복내 산촌생태마을은 절임 배추 사업으로 2015년에 전라남도 예비형 마을기업에 선정되었으며, 2017년 전통음식개발체험관에 선정되어 김치 담그기 체험 공간을 건축하였고, 2018년에는 김치공장을 건축하고 HACCP인증을 받았다. 2019년에는 지역특산물인 녹차를 이용한 기능성 김치를 연구하여 유황배추김치에 유기농녹차와 특수유산균 ML7을 첨가하여 품질을 높였다. 녹차의 카테킨 성분이 김치에 함유되어 항산화, 항염 등 면역력 강화 기능을 높였으며, 2020년에는 김치발효종균을 이용한 〈보성愛녹차김치〉 생산 특허 기술을 이전받았다.[419] 이는 농촌의 다원적 기

---

417 같은 책, 260.
418 같은 책, 263.
419 이박행, “농촌마을목회-복내산촌생태마을 사례중심으로,” 『종교문화학보』 18/2 (2021.

능과 공익적 가치를 높이고, 농민 스스로 자립하도록 함으로써 교회 울타리를 넘어 생명 플랫폼을 든든히 세워나가는 모범 사례이다.

셋째, 마을기업은 생산된 제품이 유통되어 충분히 판매될 수 있도록 판매처 확보도 중요하다. 판매를 외부인에게 맡기거나 판매처와의 가격협상이 실패한다면 공장 가동을 멈출 수밖에 없게 된다. 따라서 판로에 대한 대비책을 세워 놓고 생산해야 하며, 인터넷 판매 등을 통해서나 소비자와 직접 거래하거나 축제와 판촉 행사 등의 다양하면서도 일정한 판매 채널을 충분하게 확보하고 있어야 한다.[420]

넷째, 마을기업이 대표 한 사람의 능력, 헌신으로 유지되기 때문에 대표는 무거운 중압감을 느낀다. 대표가 고령화되고 대표에게 많은 업무가 몰리고 피로감이 누적되면서 2선으로 물러나려는 생각을 품게 된다. 또한 초기에는 잘 운영되던 마을기업도 시간이 지나면, 여러 경영상의 어려움에 직면하게 된다. 매출 증대, 신상품 개발, 판로개척, 고객 유치 등은 한 번 해결하는 것으로 끝나는 문제가 아니라 기업 활동의 일상적인 과제다. 이런 문제를 해결하려면 마을기업의 인력 운영이 안정되어 있어야 하기에 젊은 인력들의 참여가 절실하다.[421]

다섯째, 마을에는 마을 구성원들의 협력과 함께 이들과 보조를 맞춰갈 전문성을 갖춘 인력이 필요하다. 마을기업이 설립되기 전 단계부터 설립된 후까지 지속해서 컨설팅해주고 개별 기업에 맞는 맞춤형 지원을 해줄 수 있는 안정적인 지원 시스템이 필요하다. 전북 완주군의 '지역경제순환센터'는 마을의 자원조사에서부터 주민 교육, 컨설팅에 이르는 전 과정

---

12), 84.

420 정윤성, 『마을기업 희망 공동체』, 264 참고.

421 같은 책, 272.

을 밀착해서 지원하며 성과를 내고 있다.[422]

C. 자발적인 참여와 협력적 거버넌스

마을공동체 운동에서 자발적인 주민참여가 중요하다. 주민 스스로 자발적인 참여를 통해 마을공동체의 역량을 키워나가야 한다. 주민의 자발적인 참여를 끌어내기 위해서는 주민을 그 중심에 두면서 다양한 지원 네트워크의 협력적 참여가 이루어져야 한다. 서로 머리를 맞대고 함께 문제를 해결해나가는 가운데 다양한 생각과 계획들이 모아질 수 있다. 이러한 과정을 통해 마을에 대한 가치를 새롭게 인식하고 공유하면서 연대성을 갖고 적극 참여하는 계기가 된다.

마을공동체 운동에서의 주민참여는 당사자주의에 함몰되면서 폐쇄성과 집단이기주의의 위험에 노출되어 있다. 주민참여를 저해하는 요소는 경제적 이해관계로 인한 갈등이다. 경제적 이해관계를 넘어 진정한 주민의 참여가 이루어지려면 자유와 평등, 정의와 분배, 공존과 상생 등 다양한 가치를 공유하면서 관계를 유기적으로 연결해야 한다. 혜택은 모두에게 골고루 돌아가도록 분배되어야 하며, 끊임없이 장소와 사람, 사람과 사람, 과거와 현재와 미래, 지역과 세계 등 다양한 관계망에 열려 있어야 한다. 이를 위해 지속적인 학습과 의사소통을 통해 서로의 관계를 돈독하게 다져야 한다. 물리적 환경은 쉽게 변화시킬 수 있지만 사람 사이의 관계 형성은 쉽지 않고 오랜 시간이 걸리지만, 일단 유대관계가 형성되면 지속적인 영향을 끼쳐 공동체를 든든하게 만든다.

또한 마을을 이끌 리더 그룹의 양성이 중요하다. 마을 리더 그룹은 단

---

422 같은 책, 274.

순히 마을의 대표자가 아니라 주민과 소통하고 공감할 줄 알아야 하며 지속해서 학습하며 소통과 논의 과정을 거쳐 소외된 이들이 없도록 힘써야 한다. 지속적인 주민참여를 위해서는 주민들의 거주 안정성을 보장할 수 있는 제도적 보완도 필요하다. 주민의 거주 안정성을 위협하는 복잡한 사회적 현상들이 생겨나는 현실에서 정주성(定住性)의 확보야말로 지역에 소속감을 느끼고 지역 문제에 관심을 가질 수 있는 자발적인 주민참여의 기본적인 요건이다.

마을공동체 운동이 지속하기 위해서는 주민주도형의 협력 체계인 거버넌스(governance)를 구축해야 한다. 마을공동체는 마을 구성원들이 목적과 가치를 공유할 수 있는 여건을 만들고, 그러한 목적을 달성할 수 있는 역량을 구축해 나가는 일련의 조직화한 활동을 전제로 하는데, 이를 위해서 기업, 학계, 시민사회 등과 연계하여 협치 체제를 구축하는 것이 효율적이다. 지역 거버넌스는 지역의 발전에 필요한 주요 자원을 동원하는 자발적 동원 체계로서 이러한 결사체들을 함께 묶어 협력하도록 만들 필요가 있다.

③ 도시교회와 농촌교회의 교류를 통한 협력

도시교회와 농촌교회는 그리스도의 몸으로서 하나의 교회이기에 서로 긴밀하게 교류하면서 협력방안을 모색할 필요가 있다. 도시교회는 재정적, 인적 자원이 풍부한 반면 생태 영성이 메말라 있다. 아스팔트와 시멘트로 지어진 건물에서 지내면서 어디에서 생산된 식재료인지, 생산자가 누군지도 모른 채 자신과 가족의 건강을 맡기고 있다. 농촌교회는 자연 생태적인 삶과 노동 환경 속에 있음에도 농촌사회의 소멸로 인해 생존조차 힘들어지고 있다. 이러한 상황에서 도시와 농촌 간의 교류와 협력은 서로의 필요를 채우고 상생하는 효과적인 방식이다.

도시교회와 농촌교회의 다양한 교류가 가능하지만, 가장 효과적인 교류는 농산물 직거래가 있다. 농촌교회는 하나님의 창조 질서에 부합하는 방식으로 농사를 짓고, 도시교회는 그런 농산물을 중간의 유통 과정 없이 직접 구매하는 것이다. 생산자는 어느 정도 제값을 받을 수 있고, 소비자는 좀 더 저렴한 가격에 건강한 농산물을 식탁에 올릴 수 있게 된다.

도농간 직거래 간격은 한 달에 한 번이나 2주에 한 번 정도가 적당하다. 특정 농산물(감자, 고구마, 김장 무, 배추 등)이 출하될 시기에 맞추어 도시교회가 바자회를 겸한 만남의 날을 정해 농촌교회가 생산한 농산물을 직접 가지고 와서 판매하도록 하는 것도 좋은 방법이 될 것이다. 직거래가 발전하여 어느 정도 정착되면 도시교회 내에 농산물 구판장을 설치하여 일주일에 하루만 따로 운영할 수도 있을 것이다.

원주의 호저교회와 수원의 고등교회의 농산물 직거래 및 교류 활동은 도시·농촌 교회 간의 첫 번째 사례이다. 1989년 호저교회를 중심으로 호저소비자협동조합이 결성되자 고등교회가 파트너십을 갖고 교류 활동을 시작하였다. 당시 호저교회는 장년 40명 내외의 교회였고, 고등교회는 장년 100명 내외 규모의 교회여서 교회 대 교회 간의 관계를 맺으면서 활동을 할 수 있었다. 1989년 7월 마늘로 시작된 직거래는 쌀, 잡곡, 과일, 채소 등으로 늘어났으며, 나중에는 농산물가공까지 하게 되어 메주, 강정, 복숭아 병조림 등도 유통하였다.[423]

호저-고등교회 간의 교류는 농산물 직거래에 거치지 않고 교인들 간의 인적교류가 이루어졌다. 아동부, 중고등부, 여전도회 등이 1년에 1~2회

423 강성열 외, 『목회매뉴얼-생명목회』, 86.

씩 공동 프로그램을 갖곤 했다. 아동부 어린이들은 상호 가정 교류를 하였고, 중고등부 학생들은 겨울철에 등산수련회, 국토순례 도보 걷기 등의 프로그램을 함께 했다. 여전도회는 나물 캐기 등을 하였고, 남선교회는 봉사활동도 하고 냇가에서 천렵을 하기도 했다. 호저-고등교회 간의 교류는 호저소비자협동조합의 규모가 커지면서 거래처가 확대되고 실무자 변동 등의 여러 요인으로 인해 2001년 상호 합의를 거쳐 교류를 정리하였다.[424]

두 교회 간의 10여 년에 걸친 교류는 도시교회와 농촌교회 간 매우 의미 있는 교류로 평가된다. 도시교회의 의지와 실천이 생협을 성장시키는 데 큰 도움을 주었고, 이는 결과적으로 마을 전체에 좋은 영향을 끼쳐 교회가 마을에 자리를 잡고 성장하는 데 매우 긍정적인 역할을 하였다.

봉화 옥방교회와 서울 영락교회 간의 교류도 모범사례이다. 옥방교회는 과거 광산촌이었던 경북 봉화의 외진 산골 마을에 있는 농촌교회였다. 옥방교회의 천정명 목사는 생명농업에 뜻을 두고 실천하고 있었다. 1989년에 자연농업협회 회장인 조한규 장로를 초청하여 교육을 받고 야마기시 양계를 보급하였으며, 1991년 3월에는 새누리공동체를 결성하면서 경북 영주 시내에 매장을 개장하였다.[425]

영락교회는 초창기부터 다양한 사회봉사활동을 전개하였는데, 영락교회의 농촌선교에 관련된 정책은 주로 교회 건물을 지어주는 일, 농촌목회자의 생활비 지원 등 단순한 지원에 머물러 있었다. 하지만 영락교회의 제2여전도회는 1994년 7월부터 옥방교회와 직거래 활동을 시작한 이후 꾸준하게 교류하면서 성실하고 책임감 있게 지원하였다. 처음에는 거리도 멀

---

424 같은 책, 87.
425 같은 책, 88.

고 공급량도 많지 않아 매월 한 번씩 교류하다가 격주로 이루어지다가 매주 공급하게 되었다. 차량이 도착하면 영락교회 여전도회 회원들이 판매 일을 돕고 생산자들을 뒷받침하였다. 여전도회 임원이 바뀔 때마다 2년에 한 번씩 농촌교회를 방문해 양 교회 간의 교류를 돈독히 하였다.

그동안 지속적인 농촌교회의 몰락과 쇠퇴는 농촌선교 정책도 변화될 것을 요구한다. 도농 협력을 통해 동반성장의 길을 모색하는 모범사례로 생명의 망 잇기 협동조합이 있다. 광주벧엘교회 주차장에서 1년에 두 차례 농수산물 직거래 장터를 운영하는데, 15군데 정도의 농어촌교회들이 참여한다. 또한 서울 수서교회는 2008년부터 해마다 가을철에 농산물 직거래 장터를 운영해 오고 있는데, 전국의 15~20여 개의 농어촌교회가 참여하고 있다.[426]

도시교회와 농촌교회 간의 교류와 협력은 도시교회가 농어촌 지역과 교회를 도움으로써 낙후된 농어민들의 이익 창출에 도움을 주는 경제 논리를 넘어 생명 지킴이의 역할에 동참하는 것이다. 도시교회와 농촌교회 간의 교류는 서로 부족한 점과 필요를 채우면서 서로를 살리는 아름다운 협력 활동이다.

한 아이를 키우는 데는 한 마을이 필요하다. 최근 마을마다 세워지고 있는 공부방, 작은 도서관, 박물관 등 교육, 문화, 복지의 관계망들은 새로운 지역사회의 학교이고, 지역과 시민사회가 문화적 노동을 실험하는 새로운 일자리들이다. 미래의 일자리는 새로운 공동체적 관계망을 짜는 일이고 한 사람 한 사람이 관계의 그물망, 구원의 그물망, 안전의 그물망을

426 노영상, 『마을교회 개론』, 230-231.

짜며 작은 공동체에서 구원의 삶을 제시하는 것이다.[427]

2. 기독교 협동조합의 당면과제

협동조합은 가능한 자원으로 조합 구성원들의 요구를 만족시켜야 할 뿐 아니라 시장에서 다른 기업들과 경쟁해서 생존해야 한다.[428] 협동조합은 신뢰를 기반으로 하는 공동체의 특성과 영리를 목적으로 하는 기업의 특성을 함께 지닌다. 이 두 특성은 서로 밀접하게 연결되어 있으며 상호의존적이다. 만약 협동조합이 영리추구에만 치중하게 되면 구성원의 헌신도가 떨어지면서 서로 간에 신뢰 또한 무너질 위험이 있다. 반면 협동조합이 영리를 등한시하고 공동체 자체의 요구만을 구성원에게 강요한다면 시장에서 경쟁력을 잃게 될 위험이 있다.[429]

1) 경영의 비효율성

2013년 10월 가장 모범적으로 운영되었다고 평가받았던 스페인 몬드

---

427 강성열 외, 『목회매뉴얼-생명목회』, 105.

428 P. S. Akpoghor, *Selected Essays On Co-operatives Theory And Practice*, 147.

429 J. Nilsson & G. Hendrikse, "Gemeinshaft and Gesellschaft in Cooperatives," M. Tuunanen & J. Windsperger & G. Cliquet & G. Hendrikse, *New Developments in the Theory of Networks*, Physica-Verlag, 2011, 340.

라곤 그룹의 전자가전 부문이 파산하였다.[430] 이는 협동조합이 모든 것을 해결해 줄 수 있는 것은 아니며, 협동조합 또한 경쟁력을 잃게 되면 생존할 수 없음을 시사한다.

우리나라의 고용노동부 인증 사회적 기업이 800곳인데, 2007년 이후 5년 동안의 성과를 보면 협동조합이 처한 현실적인 어려움이 여실히 드러난다. 2013년 2월에 발표된 자본시장연구원 자료에서는 2012년 11월 말까지 인증된 사회적 기업 723곳 가운데 영업이익을 내고 있는 곳은 79개로 16%에 지나지 않는다.[431] 정부와 지자체에서 협동조합의 판로개척과 경영지원을 돕지 않으면 협동조합 스스로 버티기가 수월치 않다.

협동조합은 경영의 비효율성을 드러낼 수밖에 없는 구조적인 한계를 태생적으로 지니고 있다. 협동조합의 구조적 한계는 첫째, 자발적인 구성원 원칙에서 기인한다. 협동조합의 자발적인 구성원 원칙은 협동조합의 사업이나 거래에서 불확실성을 제공하는 단점이 있다.[432] 조합원들은 조합원으로서 더 많은 혜택을 누리면서도 강제성이 없기에 협동조합 활동에 무관심하거나 조합 외부에 머무를 수 있다. 자발적이고 개방적인 협동조합의 구조는 무임승차자를 규제하거나 제어하기가 어렵다. 구성원에게 협동조합의 잠재성을 설명하는 것만으로는 협동조합의 가치를 사람들에게 확신시키기가 쉽지 않기에 조합원들의 자발적인 헌신과 충성도가 없이는 유지하기가 쉽지 않다.

둘째, 협동조합은 일반기업보다 지속가능성이나 성장가능성이 떨어지기 쉬운 구조적 취약성이 있다. 협동조합은 1인 1표가 원칙이기 때문에 출

---

430 송시형, "한국협동조합운동 현황과 전망," 『글로벌사회복지연구』 4/2 (2014. 12), 129.
431 손은정, "우리나라 협동조합운동의 실태와 한계, 그리고 과제", 61.
432 P. S. Akpoghor, *Selected Essays On Co-operatives Theory And Practice*, 73.

자금을 많이 낸 조합원이더라도 의사결정과정에서 출자금을 적게 낸 조합원과 동일한 의결권을 보유한다. 그리고 배당금은 출자금액비율이 아닌 조합이용비율에 따라 결정된다. 많은 금액을 출자하고 조합 상품을 거의 구매하지 않은 조합원보다 적은 금액을 출자하고 조합 상품을 자주 구입한 조합원이 더 큰 배당금을 받게 되는 것이다. 이런 특성들로 인해 협동조합에 투자하려는 외부투자자는 소수에 불과하고, 이로 인해 자금조달이 쉽지 않다.[433]

셋째, 협동조합은 모든 조합원들의 의견을 존중하기 때문에 의사결정과정이 복잡하고 그 속도가 느리다. 급변하는 기업환경에서는 의사결정이 빠른 기업이 시장에서 유리한 위치를 차지할 수 있다. 그런데 협동조합은 조합원 간의 원활한 소통과 토론을 중시하기에 상대적으로 의사결정이 느릴 수밖에 없으며 적절한 타이밍을 놓칠 가능성이 크다.

넷째, 협동조합은 모두가 주인이기 때문에 아무도 주인이 아닐 수도 있다는 공유자원의 비극이나 무임승차자의 문제에 빠질 수 있다. 또한 협동조합은 인간적인 기업경영을 내세우기 때문에 협동조합의 재정능력에 비해 인건비의 수준이 높게 책정될 가능성이 높다. 이런 여러 이유들로 인해 협동조합은 영리 위주의 일반기업에 비해 상대적으로 지속가능성이나 성장가능성이 뒤처지게 된다.

이러한 문제를 해결하기 위해서는 협동조합의 자발적인 경영 원칙을 수립하여 조합원 스스로 준수할 필요가 있다. 조합 운영에 있어 경영 원칙에 충실해야 하며 그 누구에게도 예외를 허용해서는 안 된다. 모든 규칙이 공정하게 적용되어야 하고 누구에게나 설명가능해야 한다. 또한 재정관리

---

433 이혁배, "협동조합의 한계와 가능성," 210.

에 대한 규정이 엄격해야 하는 것은 물론, 관리능력이 탁월한 직원에 의해 운영되어야 하며, 모든 기록은 지체 없이 검증되는 자율적인 규제 장치가 있어야 한다.

2) 규모의 영세성과 안정적인 자금조달

협동조합은 조직규모가 일반기업에 비해 작기 때문에 그 성과물이나 영향력을 경제 전체로 확장하기가 쉽지 않다. 협동조합이 자유롭고 평등한 경제주체들이 형성한 바람직한 조직임에는 분명하지만 빠르게 변화하는 전체 경제의 흐름을 바꾸기는 어렵고, 오히려 경제 흐름의 지배를 받아 뒤처지며 위축되기 쉽다. 실제로 20세기 중반을 거치면서 많은 신용협동조합과 농업협동조합은 급속히 성장하는 산업 사회 속에서 대규모 자원투자를 감당할 수 없어 소규모 투자에만 머물렀다. 그리하여 대부분의 소비협동조합과 생산협동조합은 광범위하게 확대되는 시장경제 속에서 경쟁력을 갖추지 못한 채 작은 경제조직으로 겨우 그 명맥만을 유지할 수 있었다.

따라서 안정적인 자금조달은 협동조합의 성장과 발전을 위해서는 절박한 과제이다. 자본 조달을 쉽게 하기 위해서는 협동조합의 경제적 효과가 높아야 하며, 이를 위해서는 더 많은 조합원이 자발적으로 참여해야 한다. 아울러 협동조합에 대한 금융 체제의 적극적인 지원이 필요하다. 금융 체제의 지원 없이 협동조합이 발전한 사례는 어느 나라에서도 찾기 힘들기 때문이다.

실례로 미국의 선키스트는 1933년에 설립된 코뱅크(CoBank)라는 협동조합은행의 금융지원을 받았으며, 네덜란드의 그리너리(Greenery) 또한 협동조합은행인 라보뱅크(Rabobank)의 금융지원을 받았다. 스페인의 몬드라곤협동조합복합체의 중심에는 협동조합은행인 노동금고가 있었다. 캐나다 퀘벡에서는 사회적 투자은행의 기능을 수행한 데자르댕 신용협동조합그룹의 역할이 컸다.

또한 협동조합은 급변하는 시장 상황에 능동적으로 적응하고 혁신을 통해 새로운 활로를 개척해 나가야 한다. 협동조합도 사업체인 만큼 이윤을 내는 것은 기본이다. 하지만 산업의 변화가 점점 빨라지고 다양해지고 있다. 글로벌 생산네트워크의 증가, 생산방식의 유연화, 디지털 제조업의 발전, 바이오산업의 연구개발, 로봇사용의 증대, 개인화된 생산 등 3차 산업혁명의 징후가 나타나고 있다. 따라서 협동조합은 사업체로서 이런 새로운 산업현상에 부합하는 산업경영능력을 키울 필요가 있다.

3) 협동조합의 정체성 문제

현실 속에서 협동조합은 사업체적 성격과 결사체적 성격을 균형 있게 표출하기 어렵다. 달리 말하면 협동조합은 처해진 사회경제적 상황에 따라 이 두 성격 중 하나에 치우칠 가능성이 높다. 오늘날처럼 신자유주의 패러다임으로 인해 시장의 경쟁압력이 높아진 상태에서는 결사체의 성격보다 사업체의 성격이 더 부각되기 쉽다. 신자유주의적인 무한경쟁의 조건 아래서 협동조합도 기업이기 때문에 생존을 위해서는 높은 이윤을 추구해야 한다. 이로 인해 협동조합은 자신의 활동을 경영영역으로 한정하게 되고, 그 결과 사회적 실천을 배제할 가능성이 높아진다.

2차 세계대전 이후 협동조합 진영은 다국적 기업이라는 거대한 공룡과 맞부딪혔다. 그리고 지금까지 협동조합의 특징이었던 조합원에 의한 민주적 운영과 잉여금의 조합원 환원만으로는 거대한 공룡과 싸워 이길 수 없게 되었다. 이에 협동조합 진영은 협동조합 간 협동, 연합조직 운영의 탄력성, 잉여금의 내부 유보를 통해 자신의 규모를 키워 거대한 다국적 기업에 대항했고, 이러한 시도는 1966년 협동조합 원칙의 개정으로 이어졌다.[434]

새롭게 개정된 원칙은 조합원 지향에 조합지향을 더한 원칙이었다. 이는 조합원의 이익을 실현하기 위해서라도 조합원으로부터 일정 부분 분리 독립한 사업체로서의 협동조합을 강화 발전시키고자 한 것이었다. 이 원칙의 개정으로 협동조합의 경영 효율화 노력은 한층 강화되었고 규모도 성장했으며 시장에서의 점유율은 높아졌지만, 한편으로는 조합원이 고객이 되고 조합원 없는 직원 주도로 협동조합이 운영되며 나아가 조합원이 협동조합을 떠나는 사태까지 발생하기도 하였다. 조합원 지향과 조합지향을 결합시키려 했으나 결과적으로는 조합지향에 그치고 말았던 것이다.

1995년에 재개정된 ICA의 협동조합 원칙은 기존의 조합지향 일변도에서 벗어나 다시금 조합원 지향을 담아내는 것이면서 동시에 사회 지향을 더한 원칙이었다. 사회 지향이란 조합원과 조합을 포함하는 지역사회에 대한 지속 가능한 발전을 의미한다.[435]

협동조합의 이러한 사회 지향은 지역 차원에서 서로 다른 협동조합 간의 협동을 강화하고, 건강과 복지서비스에 대한 지역의 필요를 충족시

434 김기섭, 『깨어나라 협동조합』, 129.
435 같은 책, 130.

키는 새로운 유형의 협동조합을 설립하며, 나아가 환경 문제에도 관심을 갖게 함으로써 지역 주민과 정부에 대해 그 정당성을 보여줄 수 있었다.[436]

하지만 규모의 경제학으로 볼 때, 협동조합은 심각한 정체성의 위기에 직면하게 된다. 몬드라곤이 대표적인 경우인데, 몬드라곤은 1990년대부터 합작회사를 설립하고, 주식회사형태의 자회사들을 만들기 시작하였다. 특히 유통부문의 자회사들은 상당수가 비협동 조합기업으로 존재하고 있다. 이 결과 몬드라곤에 소속된 260여 개 회사가운데 대략 절반만 협동조합 기업으로 존재하고 있다. 이러한 몬드라곤의 글로벌화와 조직형태의 변화는 협동조합의 정체성에 관한 논란을 피해갈 수 없다. 에로스키를 비롯한 유통부문이 인수·합병을 통해 공격적으로 사업체를 늘려 온 분야에서는 조합원 노동자의 비중이 급격히 떨어졌다. 규모는 커졌지만 조합원이 아닌 노동자들이 증가한 것은 협동조합의 정체성을 의심하게 만들고, 협동조합의 자회사들이 협동조합이 아닌 주식회사로 세워지는 모순이 생겨나게 된다.[437]

갈러(Z. Galor)는 협동조합의 이러한 경향을 탈협동화(demutualization)라 불렀다. 갈러는 전 세계 다양한 협동조합들에서 탈협동화 경향이 나타나고 있고 그런 경향이 소비자협동조합과 에너지협동조합에서 두드러지고 있다고 지적한다. 탈협동화 경향이 나타나는 주된 원인은 조합원의 무관심과 참여부족이다. 즉 협동조합이 탈협동화되어도 조합원들은 관심이 없거나 오히려 주식회사로의 전환을 지지하는 사례들이 늘어나고 있다는 것이다.[438]

---

436 같은 책, 131.
437 하승우, "협동조합운동의 흐름과 비판적 점검," 『문화과학』 73 (2013. 3), 100.
438 같은 책, 101.

4) 협동조합들 간의 연대

협동조합은 조합들 간의 연대에 주력해야 한다. 신자유주의적 경쟁 시스템 안에서 협동조합은 다른 일반기업들과 치열하게 경쟁해야 하는 상황으로 내몰리고 있다. 그런데 협동조합의 경쟁력은 영리기업의 경쟁력보다 더 떨어지기 쉽다. 따라서 협동조합은 서로 간의 연대를 통해 협동조합부문을 지속적으로 활성화시켜 나갈 필요가 있다.[439] 또한 협동조합은 경제민주화를 구현하는 문제에 관심을 가져야 한다. 특히 중소기업을 활성화시키는 문제에 많은 관심을 기울여야 한다. 한국의 경우 산업화초기부터 재벌 대기업을 중심으로 경제개발이 전개되었기 때문에 중소기업이 과도하게 위축되어 있다. 그런데 이런 상황은 협동조합의 발전에 치명적이다. 서구의 경우와 같이 규모가 큰 협동조합은 거의 존재하지 않고 대부분의 협동조합들이 중소기업의 형태를 취하고 있기 때문이다.[440]

또한 협동조합은 장기적으로 사업체적 성격과 결사체적 성격을 공존시키기 위해 노력해야 한다. 협동조합부문이 본격적 궤도에 오르지 않은 현재로서는 사업체로서의 지속가능성을 확보하는 것이 시급한 과제이다. 하지만 이런 과제를 수행하면서도 앞으로 이 두 가지 성격을 균형적으로 결합시키는 문제를 진지하게 고려해야 한다.

---

439 이혁배, "협동조합의 한계와 가능성," 213.
440 같은 책, 214.

3. 협동조합을 위한 교회의 역할과 과제

한 사람의 행복은 개인의 성실과 근면도 중요하지만 공동체 전체의 제도적 구조 또한 중요하다. 협동조합은 개인의 행복을 개인적 입장에서만 살피는 것이 아니라, 공동체 속에서 모두의 행복을 그리는 것이다. 개인의 행복을 위해 전 사회의 구조 전체를 작동시켜 보다 정의롭고 풍요하게 만드는 것이다. 협동조합을 통한 목회는 나눔과 섬김을 통한 상생의 목회다. 생명의 본질은 상생이요 공생이다. 모두가 함께 더불어 사는 것이다. 모든 교회는 그리스도의 몸으로서 하나의 교회이다. 교인들은 그 몸의 지체요 상호의존적인 관계에 있다. 그리스도 안에서 한 형제요 자매이다. 따라서 협동조합에 교회가 적극적으로 참여하는 것은 교회의 대사회적 역할과 특징이라고 할 수 있는 공동선과 사회적 연대성을 증진하는 지름길이 된다.[441]

1) 상생과 화합의 길

과학기술은 우리의 삶을 풍요롭고 윤택하게 만들었지만, 과학기술을 좌우하는 엘리트 계층들이 이윤을 극대화하는 과정에서 약자들에게는 소외, 가난, 고통을 양산하는 결과를 빚게 되었다. 하지만 타인의 희생으로

441 정재돈, "가톨릭교회의 가르침과 협동조합운동의 전망," 『사목정보』 5/12 (2012. 12), 105.

엄청난 부를 누리고, 그러한 부를 영속화시키도록 부추기는 탐욕은 어떤 형태로든 정당화될 수 없다.

현재 선진국이 누리는 풍요와 부는 식민지 시대의 착취와 현대의 불공정한 무역에 이르는 수 세기에 걸친 불의의 열매인 만큼 모종의 속죄가 필요하다. 이는 물론 공정무역과 제3세계에 대한 기술 원조가 될 수 있겠지만, 한정된 자원을 고려한다면 절제하며 조금은 불편하게 사는 법을 배울 필요가 있다. 협동조합이 강조하는 나눔과 공유의 경제는 지역적인 식량 유통에서부터 값비싼 가정용품을 나누는 데까지 모든 부분에서 가능하다.

협동조합은 더불어 공존할 수 있는 방법을 제시한다는 점에서 어느 한편이 경쟁에서 상대방을 굴복시키지 않고서도 갈등을 극복할 수 있는 효과적인 대안이 된다. 협동조합은 경쟁을 벗어나 우리가 함께 일할 수 있는 기회를 제공하고, 이웃 사랑을 실천할 수 있는 기회를 제공한다.

협동의 정신은 부의 공유로의 점진적인 변화가 갑작스러운 곤경에 처하는 것 보다 더 지속가능하다는 것을 보여준다.[442] 협동조합은 보다 고상한 삶의 토대를 세우는 기틀을 마련해 주며, 서로 간에 종종 발생하는 시장 중심적인 자유와 사회 통합 사이에 균형을 잡아준다.

비록 협동이 갑작스러운 변화를 초래하지는 않을지라도 협동이 주는 유익은 명백하다. 기독교적 가치관에 기초한 협동의 시스템을 만드는 것은 기독교적 가치관을 통합적으로 실천하고, 사랑과 정의가 지배하는 평화의 공동체를 만드는 귀중한 토대가 된다.

엘리너 오스트롬은 공적인 권위를 가진 조직이 공유자산 이용에 대

---

442 Andrew McLeod, 『협동조합, 성경의 눈으로 보다』, 184.

한 지역주민의 의사결정을 인정하는 제도를 만들거나 촉진할 때 성공적인 합의를 도출하는 데 크게 기여할 수 있다고 하였다. 공적인 권위는 국가나 지방 정부가 축이겠지만, 사회적인 공적 권위의 중요 부문으로서 종교적 권위가 있다. 종교 지도자들이 개인보다 공동체를 통한 다양한 경제적, 사회적, 문화적 필요와 열망을 해결하는 것의 중요성을 설파하고, 종교가 갖는 다양한 자원을 가지고 합리적으로 후원하는 것은 도시지역의 협동조합 발전에 크게 기여할 수 있다.[443]

자본 중심이 아니라 사람 중심으로 운영되는 협동조합은 경쟁적인 인간관계를 극복하고, 상호존중, 상호공존의 공동체 정신을 함양하여 인간다운 사회를 건설하는 데에 유용한 도구가 될 수 있다. 특히 농촌사회의 경우 전통적인 공동체성이 붕괴되고 있는 최근의 상황을 고려할 때 협동조합 운동을 통해 새로운 마을 공동체를 만들어 나가는 일은 매우 중요하다. 이러한 상황에서 교회는 다양한 인적 네트워크를 이용하여 상호 간 소통과 통합을 이루는 데 중요한 역할을 감당할 수 있다.

2) 에클레시아 정신의 회복

성서 바깥으로 눈을 돌리면, 에클레시아(ἐκκλησία)라는 단어는 시민들의 모임을 묘사하는 말이었다. 이는 시민의 참여와 관계가 있었고 공동의 의사결정이 그 모임의 중요한 일부였다는 사실을 시사한다.[444] 에클레시아

---

443 김기태, “협동조합과 지역사회 공동체발전을 위한 협동조합의 역할 2: 도시지역의 경우,” 『사목정보』 6/4 (2013. 4), 119.
444 Andrew McLeod, 『협동조합, 성경의 눈으로 보다』, 83.

는 종교와 경제와 정치가 하나로 뭉쳐진 것이다. 이는 새로운 질서의 씨앗이자 성령의 인도에 순종하는 공동체였다. 에클레시아와 현대 교회의 차이점은 겨자 식물과 겨자씨를 담은 병에 비유할 수 있다. 겨자 식물은 계속해서 흙과 물을 더 많은 겨자로 전환하는 원초적 형태로서 상당한 공간을 차지하는 데 비해, 겨자씨를 담은 병은 운반 가능한 형태로서 잘 보관된 안정적인 형태로 그 식물의 알맹이를 제공한다. 현대의 교회들은 규모가 커지고 복잡해졌지만 변혁의 잠재력은 상당히 잃어버렸다. 특정 장소에서 특정 시간에 특정 활동만 하는 교회는 교회 밖의 사회 환경을 변화시킬 수 있는 능력이 별로 없다.[445]

대다수의 현대 교회는 성장 일변도의 개교회 중심주의로 말미암아 초대 교회에서 보여주었던 대사회적 영향력을 상실하고 있다. 이는 영적 측면과 윤리적인 측면과 경제적 측면을 조화롭게 통합시키지 못한 결과이다. 에클레시아의 통합성은 자유와 평등, 정의와 나눔과 같은 삶의 측면들을 분리시킬 수 없음을 의미한다. 따라서 교회가 협동조합에 적극적으로 참여하는 것은 교단 간의 분열로 나뉜 그리스도인들이 서로 협력하는 가운데 하나 되고, 믿지 않는 이웃들과도 함께 하는 귀중한 기회를 제공한다.

3) BAM선교

현대 선교는 좁은 의미의 복음 전도만이 아니라 고통 받는 인간들이

---

445 같은 책, 84.

본래의 하나님의 형상을 회복하게 하는 차원을 포함하는 전인적인 선교를 지향한다는 점에서 협동조합 운동의 선교적 가능성이 있다. 최근에는 비즈니스를 선교에 활용하는 BAM(Business As Mission) 사역이 주목을 받고 있는 바, 협동조합을 통한 선교의 가능성은 더욱 열려 있다. 비즈니스 선교는 좁게는 비즈니스를 통하여 선교활동을 지원하는 것을 의미하고, 넓게는 비즈니스 자체를 선교로 이해하고 비즈니스와 선교가 통합된 형태로 운영되는 것이다. 여기에다 미셔널 처치(Missional Church)에 대한 관심이 높아진 요즘에는 선교가 꼭 해외에 나가서 직업 선교사에 의해 수행되는 것만이 아니라 지역교회들이 교회가 속한 지역사회에서 선교적 사명을 감당하는 것을 중시하기 때문에 협동조합을 통한 지역공동체 운동 역시 매우 중요한 선교적 차원으로 대두되고 있다.[446]

교회가 협동조합을 시작할 때 먼저 교회공동체 안에 비즈니스 선교에 대한 충분한 이해와 공감대가 형성되어야 하고, 협동조합 정신에 대한 철저한 교육이 전제되어야 한다. 그리고 몬드라곤 협동조합의 사례에서 보듯이 초창기의 정신과 취지를 잘 유지하도록 지속적으로 노력해야 한다.

교회는 협동조합을 직접 설립하고 운영하기보다는 간접적으로 지원하는 것이 바람직하다. 이를 위해 교회는 건물의 일부를 협동조합을 위한 공간으로 제공하고, 협동조합에 관심을 갖는 교인들을 조합원으로 참여시킬 필요가 있다. 그리고 협동조합 금융권을 매개로 하여 자금조달에 곤란을 겪는 조합을 재정적으로 지원할 필요가 있다.

교회는 협동조합에 대해 비판자적 역할을 수행할 필요가 있다. 어떤 조직이든 자신의 활동에 대해 냉정하고 객관적인 입장을 취하기는 어렵

---

446 정재영, "협동조합운동의 기독교적 가치와 선교적 가능성", 47.

다. 그래서 자칫 활동의 방향성을 잃기 쉽다. 협동조합의 경우도 마찬가지다. 이때 교회는 연대하고 있는 협동조합에 대해 내부적 비판자로서의 역할을 해야 한다. 교회는 협동조합을 전적으로 소유하는 조합원들이 관료주의적 유혹을 극복하고 있는지, 협동조합이 비조합원들이나 다른 조직들에 대해 집단이기주의적 행태를 보이고 있지 않은지, 협동조합이 사업체적 성격과 결사체적 성격을 공존시키고 있는지, 협동조합이 연대활동을 통해 국가부문과 시장부문을 견제하고 압박함으로써 시장경제를 인간의 얼굴을 한 경제로 만들어가고 있는지 끊임없이 주시하고 거침없이 비판할 수 있어야 한다.[447]

협동조합을 통하여 협동의 가치를 몸에 익히고 실천해 나간다면 우리는 보다 정의롭고 평화로운 사회를 만들어갈 수 있다. 협동조합은 기독교적 가치관에서 나온 것이며 자본주의보다 역사가 오래되었다. 사람들이 서로 도와 공동체 안에서 배고픈 사람, 가난한 사람이 없게 한다는 생각은 매우 가치 있고 오래된 이상이다.

따라서 협동은 해도 되고 안 해도 되는 것이 아니다. 구약성서는 지파공동체의 모범을 제시하고 있고, 신약성서는 초기 교회공동체의 모범을 통해 우리를 일깨우고 있다. 협동조합운동은 자기 안에 갇히지 않고, 자신을 부인하고 자기를 초월하여 생명과 평화의 하나님 나라를 열어가는 21세기의 운동이다.[448] 따라서 협동조합은 새로운 사회를 열망하는 사람들, 새로운 변화에 대한 믿음을 가진 사람들, 새로운 삶의 돌파구를 찾는 사람들에 의해서 계승되고 발전되어야 한다.

---

447 이혁배, "협동조합의 한계와 가능성", 216.
448 손은정, "우리나라 협동조합운동의 실태와 한계, 그리고 과제", 65.

4) 지역사회에의 참여

하나님이 원하시는 바람직한 경제의 모습은 시장논리에 의한 무한 경쟁이 아니라, 공생과 공존을 위하여 은혜의 복음에 기초하여 사회적 재화를 생산하고 분배하는 경제이다. 그런 점에서 협동조합 운동은 기독교 정신을 바탕으로 하여 시작되어 시장 자본주의 체제에 대한 대안으로서 공생적 경제 정의를 지향하고 있다.

협동조합이 구현하려는 협동의 정신은 기독교에서 강조하는 화합과 연합의 정신이며, 이러한 정신을 한데 묶는 것이 호혜적 사랑이다. 이 사랑은 이기적 사랑을 넘어서 이타적이고 무조건적인 아가페의 사랑에 기초한다. 이러한 정신은 효율성이 강조되는 시장 경제에서 단순히 영리추구를 목적으로 할 때 자칫 놓칠 수 있는 이타적인 사랑과 연합의 협동정신을 환기시키는 계기가 된다.

그동안 협동조합은 신뢰를 기반으로 신용을 창출하고 독과점을 제어하는 역할을 해왔고, 많은 일자리와 사회적 자본을 창출해왔다. 협동조합은 경제적으로 약소한 처지에 있는 농민이나 중소 상공업자, 일반 소비대중이 상호협동과 상부상조의 정신으로 경제적 이익을 추구하면서 경제적 지위 향상과 정치적 자주성을 획득하는 데 많은 도움을 주었다.

따라서 협동의 길은 경제적 차원과 영적인 차원에서 자본주의가 붕괴되는 것을 막을 수 있는 길을 제공해 준다. 어떤 사회가 부유하고 풍요로우면서도 정의와 선은 결핍될 수 있다. 협동의 정신은 이러한 결함과 결핍을 보완하고 근본에서부터 해소시키는 역할을 한다. 그런 점에서 협동조합은 우리의 사회를 좀 더 정의롭고 평화로운 공존을 향하여 점진적인 변화의 기회를 준다.

그러므로 공동체 자본주의에 기초한 협동조합 운동에 교회가 참여하는 것은 매우 의미심장한 일이다. 이는 본래 청교도 윤리에서 유래한 근대 자본주의의 근본정신을 되찾고, 왜곡된 자본주의로 인해 피폐화된 현대인들에게 사랑과 정의와 평화의 하나님 나라를 세우는 데 기여할 것이다.

4. 사회적 협동조합의 현황

자본주의 경제 질서는 사회적, 비경제적 힘들에 의해 심하게 굴절되어 왔다.[449] 특히 시장경제의 글로벌화는 모든 사회관계를 상품관계로 획일화 시키면서 심각한 문제를 일으켰다. 글로벌화는 다음과 같은 특징을 지닌다. 첫째, 글로벌 경제는 여러 국가의 생산과 분배 행위에 관여하는 다국적 기업에 의해 지배된다. 둘째, 새로운 정보와 소통 기술은 생산, 무역, 아이디어와 문화적 가치의 보급을 포함한 대부분의 인간 행위 영역들에 대변혁을 일으킨다. 셋째, 지역 경제들은 합병되고 강화되는데, 이러한 합병은 국가 간의 상품, 서비스, 자본, 그리고 인력의 자유로운 이동으로 특징 지워진다. 넷째, 인구 이동과 교역이 활발하게 이루어진다. 다섯째, 세계무역기구와 같은 초국가적 제도와 법이 정치 경제적 관계를 규정한다. 여섯째, 상호의존적인 복잡성이 나타나게 된다.[450] 무한경쟁, 승자독식의 시장 중심

---

449 Allen J. Scott, *Social Economy of the Metropolis* (New York, Oxford University Press, 2008), 64.

450 Gillian Brock, *Global Justice* (New York, Oxford University Press, 2009), 9.

적 신자유주의가 확장되면서 노동시장의 고용 체계를 붕괴시켜 대량실업 사태를 빚었고, 이로 인해 정부의 복지부담도 늘어나게 되었다. 고용 안정을 위협하고, 사회 양극화를 심화시키는 경제는 더 이상 지속가능할 수 없음을 자각한 시민 단체들은 지역사회를 중심으로 자조조직들을 결성하게 되었는데, 이것이 바로 사회적 경제운동이다.

사회적 경제운동은 1970년대에 유럽에서 처음 시작되어 사회정책과 사회운동, 일상의 경제 영역으로 확대되었고, 1990년대에 들어서는 고용창출 및 사회 서비스, 지역개발을 위한 새로운 대응방안으로 폭넓게 인식되기 시작하였다. 사회적 기업, 사회적 협동조합, 커뮤니티 비즈니스, 비영리조직(NPO) 등과 같은 사회적 경제 조직들은 그동안 공공영역에서 강조되던 협력과 이타적 합리성을 바탕으로 사회적 가치와 경제적 가치를 동시에 추구하면서, 궁극적으로는 시장자본주의를 넘어 평등과 연대에 기초한 공존과 상생의 경제공동체를 건설하고자 한다.

국내의 사회적 경제운동은 사회적 기업, 자활기업, 마을기업, 사회적 협동조합 등을 중심으로 운영되고 있다. 최근 고용 없는 성장, 저출산, 고령화로 인한 사회서비스에 대한 수요가 지속적으로 증가하자, 이에 대한 대안으로 제3부문을 활용한 안정적인 일자리 창출 및 양질의 사회서비스를 제공하는 유럽의 사회적 경제 운동에 주목하게 되었다. 노동시장의 격차와 고용의 불안정을 해소하고, 착한 소비와 따뜻한 일자리를 제공하기 위해 2007년 7월 정부에 의해 「사회적기업육성법」이 시행되자, 사회적 기업들이 다양한 형태로 설립되면서 확산되고 있다.

사회적 협동조합은 취약계층에게 일자리를 제공하고, 공동체에 필요한 사회서비스를 제공하기 위해 설립된 사회적 경제 조직이다. 사회적 협동조합은 지역주민들의 권익과 복리 증진에 관련된 사업을 수행하거나 취약 계층에게 사회 서비스 또는 일자리를 제공하지만 영리를 목적으로 하지 않는다. 일반 협동조합과 달리, 사회적 협동조합은 비영리법인으로서 사회적 가치를 실현하기 위해 조직되기에 공익적 성격이 더 강하다. 또한 일반 협동조합이 조합원들의 필요를 채우는 데 목적을 두고 있다면, 사회적 협동조합은 공익적 가치 실현에 근본 목적을 두고 있다.

사회적 협동조합은 황금률과 이웃 사랑의 기독교적 가치를 구현하는 데 이상적이다. 성서는 '고아, 과부와 나그네, 그리고 장애인'들과 같은 사회적 약자들에 대하여 지극한 관심을 나타내며, 그들을 배려할 것을 강조한다. 또한 성서는 불의를 극복하고 사랑과 정의를 실현하는 공동체가 될 것을 이스라엘 백성들에게 요구하고 있는데, 성서가 말하는 정의는 사회적 약자들을 돌보는 것이고, 그들의 편에 서서 그들과 함께 연대하는 것이다. 취약 계층에 대한 보호와 배려는 그리스도인들의 기본적인 책무이며, 평등과 자발적인 나눔과 섬김의 이상적인 모범을 보여준 초대교회 공동체가 이루고자 했던 이상이었다.

사회적 협동조합은 협동조합의 형태 가운데 하나로서 취약 계층에 대한 사회서비스 제공이나 노동 통합을 목적으로 하는데, 보다 폭넓게는 지역재생 및 대안에너지 개발, 환경·문화·예술 등을 위한 사업을 수행하는 경제조직과 이러한 유형의 사회적 협동조합에 자본을 제공하는 협동조합 금융기관 등을 포함하기도 한다.

1) 외국의 사회적 협동조합

서구에서는 자본의 가치를 중심으로 이윤창출과 경쟁을 지향하는 자본주의 경제 질서의 대안으로서 사회적 경제가 등장하여 사람의 가치를 중심으로 공동체의 이익과 협동과 연대를 지향하는 대안경제로서 오랜 동안 연구되고 실험되어 왔다.[451] 사회적 경제가 갖는 호혜성, 민주적 참여, 협동과 연대 등의 원칙과 문화는 이를 바탕으로 해서 결과적으로 얻어지는 경제적 성과 보다 더 뛰어난 가치를 지닌다.

(1) 이탈리아의 사회적 협동조합

사회적 협동조합이 가장 먼저 시작된 국가는 이탈리아이며, 그 중에서도 볼로냐에서 활동하는 카디아이(CADIAI)는 의미 있는 성과를 이끌어 낸 좋은 사례로 평가되고 있다.[452] 이탈리아는 1970년대 말부터 지역사회의 취약계층을 위한 일자리 마련과 사회서비스의 필요를 충족시키기 위하여 시민사회를 중심으로 자조조직들이 시작되었는데, 이는 1991년 이탈리아 정부에 의해 사회적협동조합법이 제정되면서 광범위하게 확장되었다.

이탈리아의 사회적 협동조합은 활동내용에 따라 크게 두 유형으로 나뉜다. 첫째 유형은 지역사회 커뮤니티의 요구에 대응하여 사회, 보건, 교육 서비스를 담당하는 사회서비스제공형(A형)이고, 둘째 유형은 장애인을 비롯하여 취약계층을 고용하여 노동시장에 통합시키는 노동통합형(B형)인데, 전체 노동자의 30%를 취약계층으로 채워야 한다. 그리고 기타 유형으로는 서비스제공형과 노동통합형을 절충하여 혼합한 유형(AB형)과 협동

---

451 김경희, “사회적 경제를 통한 지역혁신의 가능성과 한계: 마을기업과 협동조합을 중심으로,” 『공공사회연구』 3/2 (2013. 8), 128.

452 이상봉, “이탈리아 사회적 협동조합의 이론적·실천적 의미: 공생의 지역사회 만들기의 관점에서,” 『로컬리티 인문학』 16 (2016. 10), 259

조합들의 사업연합체형(C형)이 있다.

이탈리아의 사회적 협동조합은 투명성과 공개성의 원칙에 따라 재원을 사용하고, 공공 영역이나 민간의 자선 영역에서 증가하는 서비스 수요에 대응하고 제공되는 재원을 효율적으로 사용하기 위해 컨소시엄을 구성하기도 한다. 이들은 경제활동 조직인 협동조합을 기본 모델로 하되 영리 배분을 금지하고 공익을 수행하는 과정에서 다양한 이해관계 당사자들의 자발적인 참여를 보장하고 있다.

이탈리아에는 사회적 협동조합의 70% 이상이 지역사회 기여 활동에 참여하고, 지역 내 다양한 기관들과 연대하며 네트워크를 확산하고 있다. 이를 통해 지역사회의 욕구를 보다 적절하게 파악하고 자원을 효과적으로 연결하고 있다. 2008년 기준으로 이탈리아에는 약 13,938개의 사회적 협동조합이 건강 케어·교육·문화·여가 등 지역의 취약계층에게 필요한 사회서비스를 제공하고 있으며, 그 이용자가 약 3백 30만 명에 이를 정도로 복지부문에서 주도적인 위치를 차지하고 있다. 흥미로운 점은 사회적 협동조합이 사회서비스 제공기관으로서의 역할 뿐만 아니라 국가 경제측면에서 고용창출과 고용안정성 제고에도 중요한 역할을 담당하고 있다는 점이다.[453]

(2) 스웨덴의 사회적 협동조합

스웨덴의 경우, 사회적 기업으로 사회적 협동조합, 지역공동체 비즈니

453 이철선, "고용복지 대안수단으로서 사회적 협동조합의 가능성진단," 『보건복지포럼』 197 (2013. 3), 68.

스, 국영기업인 삼할(Samhall)이 있는데, 사회적 협동조합은 경제적 결사체로, 회원들의 생산 활동으로 상업적 수익을 창출하여 회원들의 경제적 이해를 충족시켜주는 조직으로 정의 내린다. 스웨덴의 사회적 협동조합은 세 유형으로 나뉘는데, A형은 영리 보다는 사회적 목표를 중시하는 자원적, 결사적 조합들로 소외층의 자치역량 강화에 초점을 맞춘다. B형은 회원들의 정원일, 수공예, 기타 여가활동을 통한 재활에 관한 활동을 한다. C형은 회원들의 노동과 고용이라는 경제적 목표에 맞추어 수익활동을 한다.[454] 스웨덴의 사회적 협동조합은 회원들의 수익을 배분한다는 점에서 일반 협동조합과 큰 차이가 없는 것이 특징이다.

(3) 미국의 사회적 협동조합

미국의 경우에는 사회적 협동조합과 비슷한 비영리조직들이 있다. 미국은 역사적으로 협동조합 같은 사회적 경제조직이 미약했던 반면에 시민의 자발적 참여에 기초한 비영리조직의 활동이 활발했다. 이러한 비영리조직의 특징은 사업으로 획득한 이익을 그 구성원에게 분배하지 않는다는 데 있다. 김기섭은 영리(for-profit) 조직의 반대는 비영리(non-profit) 조직이 아니라 영리를 목적으로 하지 않는(non-for-profit) 조직임을 강조한다. 영리냐 비영리냐, 즉 이익을 분배하느냐 분배하지 않느냐 하는 것보다 조직 자체의 목적이 자본을 기반으로 한 영리 추구에 있느냐 아니면 사람을 기반으로 하는 비영리를 목적으로 하는 조직이냐가 훨씬 중요한

---

454 주성수, 『사회적 경제 이론, 제도, 정책』 (서울: 한양대학교출판부, 2010), 102.

문제라는 것이다.[455] 미국의 비영리조직들은 이익을 배분하지 않고 사회적 목적과 가치를 실현하는 조직이라는 점에서 사회적 협동조합과 깊은 연관성을 지닌다.

2) 한국의 사회적 협동조합

국내의 사회적 경제조직들은 주로 저소득층이나 취약층을 대상으로 다양한 사업들이 전개되고 있는데, 사업의 내용이나 성격을 보면 사회적 협동조합으로 분류할 수 있는 조직들이 많다. 외환위기 이후 정부에 의해 저소득층을 대상으로 공공근로, 자활사업이 진행되었지만, 이후 안정적으로 정착되지 못하자 정부의 재정지원정책의 효율성에 대한 문제가 제기되어 사회적 기업으로 전환되는 계기가 되었다.

국내의 사회적 기업은 자활사업과 2003년에 시범사업으로 시작된 사회적 일자리 창출사업의 경험을 바탕으로 2007년에 사회적기업육성법이 제정되면서 제도적 근거를 마련했다. 사회적 기업은 취약 계층에게 교육, 보건, 사회복지, 환경 및 문화 분야의 사회서비스 또는 일자리를 제공하거나, 지역사회에 공헌함으로써 지역 주민의 삶의 질을 높이는 등의 사회적 목적을 추구하면서 재화 및 서비스를 생산하거나 판매하는 등의 경제활동을 하는 조직이다.

다음은 2014년 보건복지부 자료에 따른 국내의 사회적 경제 현황으로서 사회적 기업은 1,206개이다.

---

455 김기섭, 『깨어나라 협동조합』, 273.

	사회복지법인	사회적 기업	사회적 협동조합
현황	시설법인: 1,497개 지원법인: 247개 (2013. 9. 기준)	인가 1,206개 (활동 1,124개) (2014. 6. 기준)	80개 (2014. 8. 기준)

한국 사회적 기업 진흥원의 자료에 따르면, 2017년에는 국내에서 사회적 기업으로 인증받은 사회적 기업은 1,713개이었으나 2023년에는 4,747개로 늘어났으며, 이 중 인증받은 사회적 기업은 3,675개에 이른다.[456] 위의 통계자료에서 알 수 있듯이 사회적 기업은 지속적으로 증가하는 추세에 있다.

2023년 기준 사회적 협동조합을 포함한 협동조합의 현황은 다음 표와 같다.

일반협동조합	일반협동조합 연합회	사회적 협동조합	사회적 협동조합 연합회	이종협동조합 연합회	전체
20,632	97	4,747	26	12	25,514

전체 4,159개의 부처별 기준으로 본 사회적 협동조합 설립 현황은 다음 표와 같다.

보건복지부	1,890	환경부	121	방송통신 위원회	6	소방청	2
교육부	660	기획재정부	118	금융위원회	6	해양경찰청	2
고용노동부	369	여성가족부	95	외교부	5	법무부	2

456 https://www.socialenterprise.or.kr/index.do (검색 2023년 11월 30일)

문화체육 관광부	368	산업통상자원부	94	질병관리청	5	국가보훈부	1
국토교통부	364	중소벤처기업부	80	통일부	4	기상청	1
농림축산 식품부	196	과학기술정보 통신부	14	농촌진흥청	3	국민권익 위원회	1
행정안전부	161	문화재청	11	새만금개발청	3	통계청	1
산림청	151	해양수산부	10	경찰청	2	특허청	1

사회적 협동조합을 유형별로 구분하면 일자리제공형, 사회서비스제공형, 혼합형, 지역사회공헌형, 기타 유형으로 나뉜다. 정부(고용노동부 지방고용센터)로부터 인증된 사회적 기업은 인건비를 비롯해 사업주가 부담하는 4대 보험료 지원, 법인세와 소득세 50% 감면 등 세제 지원, 시설비 등의 융자 지원, 전문 컨설팅 기관을 통한 경영, 세무, 노무 등의 경영 지원이 제공된다.[457]

국내에서의 사회적 기업은 중고 물품이나 재활용품을 기증받아 판매하는 아름다운 가게가 효시이다. 아름다운가게는 2002년 시작되었는데, 이후 지속적으로 발전하여 설립 9년째인 2010년에는 연간 판매액이 220억 원에 이르렀고, 매장 또한 120개로 늘어났으며, 기증자와 구매자를 합하면 1천 만 명이 넘는 규모로 성장하였다.[458] 아름다운 가게는 저소득층에게 일자리와 사회서비스를 제공하였을 뿐 아니라 약 600억 원의 사회적 비용을 절감하여 선순환방식의 가능성을 보여주었다.

이 외에도 정신지체 장애인이 우리밀 과자를 생산하는 위캔, 폐타이어

457 김재훈, 『사민주의 복지국가와 사회적 경제』 (파주: 한울, 2013), 126.
458 이원재, "사회적 경제와 사회혁신," 심상달 외, 『사회적경제 전망과 가능성』 (서울: 에딧더월드, 2015), 185.

등 재활용품을 활용해 악기를 만들고 소외 계층을 위해 공연하는 노리단, 컴퓨터 재활용 기업 컴윈, 친환경 건물 청소 업체 함께일하는세상, 장애인 모자 생산 업체인 동천모자 등이 있다.[459] 또한 '행복한학교재단'은 SK그룹이 지자체, 교육청 등과 함께 설립한 사회적 기업으로, 방과 후 학교 프로그램을 중심으로 현재 서울, 부산, 대구, 울산에서 운영되고 있다.

3) 사회적 협동조합의 특징

사회적 협동조합의 특징은 다음과 같다. 첫째, 영리법인에 가까운 일반 협동조합과는 달리, 사회적 협동조합은 취약 계층을 위한 사업을 주 목적으로 한다는 점에서 비영리법인의 성격을 가지고 있어서 국세, 지방세, 부과금 등에서 기본적으로 세제 혜택을 누릴 수 있다. 또한 일반 협동조합이 조합원 간의 내부적 연대와 이윤 분배, 조합원의 주권과 민주주의를 강조한다면, 사회적 협동조합은 지역의 다양한 관계자들 간의 연대, 조합원의 경계를 넘어 지역 전체를 위한 이윤 분배, 지역 공동체 전체의 주권과 민주주의를 강조한다는 점에서 보다 포괄적이다. 둘째, 5인 이상만 모여 소재지 시·도지사에 신고하면 되는 일반협동조합과는 달리 사회적 협동조합은 정부의 인가를 받아야 한다. 셋째, 사회적 협동조합은 지역사회의 재생, 지역경제의 활성화, 지역 주민들의 권익·복리 증진 및 그밖에 지역사회가 당면한 문제 해결에 기여하는 사업, 취약계층에게 복지·의료·환경 등의 분야에서 사회서비스 또는 일자리를 제공하는 사업, 국가·지방자

459 김재훈, 『사민주의 복지국가와 사회적 경제』, 126.

치단체로부터 위탁받은 사업, 그밖에 공익증진에 이바지하는 사업 중 하나 이상을 주사업으로 하여야 하며, 이 사업이 전체 사업량의 40% 이상이 되어야 한다. 넷째, 사회적 협동조합은 국가나 공공단체로부터 위탁받은 사회서비스 또는 취약계층 일자리 창출 사업의 경우 비조합원의 이용을 허용하며, 조합원 대상 소액대출 및 상호부조가 허용된다. 그밖에 적립금, 잉여금 배당, 부과금 면제, 해산 시 재산 처리 등에서 일반협동조합과는 차이가 있다.[460]

2013년 12월 기준으로 인가된 사회적 협동조합의 소관 부처별 현황을 살펴보면 고용노동부가 27개로 가장 많고, 다음으로 기획재정부 21개, 교육부 16개, 보건복지부 13개 순이다. 교육부에 신청 검토 중인 사회적 협동조합의 사업내용을 살펴보면, 방과후학교 위탁사업(5개)과 학생복지를 위한 친환경 매점 운영(2개), 강사·에듀컨설턴트 육성, 직업·진로교육, 농촌유학센터 방과 후 돌봄 등이다. 또한 보건복지부에 신청된 사회적 협동조합 중에는 어린이집 운영(3개), 의료복지 활동에 필요한 공동이용시설(2개), 장기요양·장애인활동지원사업, 장애인직업재활교육·임가공사업, 저소득가구 주거환경 개선 및 취약계층 일자리 제공 사업 등이 있다.[461]

대덕과학기술 사회적 협동조합은 과학기술 R&D와 서비스 분야에서 퇴직한 과학기술자들의 노하우를 활용하여 지역기업의 성장을 돕기 위한 목적으로 2014년 3월 설립되었다. 또한 2013년 12월 12일에 서울 양천구 신월동에 1호점을 개원한 아름다운수학교실은 저소득층의 자녀들을 대상

---

460 조미형, "지역사회복지실천모델로서 사회적 협동조합의 가능성 탐색," 『농촌지도와 개발』 21/3 (2014), 99-100 참고.

461 같은 책, 96.

으로 한 수학실력 상향평준화 달성을 위해 설립된 사회적 협동조합이다.[462] 경력단절 이공계 여성을 초·중등 수학 전문 강사로 양성하여 저소득층 자녀들에게 양질의 수학교육 프로그램을 제공하고 있다.

사회적 협동조합에 대한 관심이 점차 증가하고 있는 상황이지만 교회가 주도적으로 참여하고 있는 사업은 상대적으로 미약한 편이다. 최근 취약 계층에 대한 일자리 창출과 사회서비스에 대한 요구가 증가하고 있는 현실에 적극 대응하기 위해서라도 교회는 협동조합의 외연을 확장하여 사회적 협동조합에 관심을 기울이고 적극 참여할 필요가 있다.

5. 사회적 협동조합의 취약점과 대응방안

사회적 협동조합은 수익성과 공익성을 동시에 추구한다는 점에서 이상적이지만 현실에서는 인력이나 자금난, 경영능력의 부족으로 인해 지속적으로 발전하기 어려운 한계상황에 직면해 있다. 이러한 현실적인 문제를 창의적이고 효율적인 혁신을 통해 적극 해결해 나갈 필요가 있다.

462 김인겸 외, "사회적협동조합의 효율적 운영을 위한 기대수익 분석," 『한국콘텐츠학회논문지』 15/12 (2015. 12), 484-485.

1) 지속가능성 문제

사회적 협동조합은 주로 공공 부문의 위탁사업이나 사회서비스 공급을 중심으로 경제활동을 하고 있기 때문에 지속적으로 발전할 수 있는 적절한 전략과 사업 모델을 만드는 데 어려움이 많다. 임금도 영리 기업보다 상대적으로 낮은 경우가 많은데, 이는 일정한 수준의 안정성은 제공해 줄 수 있을지 몰라도 제한된 시장 탓에 다른 조직에 비해 규모의 경제를 실현하기가 어려워 성장의 한계에 부딪힐 수밖에 없고, 이는 지속가능성에 대한 위협으로 이어지게 된다. 사회적 협동조합이 일정한 수익을 지속적으로 만들어 내지 못할 경우 정부의 재정 부담이 증가하여 사업의 지속성은 장담하기 어렵게 된다.

사회적 협동조합의 지속가능성은 사회적 목적과 경제적 목적 중 어느 쪽에 중점을 두느냐에 따라 달라진다. 사회적 목적에 무게를 둔다면 사회적 기업으로서 비영리 단체의 특성을 기반으로 영리 기업의 방식을 일부 차용하게 되며, 반대로 경제적 목적에 무게를 둔다면 영리 기업의 틀을 유지하면서 공익을 추구하는 방식이 된다.[463] 우리나라의 경우 제3섹터의 규모와 역량이 미흡하고 민간의 사회적 기업에 대한 투자 기반도 취약하였기에 사회적 기업의 육성은 정부 주도로 이루어질 수밖에 없었고, 그로 인하여 정부 재원에 대한 의존도를 심화시키는 계기가 되었다.

사회적 협동조합은 정부에 의존하는 비율이 높은데, 지원되는 정부 재원의 상당 부분이 인건비 중심이면서 단기적인 서비스 계약인 경우가 많

---

463 최조순, "사회적 기업의 지속가능성과 지방정부의 역할," 강욱모·심창학 편, 『사회적 기업을 말한다』 (서울: 오름, 2012), 255.

다. 이러한 정부의 인건비 지원은 즉각적인 고용 확대와 유인책이 될 수 있지만 인건비 지원이 중단될 경우 불가피하게 구조조정을 단행할 수밖에 없다. 또한 정부의 지원에 지나치게 의존하게 되면 시장에서의 경쟁력 확보와 스스로 독립하려는 자립 의지는 상대적으로 약화될 가능성이 크다.

고용노동부가 2023년 9월 1일 발표한 제4차 사회적 기업 기본계획(2023~2027)에 따르면, 정부는 사회적 기업의 정체성을 회복하고 기업으로서의 경쟁력 강화를 위해 지원 패러다임을 '획일적 육성'에서 '자생력 제고'로 전환할 계획임을 밝힌 바 있다.[464]

2007년「사회적기업법」제정 이후 정부의 직접지원 중심의 획일적 육성 정책 결과 다양한 부작용이 발생하였다. 첫째, 인건비 중심의 재정 지원(일자리 제공형)이 2022년 기준 사회적 기업 중 66.4%를 차지하였다. 하지만 정부의 막대한 인건비 지원이 있었음에도 장기적인 고용 창출 효과는 미미한 실정이며, 근로자에 대해 근로계약서, 출근부 등 관련 서류를 거짓으로 작성하여 정부의 지원금을 인건비 형태로 부정수급하는 사례도 가끔 있었다. 둘째, 정부 지원에 대한 의존도가 높아 스스로 자생력을 갖춘 기업으로 성장하는데 한계를 보이고 있다.

따라서 사회적 협동조합이 안정적으로 자립하기 위해서는 상생과 협력을 바탕으로 스스로 경쟁력을 강화할 필요가 있다. 이를 위해서 사회서비스 공급의 측면에서는 사회서비스에 대한 요구에 대응할 인프라를 구축할 필요가 있고, 수요의 측면에서는 소득별, 서비스의 특성별, 인구구조의

---

464 고용노동부 2023. 9. 1. 보도자료 <제4차 사회적 기업 기본계획 발표>
https://www.socialenterprise.or.kr/social/board/view.do?m_cd=D020&board_code=BO06&category_id=&seq_no=250087&pg=&search_type=&search_word= (검색 2023년 11월 30일)

변화 측면들을 면밀히 분석하여 시장에서 경쟁력을 갖출 필요가 있다. 또한 사회적 협동조합과 관계를 맺는 다양한 이해관계자들이 혁신적인 가치 복합체를 생산하기 위해 공존과 상생의 선순환 관계를 형성하는 통합된 네트워크 체계를 구축할 필요가 있다.

2) 규모의 영세성과 자금 조달의 문제

사회적 협동조합은 다른 영리기업이나 협동조합과 비교할 때 규모가 영세하다. 따라서 사회적 협동조합이 지속가능하려면 자금 조달이 필수적이다. 자금 조달은 상품 및 서비스 제공을 통한 수익, 투자 유치, 정부사업의 수탁, 후원 등 다양한 경로를 통해 확보할 수 있다. 기본적으로는 상품 및 서비스 제공이 대부분을 차지할 것이므로 상품 및 서비스의 질과 마케팅이 중요한 과제가 될 것이다. 또한 정부기관이나 대형 재단 또는 기업의 후원을 확보할 필요가 있으며, 지역사회와의 결속력을 높여 지역 자원을 적극 활용할 필요가 있다. 또한 시스템 운영의 투명성을 높여 후원자들에게 높은 신뢰감을 줄 수 있어야 한다.

또한 사회적 기업 관련 전문재단이나 민간기금, 모태펀드를 활용하거나 기업의 사회공헌 기금 등을 다각도로 모색할 필요가 있다. 사회적 기업을 위한 자본 시장은 사회혁신기금, 사회혁신채권, 소셜벤처캐피탈, 벤처자선기금 등이 대표적이다.[465] 이러한 사회투자자본은 상업자본처럼 높은

---

465 라준영, "사회적 기업 생태계와 사회적 가치 측정," 심상달 외, 『사회적경제 전망과 가능성』 (서울: 에딧더월드, 2015), 82.

경제적 투자수익률을 기대하지 않는 대신에 사회적 영향이 매우 큰 사회적 기업에 투자하기 때문에 사회적 협동조합의 재원으로 적극 활용할 필요가 있다.

사회적 경제가 발달한 선진국들은 사회적 금융 역시 발달해 있다. 영국의 대표적인 공익 금융기관인 자선은행(Charity Bank)은 사회적 가치를 중시하는 주택, 사회복지, 교육, 건강, 예술 분야에 집중적으로 투자한다. 영국은 이 외에도 피닉스 펀드(Phoenix Fund), 퓨처빌더(Futurebuilders), 빅소사이어티 캐피탈(Big Society Capital) 등을 출범시켜 다양한 수요 및 공급주체들에게 자금을 제공할 뿐만 아니라 정부와 계약을 맺고 공공서비스를 제공하는 조직들에게 보조금, 대출금, 기술적 지원 등 투자 패키지도 제공하고 있다. 영국과 미국의 지방 정부는 사회성과연계채권(Social Impact Bond)을 발행하여 공공서비스 제공에 필요한 자금을 조달하기도 한다.[466]

사회성과연계채권은 비영리 단체나 사회적 기업으로 인해 향상된 사회적 성과에 대하여 재무적 이윤을 지불하기로 약속하는 공공부분과의 계약이다. 비영리 단체나 사회적 기업은 이 계약에 입각하여 사회적인 목적을 갖고 있는 투자자들로부터 자금을 모을 수 있으며, 이 자금은 사회문제를 해결하거나 개선하기 위한 사업에 사용된다. 이러한 투자로 사회적 성과가 발생하면 투자자는 그로 인해 절감된 정부의 비용에 비례해서 투자원금과 이윤을 되돌려받을 수 있게 된다.[467] 유럽에서는 이러한 사회적 투자자들이 꾸준히 증가하는 추세인데, 유럽벤처박애협회 회원들은 10억 유

466 이성수, "사회적 금융과 사회적경제," 김성기 외, 『사회적경제의 이해와 전망』 (홍천: 아르케, 2014), 192.
467 심상달 외, 『사회적경제 전망과 가능성』, 36.

로 이상을 이 부분에 투자하고 있다.[468]

아일린 그레이블(Ilene Grabel)은 국제적인 민간 자본의 개발 혜택을 최대화하기 위해서는 다음 세 가지 목적에 맞춰 자금을 통제할 필요가 있다고 하였다. 첫째, 잘 고안된 자본 통제 프로그램을 통해 재정 안정성을 고양시킴으로써 경제 위기가 초래하는 경제 사회적 황폐를 예방해야 한다. 둘째, 투자와 자금 조달 정책은 장기적으로 안정적이고 지속가능하며 고용 기회를 창출하고, 생활수준을 향상시키는 형태로 고양되어야 한다. 셋째, 자본 통제는 투기꾼이나 외부 인사들이 의사 결정이나 통제에 영향력을 행사하지 못하도록 하여 국가 정책의 자율성을 고양시켜야 한다.[469]

국내의 사회복지 관련 기금은 사회복지공동모금회로, 저소득 빈곤층의 마이크로 크레딧은 미소금융중앙재단으로 금융조달채널을 구축하고 있으나, 사회적 협동조합 육성기금의 재원 조성은 많이 부족한 상태이다. 사회적 협동조합은 사업의 주 대상이 취약계층인 점을 감안할 때 장기적으로 인내하고 투자할 수 있는 자본의 형성이 요구된다.

인내 자본(patient capital)은 투자자가 신속한 수익 회수를 기대하지 않고 장기간에 걸쳐 투자하는 자본으로서, 사회적 협동조합을 활성화하는데 귀중한 자원이 된다. 인내 자본은 사회적 영향력을 위해 재무적 수익을 극대화하는 것을 기꺼이 포기하고 주주 때문에 최종 소비자의 이해를 희생하는 것을 꺼려할 뿐만 아니라 일반 투자 자본 보다 위험에 훨씬 관대하며, 자본 회수를 위한 기간을 길게 잡고, 기업이 성장하도록 집중적인

---

468 김정원·이성조, 『사회적 프랜차이징 입문』 (홍천: 아르케, 2013), 83.
469 Ilene Grabel, “Global finance and development,” J. B. Davis & W. Dolfsma, *The Elgar Companion to Social Economics* (Cheltenham: Edward Elgar, 2008), 512.

경영 지원을 아끼지 않는다는 특징을 지닌다.[470]

3) 지역사회와의 연계를 통한 자생력 확보

사회적 협동조합의 자생력을 확보하기 위해서는 협동조합의 내적 역량의 강화. 지역사회 기반의 지원체계 확보, 협동조합 간의 네트워크가 요구된다. 국내의 경우에는 대부분 정부 재원에 대한 의존도가 높으며 정부의 정책에 의해 영향받기가 쉬운 구조이다. 이를 극복하기 위해서는 사회적 협동조합 조직들 간의 긴밀한 연대를 통해 자체 역량을 강화할 필요가 있다. 또한 지역사회는 생산과 소비가 동시에 이루어지고 지역자원, 지역 네트워크 등 사회서비스와 관련된 고용 창출의 핵심기반이기에 지역사회와 긴밀하게 연결되어 다양한 이해당사자들의 참여와 결속을 이끌어낼 필요가 있다. 또한 사회서비스를 제공하는 경우, 지방자치단체별로 수요와 역량을 조사하여 지역사회 중심의 사회서비스 공급체계에 대한 확립이 필요하다.

사회적 협동조합은 시장질서와는 다른 방식으로 풀뿌리 단위에서 시작되었지만, 협력을 바탕으로 성장 동력을 일궈낼 수 있도록 자생력을 더욱 강화할 필요가 있다. 사회적 협동조합이 지닌 규모의 영세성을 타개하기 위한 방안으로는 프랜차이즈 시스템을 적용해 각 지역의 조직들이 역할을 분담하고 협력을 하면서 사회 문제에 공동으로 대처해 나가는 방식이 있는데, 이는 상호작용으로 규모화를 꾀할 수 있는 혁신적인 방법 중

---

470 김정원·이성조, 『사회적 프랜차이징 입문』, 65.

하나이다. 프랜차이징은 최소한의 위험, 최대한의 이익을 얻고자 하는 공통의 목적을 갖고 사업을 진행하기 때문에 비교적 안정적인 협력 시스템이라고 할 수 있다. 이를 위해 사회적 협동조합을 이끌 지도자 양성 체계를 확립하고, 지역사회에 정착해서 발전하기 위해 효율적인 자원연계 방법도 다각적으로 모색할 필요가 있다.

사회적 협동조합은 자본주의 시장경제의 가혹한 경쟁체제에서 혼자만의 힘으로 살아가기 쉽지 않았던 수많은 사회적 약자들에게 연대와 협력의 방식으로 자신들의 생활을 개선해 나갈 다양한 기회를 제공하며, 고용과 복지를 확대하고, 지역경제를 활성화시키는 장점을 지닌다.

사회적 협동조합이 성공하기 위한 조건은 개인과 공동(共同)의 이익을 지역 사회 모두의 이익과 결부시켜 내는 시민사회의 창조력과 상상력, 그리고 열정과 개척정신이다. 경쟁을 통해 효율성을 극대화하려는 자본중심적 시장경제는 제로섬(zero sum)의 법칙이 지배하지만 호혜성에 입각한 신뢰와 협력을 통해 연대를 강화하는 사회적 협동조합은 포지티브섬(positive sum)이 지배한다.

따라서 사회적 협동조합은 이상적인 기독교 정신을 새롭게 구현하는 장이 될 수 있다. 특히 신자유주의가 무한대로 확장되어 가는 경제구조 속에서 만성화되어 가고 있는 저성장과 실업문제 그리고 빈곤과 양극화, 고령화라는 사회적 문제해결을 위해 사회적 협동조합은 스스로의 힘으로는 조합원이 되기 어려운 취약층과 연대하며 사랑과 정의의 정신을 구현하는 새로운 흐름을 만들어 낼 수 있다. 이는 마치 오병이어의 기적처럼 각자가 지닌 자원과 역량을 끌어 모아 새로운 일자리를 만들 수 있고, 미래의 안전한 삶을 위한 보살핌의 그물망을 구축할 수 있는 효과적인 방안이 된다.

6. 사회적 협동조합을 위한 교회의 역할과 과제

사회적 협동조합은 사회적 자본을 기반으로 협동과 공유의 가치를 지향하는 사람들이 지역 구성원들의 참여와 연대를 통하여 사회의 취약층들을 품고, 사업을 진행한다는 점에서 획기적이고 창의적인 모델이라 할 수 있다. 교회가 사회적 협동조합에 관심을 갖고 적극적으로 참여하는 것은 교회의 대사회적 책임에 응답하는 길이다. 교회는 다른 이들에게 의존할 수밖에 없는 사회적, 경제적 약자들의 편에 서서 이들이 인간답게, 하나님의 형상을 구현하며 살 수 있도록 도와야 한다. 바로 이것이 협동의 정신이며 교회의 선교적 책임이라 할 수 있다. 이는 또한 교회공동체가 협동의 공동체로서 가졌던 에클레시아의 통전적인 측면을 되찾으려는 노력이기도 하다.

1) 사회적 약자 보호

초기 협동조합의 주체는 근로자, 농민 등으로서 대부분 사회경제적 약자였다. 당시 노동자들은 빈곤에 시달린 데다 교육조차 받을 기회가 없으므로 사업을 운영할 능력은 없었던 시대였다. 하지만 이들은 단결하여 협동조합을 통해 윤리적인 기업 경영의 모범을 보여주었다. 사회적 협동조합은 협동조합의 정신을 그대로 계승하면서 사업의 주목적이 취약계층에 대한 일자리 창출과 소외 계층을 위한 사회 서비스 제공이다.

사회적 협동조합은 가난하고 소외당한 이들이 상호 자조를 통해 경제적으로 자립하고 생활환경을 개선할 뿐만 아니라 사회의 격차를 줄여 보다 공정하고 정의로운 세상을 만들 수 있는 힘이 내재되어 있다. 이는 약자들에게 능력을 부여하는 협동조합이 지닌 가치 체계, 사랑과 호혜의 정신에 바탕을 두고 모두가 함께 잘사는 우애의 경제학을 실현하려는 면에서 기독교적 가치와 깊은 연관성을 지닌다. 이는 초기 협동조합운동에 앞장섰던 선구자들 중에는 그리스도인들이 적지 않았던 역사적 사실에서도 잘 드러난다.

사회적 협동조합이 지닌 상호의존성, 호혜와 협력의 가치를 가지고 세상을 보다 건강하고 행복하게 만들 수 있다는 신념은 기독교적 사회정의와 평화의 정신과 상통한다. 사회적 협동조합은 조합원 자체의 이익보다는 공동체 전체의 이익을 우선으로 추구한다는 점에서 이타주의에 기초하고 있다. 경우에 따라서는 공동체 전체의 유익을 위해서는 기꺼이 자신을 희생하려고 한다. 자신에게 발생할 수도 있는 희생을 감수하면서까지 타인을 돕고자 하는 행위는 타인이나 공동체가 당하는 고통이나 불편을 자신의 것처럼 경험하는 공감(empathy)이나 연민(compassion)의 감정을 갖지 않고서는 설명하기 어렵다. 그런데 놀랍게도 사회적 협동조합은 이러한 정신을 기초로 설립되었으며, 이러한 목적을 실현하기 위해 존재한다.

사회적 협동조합은 공동체의 연대와 통합을 우선적 가치로 삼는다. 사회적 협동조합은 영리를 추구하는 일반 기업과는 달리 사회의 공익을 추구하는 활동에 치중하기 때문에 수익이 발생하더라도 조합원들에게 분배되지 않고, 다시 재투자되어 실직자와 빈곤 계층에게 더 많은 일자리를 제공하는 선순환적 구조를 갖는다. 이러한 선순환적 구조를 가능하게 만드는 것은 경제적 보상보다는 공동체성의 가치와 나눔이 제공하는 가치를 더 크게 여기기 때문이다.

2) 연대성과 공유가치창출

신자유주의의 확산으로 인해 빈부격차와 사회 양극화가 심화되면서 기업의 사회적 책임과 더불어 공유가치창출(Creating Shared Value)에 대한 요구가 증대되고 있다. 공유가치창출은 기업을 경영함에 있어 특정 사회공동체의 사회 경제적 환경을 발전시키는 동시에 기업 경쟁력을 강화하는 정책과 경영방식을 의미한다.[471]

호혜성은 상호 관계를 가진 집단들 사이에서 발생하는데, 나눔, 관대함, 친절로 표현되어 공동체 구성원 간의 연대성을 강화시킨다. 믿는 무리가 한마음과 한뜻이 되어 모든 물건을 서로 통용하고 자기 재물을 조금이라도 자기 것이라 하는 이가 하나도 없었던(행 4:32) 초대교회 공동체는 나눔과 호혜의 정신에 기초한 이상적인 공동체였다.

사회적 협동조합은 서비스 이용자와 제공자가 같은 조직에서 신뢰와 협력을 바탕으로 서비스 생산에 적극 참여하면서 공동의 사회적 가치를 창출한다. 사회적 협동조합은 서비스 생산자, 소비자, 직원뿐만 아니라 협동조합과 관련된 자원봉사자나 후원자까지도 조합원으로 포용한다. 예를 들어 취약계층들에 육아서비스를 제공하는 사회적 협동조합일 경우, 거기에는 교사와 함께 자원봉사자, 더 나아가 후원자들도 조합원으로 함께 활동할 수 있다. 또한 설립이나 조직 운영에서도 다양한 이해관계자들이 참여하여 자율적으로 운영하며, 민주적 의사결정 구조를 갖는다는 점에서 시민정신의 함양이나 민주주의 실천의 모델이 된다. 오스트롬(E. Ostrom)

---

471 강민정, "비즈니스와 사회혁신," 심상달 외, 『사회적경제 전망과 가능성』 (서울: 에딧더월드, 2015), 49.

은 공공 서비스 가운데 시민의 적극적인 참여가 있을 때 서비스의 효과뿐 아니라 효율성도 증대된다는 사실을 발견했다.[472] 따라서 사회적 협동조합은 취약 계층의 일자리 창출뿐만 아니라 공공의 사회 서비스 생산에 시민들이 참여하여 시너지 효과를 낼 수 있다는 점에서 사회적 경제의 좋은 모델이 된다.

3) 복지서비스 제공

사회적 협동조합은 보다 가치 있는 윤리적 목적의식을 갖고 장애인이나 고령자, 여성, 청소년, 이주민 등 사회적 약자들의 삶을 개선하거나 협동을 통해 상호신뢰나 공동체 정신을 회복하고, 교육, 문화, 환경 등 다양한 사회문제를 해결하는 바람직한 대안이 된다. 특히 빈부격차나 정보격차가 심한 오늘날, 교육이나 보육, 의료 등 우리 생활을 둘러싼 다양한 영역에서 왜곡된 경제구조를 바로잡고 모두가 상생하는 방법은 사회적 협동조합에 적극 참여하는 길이다. 사회적 협동조합은 영리를 목적으로 하지 않기 때문에 기업이나 또는 국가 기관 등에서 지원할 수 없는 복지 사각지대에 복지 서비스를 효율적으로 제공할 수 있고, 이윤을 배분하지 않기 때문에 제공되는 서비스의 가격 인하나 서비스의 질을 향상시킬 수 있다는 장점이 있다.

사회적 협동조합은 협동조합의 이상을 구현하는 가장 이상적인 형태

---

472 윤길순·최우석, “사회 돌봄 서비스를 제공하는 사회적 협동조합의 거버넌스에 관한 탐색적 연구,” 『사회경제평론』 47 (2015), 283.

라 할 수 있다. 특히 글로벌화되고 있는 경제구조 속에서 만성적인 저성장과 실업문제 그리고 빈곤과 양극화, 고령화라는 사회문제를 해결하기 위해서는 사회적 협동조합에 주목할 필요가 있다. 사회적 협동조합은 자신의 힘으로 조합원이 되기 어려운 사람들과 연대하여 박애의 정신을 확장하는 새로운 흐름을 만들어낼 수 있기에 효과적인 대안이 된다.

교회는 생명 사랑에 대한 뜨거운 열정과 헌신, 소외된 이웃에 대한 사랑으로 충만한 사람들의 공동체로서 사회적 협동조합을 적극 지원하는 전초기지의 역할을 할 수 있다. 그런 점에서 사회적 협동조합운동은 글로벌 환경에서 새로운 도전에 직면한 우리 사회에 대한 한국 교회의 실천적인 응답이 될 수 있을 것이다.[473] 이는 마치 오병이어의 기적처럼 각자가 지닌 자원과 역량을 모아 새로운 일자리, 특히 인간 존엄성에 기초한 사회적 자본을 구축하는 일자리를 창출할 수 있고, 이를 통하여 미래의 안전한 삶을 위한 사회적 그물망을 튼실하게 구축하는 계기를 마련한다.

7. 종합적 결론 - 제로섬에서 포지티브섬으로

1부에서는 기독교 협동조합의 이론적 토대가 되는 협력과 호혜의 윤리를 살펴보았다. 협력과 호혜의 윤리는 신자유주의적 경제구조로 인한 무한경쟁과 이기주의를 극복하는 대안으로 제시될 수 있는데, 협력과 호혜의

---

473 최혁진, "사회적협동조합의 등장과 교회의 역할", 71.

이론적 기초가 되는 여러 학자의 이론을 심층적으로 분석하면서 협동조합의 당위성을 강조하였다. 공유지의 비극, 인클로저 운동, 죄수의 딜레마 등과 같은 이기주의의 문제점을 주목하면서 이러한 딜레마에서 벗어나 모두가 상생하기 위해서는 협력과 호혜의 방식으로 함께 나아가야 할 것을 주장하였다.

협력의 이론적 토대로서 협력을 강조한 요아힘 바우어, 바무엘 보울스, 표트르 크로포트킨, 마이클 토마셀로, 로버트 액설로드, 로버트 트리버스, 마틴 노왁 등의 이론을 고찰하면서 팃포탯 전략, 직접 상호성, 간접 상호성, 집단선택설 등과 같은 협력의 원리를 규명하였다. 그리고 마르셀 모스의 증여론과 자크 데리다와 폴 리꾀르의 선물에 대한 견해를 살펴보면서 호혜의 윤리를 고찰하였다. 이를 통해 기업의 사회적 책임과 공유가치 창출의 필요성을 강조하였다.

이와 더불어 협력과 호혜를 기초한 사회적 자본에 기초한 사회적 경제 운동의 이론적 토대와 더불어 공유경제와 사회적 자본을 살펴보았다. 최근 빠르게 확산되고 있는 공유경제와 연관하여 지식의 공유와 확산, 협력적 생산과 소비, 신뢰를 통한 선순환 경제로의 전환을 강조하였다. 그리고 샤를 지드와 칼 폴라니를 중심으로 사회적 경제 이론을, 피에르 부르디외, 제임스 콜먼, 로버트 퍼트남, 니콜라스 실벤 사회적 자본을 중심으로 협동조합의 이론적 토대가 되는 사회적 자본을 고찰하였다.

공유경제는 상품이나 서비스의 공유, 교환, 거래, 대여에 기반을 두고, 접근을 소유보다 우위에 놓아 소비 대상뿐 아니라 소비 방법까지 재창조하는 경제모형이다. 공유경제는 집약적인 정보통신기술을 지렛대로 삼아서 남는 재화와 용역을 재분배하고 공유하며 재사용할 수 있도록 촉진시킨다. 인적, 물적 자산의 공유를 토대로 지속 가능한 경제체제를 구축하며, 서로 다른 개인과 조직이 재화와 용역을 공동으로 창조, 생산, 분배, 거래, 소비하는 행위를 수반한다.

자본주의로 인해 초래된 경제적 불균형을 바로잡고, 친환경적인 건강한 공유경제를 정착시키기 위해서는 나눌수록 사회경제적 가치가 더욱 커진다는 공유경제의 근본 가치와 이념을 강조하였다. 공유와 협력의 진정한 가치는 자발적인 참여와 연대를 통하여 공동체를 든든히 세우고자 하는 건강한 시민 덕성을 지닌 구성원들의 도덕적 기반이 중요하며, 그렇게 할 때 공유경제는 경쟁 위주의 자본주의 경제구조가 초래한 빈틈을 효과적으로 메우는 역할을 할 것임을 주장하였다.

2부에서는 기독교 협동조합의 가치와 역할을 살펴보았다. 먼저 구약성서와 신약성서를 통해 협동의 정신이 구현된 사례들을 살펴보았고, 협동조합의 역사를 고찰하면서 협동조합이 구현하고자 하는 정신과 가치, 그리고 그 기초가 되는 기독교 정신을 함께 고찰하면서 협동조합이 실천할 수 있는 실제적인 역할에 대해 살펴보았다.

먼저 신자유주의의 세계화로 인하여 경제정의가 무너지고 사회 불평등이 심해지는 현실적 문제를 해결할 이론적 대안으로서 성서적 관점을 통해 협동조합이 지닌 가치와 역할을 고찰하였다. 이어서 외국의 사례와 더불어 한국기독교 협동조합을 중심으로 협동조합의 지나온 역사를 살펴보면서 협동조합의 가치와 역할을 조명하였다. 협동조합의 기본 가치와 근본정신이 기독교적 가치관을 바탕으로 하고 있음을 주목하면서 협동조합이 추구하는 호혜, 협력, 연대 등의 가치는 성서적 가치관과 일맥상통함을 강조하였다.

성서를 통해 본 협동조합의 가치는 생태 친화적인 생산과 소비를 확산시키며, 사회 불평등 해소와 경제정의 실현의 도구가 되며, 신뢰에 기초한 샬롬의 공동체를 구현하기에, 하나님 나라에 기초한 경제공동체를 건설하는 유용한 도구가 될 수 있다.

협동조합은 나눔과 공유를 통해 사랑을 실천했던 초대교회 공동체의 전통에 서 있으며, 협동조합은 자본보다는 사람을, 경쟁보다 협동을, 이윤보다 공동선을 중시하면서 공동의 경제적 목표를 달성할 뿐 아니라, 조합원 상호 간 지적, 정신적, 문화적 발전을 꾀하면서 호혜와 상생의 경제공동체를 구현하고자 한다. 또한, 협동조합은 사회경제적 약자가 상호 간의 협동과 단결을 통해 경제적 지위 향상과 자주성을 추구하는 기반이 됨을 강조하였다.

3부에서는 기독교 협동조합의 현황을 살펴보고 현실적인 어려움을 해결하기 위한 방안을 모색하였다. 기독교 협동조합이 지닌 강점과 경쟁력, 그리고 협동조합이 당면하고 있는 현실적인 어려움을 마을공동체 운동과 연관시켜 고찰하면서 협동조합을 위한 교회의 역할을 살펴보았다. 아울러 외국의 다양한 협동조합의 사례들을 비교 분석하면서 현실적인 해결책을 모색하였다.

마을공동체 운동이 농촌운동이나 도시빈민선교, 민중교회운동과의 연계선상에 있음을 주목하면서 교회가 참여하는 마을공동체 운동의 현황과 의의를 살펴보았다. 아울러 젠트리피케이션이나 지속가능성과 같은 마을공동체 운동이 직면한 문제와 이를 해결하기 위한 현실적인 대안을 제시하였다.

마을공동체 운동은 교회의 대사회적 역할, 특히 디아코니아와 코이노니아의 주된 활동이 펼쳐지는 장이라 할 수 있다. 마을공동체 운동을 통해 교회는 성도들과 이웃 주민들의 일상의 삶, 그들의 복지와 인격적 관계망을 돌보는 역할을 한다. 마을공동체 운동은 상호 책임과 공감과 소통, 돌봄과 나눔, 일상에 충실한 소박한 삶과 같은 윤리적 가치들을 추구하는 운동이다. 마을공동체 운동은 단절된 이웃과의 관계를 친밀하게 회복하고 공동체에 대한 소속감과 연대를 통해 개인의 존엄성을 고양하여 공동체의 울타리를 든든하게 만든다.

교회는 마을공동체 운동에 참여하기에 앞서, 지역의 특성과 주민들의 성격에 맞게 적절한 방식으로 참여할 필요가 있으며, 이를 위해 TF팀을 구성해서 마을에 대해 연구하고, 재능과 은사에 따라 참여하는 것이 바람직하다. 교회가 마을로 들어가 관계를 맺으려면 우선 경청의 자세가 중요하다. 교회가 소속된 지역이나 마을의 다양한 특성을 연구하고 주민들과 접촉점을 형성함으로써 그들의 필요를 파악하기 위해 먼저 경청하고, 그들의 필요에 적절하게 응답할 필요가 있다.

중세 시대의 마을 중심에는 관공서, 오페라하우스와 함께 교회가 있었다. 교회는 마을 가운데 자리 잡고 마을에 깊이 관여하면서 중심적 역할을 했다. 교회는 마을 속에서 거룩한 삶의 영역을 제공하면서 인간 존재의 깊이와 삶의 진정한 의미를 발견하도록 이끌며, 소외된 인간성을 회복하는 데 이바지할 수 있다. 또한 공동체 내부에 예기치 못한 긴장이나 갈등이 발생할 때 교회는 중재 역할을 하며 화해의 도구로 기능할 수 있다.

마을공동체 운동을 위한 교회의 역할은 직면한 과제 해결이나 물리적 환경의 개선에 앞서 구성원 사이의 관계 형성에 역점을 둘 필요가 있다. 성과나 이익보다는 사람 자체에 대한 관심을 갖고 먼저 사람을 세우는 데 역점을 둘 필요가 있으며, 이를 위해 서로에 대한 존중과 신뢰 관계가 우선될 수 있도록 배려해야 할 것이다.

이어서 국외와 국내의 사회적 협동조합의 사례와 현황을 살펴보고, 사회적 협동조합을 위한 교회의 역할, 그리고 사회적 협동조합의 취약점과 이에 대한 대응방안을 모색하여 보았다. 사회적 협동조합은 사회적 자본을 기반으로 협동과 공유의 가치를 지향하는 사람들이 지역 구성원들의 참여와 연대를 통하여 사회의 취약층들을 품고, 사업을 진행한다는 점에서 획기적이고 창의적인 모델이라 할 수 있다.

사회적 협동조합은 자본주의 시장경제의 가혹한 경쟁체제에서 혼자만의 힘으로 살아가기 쉽지 않았던 수많은 사회적 약자들에게 연대와 협력의 방식으로 자신들의 생활을 개선해 나갈 다양한 기회를 제공하며, 고용과 복지를 확대하고, 지역경제를 활성화시키는 장점을 지닌다.

사회적 협동조합이 성공하기 위한 조건은 개인과 공동의 이익을 지역사회 모두의 이익과 결부시켜 내는 시민사회의 창조력과 상상력, 그리고 열정과 개척정신이다. 경쟁을 통해 효율성을 극대화하려는 자본중심적 자본주의 시장경제는 제로섬 법칙이 지배하지만 호혜성에 입각한 신뢰와 협력을 통해 연대를 강화하는 사회적 협동조합은 포지티브섬 법칙이 지배한다.

따라서 사회적 협동조합은 이상적인 기독교 정신을 새롭게 구현하는 장이 될 수 있다. 특히 신자유주의가 무한대로 확장되어 가는 경제구조 속에서 만성화되어 가고 있는 저성장과 실업문제 그리고 빈곤과 양극화, 고령화라는 사회적 문제 해결을 위해 사회적 협동조합은 스스로의 힘으로는 조합원이 되기 어려운 취약층과 연대하며 사랑과 정의의 정신을 구현하는 새로운 흐름을 만들어낼 수 있다. 이는 마치 오병이어의 기적처럼 각자가 지닌 자원과 역량을 끌어모아 새로운 일자리를 만들 수 있고, 미래의 안전한 삶을 위한 보살핌의 그물망을 구축할 수 있는 효과적인 방안이 된다.

하나님이 원하시는 바람직한 경제의 모습은 시장논리에 의한 무한경쟁이 아니라, 공생과 공존을 위하여 은혜의 복음에 기초하여 사회적 재화를 생산하고 분배하는 경제이다. 그런 점에서 협동조합 운동은 기독교 정신을 바탕으로 하여 시작되어 시장 자본주의 체제에 대한 대안으로서 공생적 경제정의를 지향하고 있다.

협동조합이 구현하려는 협동의 정신은 기독교에서 강조하는 화합과 연합의 정신이며, 이러한 정신을 한데 묶는 것이 호혜적 사랑이다. 이 사랑은 이기적 사랑을 넘어서 이타적이고 무조건적인 아가페의 사랑에 기초한다. 이러한 정신은 효율성이 강조되는 시장 경제에서 단순히 영리추구를 목적으로 할 때 자칫 놓칠 수 있는 이타적인 사랑과 연합의 협동정신을 환기시키는 계기가 된다. 협동조합은 신뢰를 기반으로 신용을 창출하고 독과점을 제어하는 역할을 해왔고, 많은 일자리와 사회적 자본을 창출해왔다. 협동조합은 경제적으로 약소한 처지에 있는 농민이나 중소 상공업자, 일반 소비대중이 상호협동과 상부상조의 정신으로 경제적 이익을 추구하면서 경제적 지위 향상과 정치적 자주성을 획득하는 데 많은 도움을 준다.

그러므로 협동조합을 통해 협력을 모색하는 것은 경제적 차원과 영적인 차원에서 자본주의가 붕괴되는 것을 막을 수 있는 길을 제공해 준다. 어떤 사회가 부유하고 풍요로우면서도 정의와 선은 결핍될 수 있다. 협동의 정신은 이러한 결함과 결핍을 보완하고 근본에서부터 해소시키는 역할을 한다. 그런 점에서 협동조합은 우리의 사회를 좀 더 정의롭고 평화로운 공존을 향하여 점진적인 변화의 기회를 준다.

따라서 공동체 자본주의에 기초한 협동조합 운동에 교회가 참여하는 것은 매우 의미심장한 일이다. 이는 본래 청교도 윤리에서 유래한 근대 자본주의의 근본정신을 되찾고, 왜곡된 자본주의로 인해 피폐화된 현대인들에게 사랑과 정의와 평화의 하나님 나라를 세우는 데 기여하는 효과적인 방식이 된다.

협동조합은 신자유주의 경제 체제가 지닌 문제를 보완할 것이라는 기대와 더불어 협동조합 자체가 지닌 취약성에 대한 우려도 만만치 않다. 규모의 영세성이나 경영의 비효율성, 안정적인 자금조달의 어려움 등 해결해야 할 여러 문제가 있다. 그래서 협동조합은 날개 길이가 몸무게를 지탱할 만큼 길지 못한 호박벌에 비유하기도 한다. 호박벌은 이론적으로는 절대 날 수가 없지만, 그래도 잘 날아다닌다. 협동조합은 발전할 수 없고 실패해야 마땅하지만 연대와 신뢰를 바탕으로 지금까지 존속됐으며 앞으로도 계속 존속할 것이다.

협동조합은 은혜 중심의 하나님 나라 경제를 구현하는 매개체가 된다. 하나님 나라의 경제는 상생의 경제임과 동시에 나눔의 경제라는 점에서 협동조합은 하나님의 경제정의를 실현하는 방식이 된다. 따라서 교회가 협동조합에 적극 참여하는 것은 교회의 대사회적 책무를 감당하는 길이며 공동선의 원리, 참여와 연대성의 원리를 구현하는 지름길이다.

평화롭고 조화로운 세상을 위한 상상력은 카리타스(caritas)에 기초한 은혜로 교정된 시선이 필요하다. 카리타스는 자신이 뭔가를 얻기 위해 다른 사람들과 잘 어울리는 전략적 사교성이나 교활하게 계산하는 기술과는 차원이 다르다. 카리타스는 조건 없이 베푸는 사랑이며 받을 자격이 전혀 없는 이에게도 지극한 관심과 애정을 쏟는 것이다.

〈바베트의 만찬〉은 덴마크 출신 작가 이작 디네센(Isak Dinesen: 1885-1962)의 단편을 토대로 만든 영화이다. 덴마크의 작은 해안 마을에 바베트라는 한 여성이 프랑스 혁명 중에 가족을 잃고 도망쳐오게 된다. 바베트를 맞이한 두 자매는 목사의 딸로서 결혼도 하지 않고 아버지의 뒤를 이어서 시골교회를 돌보고 있었다. 바베트는 주방일을 자처하면서 두 자매와 함께 살게 된다. 시골교회 공동체는 비록 가난하지만 신앙과 사랑으로 화목했었는데, 목사님이 돌아가시자 서로 시기하고 미워하면서 분열되기 시작한다.

돌아가신 목사님의 100번째 생일날, 바베트는 마을 사람들을 초청해 만찬을 제공하겠다고 말한다. 바베트는 복권 당첨으로 받게 된 만 프랑의 상금을 만찬을 위해 아낌없이 사용한다. 만찬에 초대된 마을 사람들은 최고의 요리사였던 바베트가 정성껏 준비한 음식을 맛보면서 마음의 빗장을 열게 된다. 만찬 후 마을 사람들은 광장에 둘러서서 손을 잡고 찬양을 부르며 "은혜와 진리가 하나로 만나고, 의와 천국의 기쁨이 입맞추는 밤"을 만끽한다.

은혜의 시각으로 교정된 카리타스 정신은 마르셀 모스의 증여론에서 잘 드러난다.

> 내가 당신에게 캐비어를 팔면 당신은 돈이나 그에 상응하는 가치를 갖는 장갑이나 호저의 가시털로 값을 치러야 한다. 양측은 균형을 맞추고 시장은 투명해진다. 그러나 모스의 주장에 따르면, 이것은 우리를 정서적으로 결속시키는 교환은 아니다. 우리의 관계는 등가물을 계산하는 일을 멈출 때에야 비로소 뿌리를 내리게 된다. 식당에서 계산서가 나오면 누군가가 각자 음식과 술을 얼마만큼 먹었는가를 계산해서 각자가 얼마를 부담해야 할지를 결정한다. 하지만 바로 그 순간 저녁 식사의 즐거움은 눈 녹듯 사라진다. 오히려 그런 계산을 하

지 않고 돈을 낼 때, 즉 공연한 법석을 떨지 않고 일행 가운데 가난한 사람을 감춰줄 때 우리는 상대방에게 친구로서 행동하게 된다.[474]

시혜를 받아 혜택을 누린 쪽이 그럴 능력이 없어서 그에 상응하는 등가물을 돌려주지 못한다고 하더라도 무엇인가를 그에게 베풀어야 한다. 등가적 교환은 모종의 보답을 통해 사람들을 결속시키지만, 비대칭적인 형태의 교환은 자원을 균등하게 만들 필요가 없다. 계급과 부의 차이를 해소하기 위해 많이 가진 자가 자발적으로 더 많이 베풂으로 한 발짝 더 공평에 다가갈 수 있다. 은혜는 '받을 만한 자격이 없는' 자를 선대하는 것이며, 이들을 우선적으로 배려하고 돌볼 때 보다 평화롭고 공평한 세상을 만들 수 있다.

엘 고어(Albert Arnold Gore Jr.)는 노벨 평화상 수락 연설에서 다음과 같은 아프리카의 속담을 인용하면서 협력을 향한 메시지를 분명하게 전했다.[475]

더 빨리 가려면, 혼자서 가라, 하지만 더 멀리 가려면, 함께 가라. 우리는 개별적이고 고립되고 개인적인 행동만으로 충분하다는 오만을 버려야 한다. 물론 이러한 행동도 도움이 될 수 있고, 사실 도움이 된다. 하지만 집단행동 없이 우리는 충분히 멀리 갈 수 없을 것이다.

협력은 신체 능력이나 생존조건이 불리한 이들에게는 효과적인 생존방식이 된다. 협력을 체계화하고 호혜성을 진작시키는 사회적인 교감을 발

---

474 Richard Sennett, 『불평등 사회의 인간 존중』, , 273.
475 마틴 노왁, 『초협력자』, 434-435.

전시키는 경제활동은 당사자뿐 아니라 공동체를 든든하게 세우는 계기가 된다.

영국의 인류학자 콜린 턴불(Colin Turnbull)은 우간다 북부 지역에서 살았던 이크족(Ik people)이 그들에게서 공동 사냥 풍습이 사라지면서 부족 전체가 서서히 멸망해 가는 상황을 다음과 같이 서술하였다.[476]

> 이크족은 과거에는 공동으로 사냥하고 공동으로 사냥감을 분배하였다. 하지만 이크족은 점차 공동으로 사냥을 나가는 횟수가 줄어들고 노획물 또한 가족끼리만 몰래 먹게 됨에 따라 부족 내에서 서로 간 보이지 않는 울타리가 생겨나게 되었다. 그에 따라 공동체는 서서히 붕괴되었다.

유대인의 전통 중에는 부자들이 자신의 재산 일부를 유대인 조직체에 기부하여 가난한 사람을 돕는 제도가 있다. 부자들은 이를 시혜가 아닌 의무로 여기며 가난한 사람들 역시 유대인 조직체를 통해 부자들의 도움을 받는 것을 구걸이 아닌 권리로 여긴다.[477] 개인에게 있어 최고의 미덕은 창의력을 겸비한 겸손과 탁월성이고, 공동체를 위한 최고의 미덕은 공유의 미덕을 지닌 소통과 협력이다.

창조적인 협력은 참여, 우정, 보상과 같은 조력적인 상호작용을 통해서 가능하다. 인간을 끊임없이 파편화시키고, 자연과 인간을 수탈하는 거대 자본주의가 지배하는 시장 경제체제 속에서 창조와 나눔의 따뜻한 경제를 어떻게 만들어갈 것인가? 극심한 경쟁체제 속에서 강자로부터의 수

---

476 최영, 『공유와 협력, 소셜 미디어 네트워크 패러다임』, 233.
477 쑤린, 권용중 옮김, 『유대인 생각공부』 (서울: 마일스톤, 2015), 235.

탈을 막아내고 외부에 의존하려는 경향과 내적인 이기심에서 벗어나 생산과 생활 속에서 자립적이고 보다 인간적인 공동체를 어떻게 만들어갈 것인가?

이러한 소박한 꿈은 협동조합이라는 그릇을 통해 담아낼 수 있다. 이러한 꿈은 세계 여러 나라에서 많은 이들에 의해 다양한 형태로 현실화되었으며, 때로는 좌절하기도 하였고, 왜곡되기도 하였다. 제임스 미드(James Meade)는 현대 경제에서 경제성장을 통한 완전고용은 불가능할 뿐만 아니라 생태적으로 바람직하지도 않기에 아가쏘토피아(agathotopia)를 통해 공유경제의 이상을 구현하려 하였다.[478] 아가쏘토피아는 공유기업, 공유자산, 기본소득이라는 세 가지 요소로 구성된다. 공유와 협력을 통해 수익을 창출하고, 창출한 수익을 함께 나누는 것은 공동체를 풍요롭게 가꾸는 지름길이다.

무게가 7톤까지 나가는 아프리카 초원의 코끼리가 지나간 땅은 거의 불모지가 되곤 한다. 그런데 코끼리는 특수한 종류의 아카시아나무를 비껴가는데, 이 나무에는 수많은 개미들이 탄탄한 조직을 갖추고 자신들의 보금자리인 이 나무를 지키기 때문이다. 코끼리가 이 나무를 건드리기라도 하면 나무둥치에서 쏟아져 나온 개미들이 코끼리의 부드러운 속살을 물어 참을 수 없을 만큼 괴롭힌다. 아카시아나무는 그 보답으로 잎에서 나오는 달콤한 즙을 개미에게 내어 준다.[479]

거대한 규모로 카르텔을 구성해서 함께 누려야 할 공유자원을 독점하는 것은 코끼리와 같은 행태다. 하지만 거대한 코끼리를 저지한 것은 공

---

478 강남훈·권정임, "공유경제와 기본소득-제임스 미드의 아가싸토피아를 중심으로," 『한국사회경제학회 2016 봄 학술대회 자료집』(2016), 57.

479 Alex Stephany, 『공개하고 공유하라』, 297.

유의 가치를 인식한 개미들이다. 2011년 온라인저작권침해금지법(SOPA)과 그 전조인 지식재산권보호법(PIPA)이 제출될 당시 이에 반대하기 위하여 수많은 소셜 미디어를 하는 인터넷 개미들이 단결하여 저항했다. 법안에 따르면 구글 같은 검색엔진은 저작권을 침해한 웹사이트에 대한 접속을 차단해야 했다. 나이키, 로레알, 바이어컴, 맥밀런 등 대기업들이 SOPA를 지지했다.

하지만 컴퓨터 전문가들과 구글, 페이스북, 모질라, 야후와 같은 인터넷 관련 기업들은 정부가 인터넷에 울타리를 쳐서는 안 된다고 생각하였다. 반 SOPA 연합은 블로거 또는 직접 만든 자료를 소셜 미디어에 올리는 모든 사람의 자유가 이 법안 때문에 제한되는 상황을 우려했기 때문이었다. 트위터 사용자들은 SOPA를 찬성하는 정치인과 기업의 트위터 계정에 220만 건의 해시태그 세례를 퍼부으면서 저항했다. 공유경제가 건강하게 활성화하는 것은 플랫폼을 운영하는 회사뿐 아니라 고객 모두의 몫이다. 디지털 세상에서 공유가치가 구현하는 사회적 자본은 진실성, 좋은 의도, 신뢰성 등을 담보하는 강력한 계기로 작용한다.

글로벌 시장경제의 가속화로 인해 사람들은 더욱 불평등해지고, 미세먼지와 미세 플라스틱은 우리의 건강을 위협하며 해가 갈수록 기후 위기는 더 심각해지고 있다. 바이러스 팬데믹은 "뭉치지 않으면 죽는다"는 협동과 연대를 촉진한 새로운 국면으로 뒤바꾸고 있다.

불공평과 부정의를 극복하고 상생하기 위한 방안으로서 서사적 삶을 구성하는 데서 시작할 수 있다. 서사적 삶이란 연속적인 시간의 흐름 속에서 사건과 경험들이 축적되는 것이다. 세넷은 서사적 삶을 위한 혁신적인 시도는 다음 세 가지 차원에서 가능하다고 보았다.[480] 첫 번째 대안은 기존 노동조합을 대체하는 병렬 조직의 설립을 통해 서로 간의 연대와 협력을 튼튼히 하는 것이다. 이는 근속연수가 짧아지고 고용이 점점 불안정해지는 상황에서 노동의 연속성과 지속성을 지탱시키는 새로운 방식이 된다.

두 번째 대안은 공유를 통한 일자리 나누기다. 아웃소싱이 활발한 네덜란드에서도 일자리가 개발도상국으로 빠져나가는 바람에 많은 노동자들이 실업의 고통을 겪고 있다. 이런 상황에서 네덜란드인들은 하나의 일자리를 두세 명이 공유하는 제도를 만들었다. 이렇게 나누어진 일자리는 누구에게나 열려 있는 개방형 네트워크여서, 원하는 사람은 시장 상황에 따라 파트타임 일자리를 한 개 이상 더 가질 수 있게 되었다.

세 번째 대안은 기본소득을 통해 사람들이 자신의 인생을 길게 보고, 인생을 새롭게 설계할 수 있도록 기회를 부여하는 것이다. 기본소득은 모든 사람에게 똑같이 일정액을 나눠주고, 그 사용을 개인에게 맡기는 지극히 단순한 제도이지만 인생을 새롭게 시작할 수 있는 기회나 여건을 제공한다.

심리학자 크리스털 홀은 뉴저지주의 어느 도심 빈민가에 있는 무상급식소를 찾아가 그곳에서 끼니를 해결하는 이들과 실험적인 대화를 나누었다. 한 그룹에게는 자신이 자랑스럽고 성공한 사람처럼 느껴졌던 경험에 대해 몇 분 동안 이야기하게 했다. 다른 그룹에게는 그저 그들의 일과를 물어보았다. 그런 다음, 두 그룹 모두에게 사회복지 혜택을 신청할 수 있는 기회를 제공하였다. 그런데 빈곤층을 지원하는 사회복지 프로그램은 절차가 너무 복잡하고 어려워 보인다는 이유로 프로그램에 등록하지 않

480 Richard Sennett, 『뉴캐피털리즘』, 218-220 참고.

는 경우가 다반사였다. 복지 프로그램은 장기적으로 빈곤을 극복하는데 이롭다는 걸 알면서도 현실적인 난관에 주눅이 들어 아무것도 하지 않는 근시안적인 사고 탓에 빈곤의 악순환이 이어지고 있었다. 그런데 놀랍게도 5분 동안 긍정적인 경험에 관해 이야기한 사람들은 다른 대조 그룹보다 복지 프로그램에 등록하는 비율이 높게 나타났다.[481]

누구나 자랑스럽고 성공했던 순간들이 있으며, 그러한 순간을 위해 다시금 일어설 수 있는 희망을 품도록 돕는 것은 의미 있는 일이다. 사람들은 자신의 가치를 판단하기 위해 사회적 배경 속에서 습관적으로 자신의 상대적 지위를 평가한다. 진정으로 중요한 것이 무엇인지 파악하기 위해 의식적으로 노력한다면, 무의식적으로 남들과 자신을 비교하여 자신의 가치를 매기는 패턴을 끊을 수 있다.[482]

존 러스킨(John Ruskin)은 자본을 마치 잘 만들어진 보습에 비유하였다. 만약 보습이 그저 다른 보습을 증식하는 것 외에 아무 일도 하지 않는다면 그 보습은 아무짝에도 쓸모없는 보습에 불과하다. 보습이 자가 증식하지 않고 오히려 자신을 소모함으로 밭고랑을 만들 때 진정한 보습의 역할에 충실한 것이다. 마찬가지로 자본이 자본을 낳기 위한 방식이 아니라 보습처럼 자본 본연의 역할에 충실할 때 진정한 자본의 역할과 본분을 다하는 것이다. 그러므로 자본가에게 물어야 할 질문은 "당신은 보습을 몇 개나 소유하고 있습니까?"가 아니라 "당신의 밭고랑은 어디에 있습니까?"이고, "이 자본이 얼마나 빨리 증식하겠습니까?"가 아니라 "생명의 증식을 위해 자본을 잘 활용하고 있습니까?"라고 물어야 한다.[483]

---

481 Keith Payne, 『부러진 사다리』, 260
482 같은 책, 260-261.
483 John Ruskin, 김석희 옮김, 『나중에 온 이 사람에게도, 생명의 경제학』 (서울: 느린걸음,

세상을 행복하고 가치 있게 살아가는 사람은 더 많은 부보다 소박한 삶을, 더 높은 지위보다 더 깊은 행복을 추구하기로 마음먹고, 마음의 평정을 제일 중요한 재산으로 삼아 평화로운 생활에 대한 자부심과 평온함을 추구하는 데서 진정한 명예를 느끼는 사람이다.[484]

이것이 바로 "사랑과 진실이 만나고 정의가 평화와 서로 입맞추는(시편 85:10)" 이상적인 하나님 나라의 모습이며, 우리는 이를 실현하기 위해 힘써야 한다. "정의의 열매는 평화를 행하는 자들의 평화로 씨를 심기에(야고보서 3:18)" 평화의 씨앗을 뿌리기 위해 힘써야 한다. 러스킨은 부는 곧 생명이라고 하면서 진정한 생명을 위해 부를 의미 있게 사용할 것을 주장하였다.

> 생명은 사랑과 환희와 경외가 모두 포함된 총체적인 힘이다. 그러므로 가장 부유한 국가는 최대 다수의 고귀하고 행복한 국민을 길러내는 국가이고, 가장 부유한 이는 그의 안에 내재된 생명을 나누는 사람이다. 그가 소유한 내적, 외적 재산을 골고루 활용하여 공동체를 풍성하게 하기 위해 선한 영향력을 끼치는 사람이다. 생명이 곧 진정한 부라고 말한 러스킨은 죽음에 맞선 생명의 경제학, 뜨거운 인간애가 흐르는 경제학을 주창했다. 인간이 추구해야 할 유일한 부는 곧 생명이고, 이러한 부를 얻기 위한 선결 조건은 정직과 애정이다.[485]

성서가 구현하는 하나님 나라의 경제는 가난한 자에 대한 하나님의 우호적 선택과 모두를 위한 풍성한 생명이라는 두 개의 비전으로 요약될

2007), 187.

484 같은 책, 209.

485 장윤재, "피케티의 『21세기 자본』과 신학의 응답," 『신학과교회』 3 (2015), 307-308.

수 있다. 가난한 자들을 돌보시는 하나님의 정의에 기초한 '생명 살림의 경제'가 바로 성서가 추구하는 이상적인 경제다. 이윤과 경쟁의 구조에서 벼랑 끝으로 내몰린 사람들을 품는 포용적인 경제다. 바로 이것이 모두가 공존하고 상생하는 살림의 경제다.

알렌 크라이더는 『회심의 변질』에서 초대교회의 회심이 지닌 세 가지 특징을 분석하였다. 초대교회에는 3B, 즉 예수 그리스도를 구원자로 고백하고 받아들이는 신앙적인 회심(Belief), 새롭게 거듭난 행동의 변화(Behavior), 교회 공동체에 소속되어 신앙 훈련을 받는 소속의 변화(Belonging)라는 세 가지 변화된 삶의 양태가 수반되었다.[486] 초대 교인들은 교회 공동체의 일원으로 어떻게 살아야 하는지에 대해 고민하고 가르쳤지만, 공개적으로 복음 전도를 한 적은 별로 없었다. 그럼에도 선교는 역동적으로 진행되어 폭발적으로 성장하였다.[487] 그들이 삶을 통해 보여 준 변화의 모습과 그에 따른 성품, 그리고 생명력이 넘치는 공동체를 가꾸어 감으로써 생겨난 자연스러운 결과였다. 초대교회 성도들은 매일 집에서 떡을 떼며 기쁨과 순전한 마음으로 음식을 먹는 밥상 공동체를 이루었다. 새로운 정체성과 소속감 그리고 희소성을 보여주었다. 이 세상과 다른 대안 공동체의 모습을 보여주었다.

자기 스스로 돕는 자조의 정신을 가진 개인은 서로 돕는 타인과의 관계 속에서 함께 성장한다. 이러한 협동의 가치가 실질적으로 사회의 주요한 변화를 일으키기 위해 더 많은 협동을 상상하고 실천해 가는 기반이 된다. 상상을 현실로 만드는 기적의 발걸음은 우리 각자의 실천에 달

---

486 Alan Kreider, *Change of Conversion and the Origin of Christendom*, 박삼종 외 옮김, 『회심의 변질』 (대전: 대장간, 2013), 9.

487 이도영, 『코로나19 이후 시대와 한국교회의 과제』 (서울: 새물결플러스, 2020), 67.

려 있다. 경쟁이 점점 치열해지고 삶이 각박하고 메말라가는 현실 속에서 협력과 호혜, 상생의 가치를 실현하기 위해 힘쓰고, 더불어 살기 위해 함께 노력한다면 우리가 사는 세상은 좀 더 평화롭고 풍요롭게 변해갈 것이다.

참고 문헌

단행본

강성열 외, 『목회매뉴얼-생명목회』, 서울: 한국장로교출판사, 2015.

강성열·백명기, 『한국교회의 미래와 마을목회』, 서울: 한들, 2016.

강욱모·심창학 편, 『사회적 기업을 말한다』, 서울: 오름, 2012.

강은숙·김종석, 『엘리너 오스트롬, 공유의 비극을 넘어』, 서울: 커뮤니케이션북스, 2016.

김기섭, 『깨어나라 협동조합-더 좋은 세상을 만드는 정직한 노력』, 파주: 들녘, 2013.

김기태 외, 『협동조합 키워드 작은 사전』, 서울: 알마, 2014.

김기호 외, 『우리, 마을 만들기』, 고양: 나무도시, 2012.

김명용 외, 『조직신학적 관점에서 본 하나님의 경제Ⅱ』, 용인: 킹덤북스, 2014.

김명훈, 『카키스토크라시』, 서울: 비아북, 2021.

김성기 외, 『사회적경제의 이해와 전망』, 홍천: 아르케, 2014.

김영진, 『시장자유주의를 넘어서: 칼 폴라니의 사회경제론』, 파주: 한울, 2005.

김의영·미우라 히로키 외, 『한·중·일 사회적경제 Mapping』, 과천: 진인진, 2015.

김정원·이성조, 『사회적 프랜차이징 입문』, 홍천: 아르케, 2013.

김재훈, 『사민주의 복지국가와 사회적 경제』, 파주: 한울, 2013.

김형미 외, 『한국 생활협동조합운동의 기원과 전개』, 파주: 푸른나무, 2012.

노영상, 『마을교회 마을목회 이론편』, 서울: 한국장로교출판사, 2018.

노영상, 『마을교회 마을목회 실천편』, 서울: 한국장로교출판사, 2018.

노영상, 『마을교회 개론』, 용인: 킹덤북스, 2020.

노영상, 『온누리교회의 더 멋진 세상 만들기 선교』, 킹덤북스, 2020.

노영상·김도일, 『마을을 품고 세상을 살리는 프런티어 목회』, 쿰란, 2021.

류정아, 『마르셀 모스, 증여론』, 서울: 커뮤니케이션북스, 2016.

목수정, 『파리의 생활좌파들』, 서울: 생각정원, 2015.

민중교회자료집편집위원회, 『민중의 교회, 민족의 희망』, 한국민중교회운동연합자료집, 1996.

박종삼 외, 『마을목회와 지역사회복지』, 서울: 동연, 2019.

박찬웅, 『시장과 사회적 자본』, 서울: 그린, 2006.

박흥수 외, 『공유가치창출전략』, 서울: 박영사, 2016.

새세대 교회윤리연구소, 『공공신학이란 무엇인가?』, 서울: 북코리아, 2007.

성석환, 『지역공동체와 함께 하는 교회의 새로운 도전들』, 서울: 나눔사, 2020.

신성식, 『새로운 생협운동의 미래』, 파주: 푸른나무, 2011.

심상달 외, 『사회적경제 전망과 가능성』, 서울: 에딧더월드, 2015.

심성보 외, 『마을교육공동체운동』, 서울: 살림터, 2019.

오영호, 『신뢰경제의 귀환』, 서울: 메디치, 2013.

우양우 외, 『우리는 마을에 산다』, 서울: 살림터, 2018.

유석춘 외, 『사회자본 이론과 쟁점』, 서울: 그린, 2003.

윤형근, 『협동조합의 오래된 미래 선구자들』, 홍성: 그물코, 2013.

영등포산업선교회40년사기획위원회, 『영등포산업선교회 40년사』, 서울: 영등포산업선교회, 1998.

이경숙, 『산타와 그 적들』, 서울: 굿모닝미디어, 2013.

이도영, 『코로나19 이후 시대와 한국교회의 과제』, 서울: 새물결플러스, 2020.

이민화, 『호모 모빌리언스』, 서울: 북콘서트, 2012.

이윤재, 『성경 속의 경제학』, 서울: 숭실대학교출판부, 2004.
이윤재·강달원·이화진, 『나눔과 상생의 경제: 사회적 기업』, 서울: 탑북스, 2012.
이원돈, 『마을이 꿈을 꾸면 도시가 춤을 춘다』, 서울: 동연, 2011.
이재민, 『마을 공동체 만들기』, 서울: 커뮤니케이션북스, 2019.
이현웅, 『기독교 협동조합』, 서울: 쿰란출판사, 2021.
임동욱, 『소통과 협력의 진화』, 서울: 커뮤니케이션북스, 2015.
장종익, 『협동조합 비즈니스 전략』, 서울: 동하, 2014.
전택부, 『한국 기독교청년회 운동사』, 서울: 범우사, 1994.
정기석, 『사람 사는 대안마을』, 창원: 피플파워, 2014.
정기석·송정기, 『마을학개론』, 전주: 전북대학교출판문화원, 2019.
정원오, 『도시의 역설, 젠트리피케이션』, 서울: 후마니타스, 2016.
정윤성, 『마을기업 희망 공동체: 농촌을 살리는 대안경제』, 서울 : 씽크스마트, 2013.
정재영·조성돈, 『더불어 사는 지역공동체 세우기』, 서울: 예영커뮤니케이션, 2010.
정태인·이수연, 『정태인의 협동의 경제학』, 서울: 레디앙, 2013.
조동성 외, 『자본주의 5.0』, 서울: Weekly BIZ, 2017.
주성수, 『사회적 경제 이론, 제도, 정책』, 서울: 한양대학교출판부, 2010.
KBS사회적자본제작팀, 『사회적 자본』, 고양: 문예춘추사, 2011.
차두원·진영현, 『초연결시대, 공유경제와 사물인터넷의 미래』, 서울: 한스미디어, 2017.
최낙삼·백동현, 『CSV, 기업은 어떻게 공유가치를 만들 수 있는가』, 서울: 커뮤니케이션북스, 2017.
최배근, 『탈공업화와 무형재경제 그리고 협력의 경제학』, 서울: 집문당, 2015.
최 영, 『공유와 협력, 소셜 미디어 네트워크 패러다임』, 커뮤니케이션북스, 2013.
최정규, 『이타적 인간의 출현』, 서울: 뿌리와 이파리, 2010.
한경호 외, 『마을을 일구는 농촌교회들』, 서울: 동연, 2019.
한국농어촌사회연구소 한국가톨릭농민회, 『지역사회 지배구조와 농민』 (서울: 연구사, 1990

한국기독교사회복지실천학회, 『마을목회와 지역사회복지』, 서울: 총회한국교회연구원, 2019.

번역서

니시야마 야스오 & 니사야마 야에코, 김영훈·김기수·최광복 옮김, 『영국의 거버넌스형 마을 만들기』, 서울: 기문당, 2009.
마헤슈와라난다 다나, 칫따란잔아난다 다다 옮김, 『자본주의를 넘어』, 서울: 한살림, 2014.
사이토 요시아키, 다나카 히로시 옮김, 『현대일본생협운동소사』, 홍성: 그물코, 2012.
타나카 나츠코, 이성조 옮김, 『이탈리아 사회적경제의 지역전개』, 홍천: 아르케, 2014.

Anderson, Chris. 정준희 옮김, 『프리: 비트 경제와 공짜 가격이 만드는 혁명적 미래』, 서울: 랜덤하우스, 2009.
Axelrod, Robert. 이경식 옮김, 『협력의 진화』, 시스테마, 2012.
Bauer, Joachim. 이미옥 옮김, 『인간을 인간이게 하는 원칙』, 서울: 에코리브르, 2007.
Benkler, Yochai. 이현주 옮김, 『펭귄과 리바이어던: 협력은 어떻게 이기심을 이기는가』, 서울: 반비, 2013.
Birchall, Johnston. 장종익 옮김, 『21세기의 대안 협동조합운동』, 서울: 들녘, 2003.
Boiler, David. 배수현 옮김, 『공유인으로 사고하라』, 서울: 갈무리, 2015.
Bowles, Samuel. & Gintis, Herbert. 최정규 옮김, 『협력하는 종』, 서울: 한국경제신문, 2016.
Buchanan, Mark. 김희봉 옮김, 『사회적 원자』, 서울: 사이언스북스, 2017.

Cole, G. D. H., 정광민 옮김, 『영국 협동조합의 한 세기』 (홍성: 그물코, 2015)
Dawkins, Richard. 홍영남·이상임 역, 『이기적 유전자』, 서울: 을유문화사, 2011.
Eliade, Mircea. 이동하 옮김, 『성과 속: 종교의 본질』, 서울: 학민사, 1988.
Gandhi, Mahatma. 김태언 옮김, 『마을이 세계를 구한다』, 서울: 녹색평론사, 2011.
Jarvis, Jeff. 위선주 옮김, 『공개하고 공유하라』, 서울: 청림출판, 2013.
Katz, Leonard D. 김성동 옮김, 『윤리의 진화론적 기원』, 서울: 철학과현실사, 2007.
Kreider, Alan. 박삼종 외 옮김, 『회심의 변질』, 대전: 대장간, 2013.
Mauss, Marcel. 류정아 옮김, 『증여론』, 서울: 지식을만드는지식, 2011.
McLeod, Andrew. 홍병룡 옮김, 『협동조합, 성경의 눈으로 보다』, 서울: 아바서원, 2013.
Nowak, Martin & Highfield, Roger. 허준석 옮김, 『초협력자』, 서울: 사이언스북스, 2012.
Ostrom, Elinor. 윤홍근·안도경 옮김, 『공유의 비극을 넘어』, 서울 : 랜덤하우스코리아, 2010.
Payne, Keith. 이영아 옮김, 『부러진 사다리』, 서울: 와이즈베리, 2017.
Polanyi, Karl. 홍기빈 옮김, 『거대한 전환』, 서울: 길, 2009.
Putnam, Robert D. 정승현 옮김, 『나 홀로 볼링』, 서울 : 페이퍼로드, 2018.
Ridley, Matt. 신좌섭 옮김, 『이타적 유전자』, 서울: 사이언스북스, 2017.
Ruskin, John. 김석희 옮김, 『나중에 온 이 사람에게도, 생명의 경제학』, 서울: 느린걸음, 2007.
Sennett, Richard. 유병선 옮김, 『뉴캐피털리즘: 표류하는 개인과 소멸하는 열정』, 서울: 위즈덤하우스, 2009.
Sennett, Richard. 김홍식 옮김, 『장인』, 파주: 21세기북스, 2011.
Sennett, Richard. 김병화 옮김, 『투게더』, 서울: 현암사, 2013.
Schuyt, Theo N. M, 박상은 옮김, 『이타주의자의 시대』, 서울: 경향신문사, 2017.
Simmel, Georg. 김덕영 옮김, 『돈의 철학』, 서울: 길, 2013.
Singer, Peter. 이재경 옮김, 『효율적 이타주의자』, 파주: 21세기북스, 2016.

Singer, Peter & Elster, Jon. 유강은 옮김, 『기빙웰』, 서울: 이매진, 2017.
Smith, Adam. 최호진·정해동 옮김, 『국부론』, 서울: 범우사, 1993.
Stephany, Alex. 위대선 옮김, 『공유경제는 어떻게 비즈니스가 되는가』, 서울: 한스미디어, 2017.
Stewart, Matthew. 이승연 옮김, 『부당세습』, 서울: 이음, 2005.
Sundararajan, Arun. 이은주 옮김, 『4차 산업혁명시대의 공유경제』, 파주: 교보문고, 2018.
Tomasello, Michael. 유강은 옮김, 『도덕의 기원』, 서울: 이데아, 2018.
Walljasper, Jay. 박현주 옮김, 『우리가 공유하는 모든 것』, 서울: 검둥소, 2013.
Weber, Max. 김덕영 옮김, 『프로테스탄티즘의 윤리와 자본주의 정신』, 서울: 길. 2010.
Zamagni Stefano. & Zamagni Vera. 송성호 옮김, 『협동조합으로 기업하라』, 서울: 북돋움. 2013.

원서

Akpoghor, P. S., *Selected Essays on Co-operatives Theory and Practice*, Marburg: Marburg Consult for Self-Help Promotion. 1993.
Battilani P. & Schröter H. G., *The Cooperative Business Movement, 1950 to the Present*, Cambridge: Cambridge University Press, 2012.
Benkler, Yochai. *The Wealth of Network: how social production transforms markets and freedom*. New Haven : Yale University Press, 2006.
Brock, Gillian. *Global Justice*. New York, Oxford University Press, 2009.
Davis J. B. & Dolfsma, W. *The Elgar Companion to Social Economics*. Cheltenham : Edward Elgar, 2008.
Kropotkin, Petr. *Mutual Aid: A Factor of Evolution*, Boston: Extending Horizons Books, 1919.
Merrett C. D. & Walzer, N., ed, *Cooperatives and Local Development* (New

York: M. E. Sharp, Inc, 2004.
Scott, Allen J., *Social Economy of the Metropolis*, New York, Oxford University Press, 2008.
Tuunanen M. & Windsperger J. & Cliquet G. & Hendrikse, G., *New Developments in the Theory of Networks*, Physica-Verlag, 2011,
Toffler, Alvin. & Toffler, Heidi, *Revolutionary wealth*. New York : Knopf, 2006.

학술논문

강남훈·권정임, "공유경제와 기본소득-제임스 미드의 아가싸토피아를 중심으로," 『한국사회경제학회 2016 봄 학술대회 자료집』 (2016), 57-87.
강정희, "기독교윤리적 관점에서 본 공유의 경제와 협동조합," 『신학과사회』 30/4 (2016).
고성휘, "교회의 마을목회 전환과 마을공동체 교육에 있어서의 활동유형 연구," 『종교교육학연구』 66 (2021), 187-203.
고재길, "협동조합의 기독교사회윤리적 함의," 『선교와 신학』 38 (2016), 159-191.
김경진, "고린도교회에서 발생한 빈부 간의 경제적 갈등과 처방: 사회갈등의 원인과 그 해결을 위한 신약윤리적 대안," 『신약논단』 18/2 (2011), 599-629.
김경희, "사회적 경제를 통한 지역혁신의 가능성과 한계: 마을기업과 협동조합을 중심으로," 『공공사회연구』 3/2 (2013. 8).
김기태, "협동조합과 지역사회 공동체발전을 위한 협동조합의 역할 2: 도시지역의 경우," 『사목정보』 6/4 (2013. 4), 115-119.
김도일, "마을목회, 마을학교에 관한 기독교교육적 고찰," 『기독교교육논총』 59 (2019. 9).
김도일, "기독교의 공공성과 마을목회의 기독교교육적 함의," 『종교교육학연구』 70 (2022. 8).
김득중, "신약성서의 경제윤리," 『신약논단』 4 (1998), 11-26.

김성례, “증여론과 증여의 윤리,” 『비교문화연구』 11 (2005. 1).
김성오, “고용창출 사례: 스페인 몬드라곤 협동조합,” 『노동리뷰』 99 (2013. 6)
김인겸 외, “사회적협동조합의 효율적 운영을 위한 기대수익 분석,” 『한국콘텐츠학회논문지』 15/12 (2015. 12).
김태경, “시편의 경제 신학 및 경제 윤리에 관한 연구,” 『한국기독교신학논총』 82/1 (2012), 75-98.
김판임, “신약성서의 정의 이해: 예수와 바울을 중심으로,” 『신약논단』 23/1 (2016), 47-83.
김현대, “협동조합 참 좋다.” 대한예수교장로회총회사회봉사부, 『교회와 협동조합 세미나 자료집』, 2013.
김학철. “정의롭고 선한 포도원 주인의 비유: 정의와 호혜의 관점에서 마태복음 20장 1-16절 읽기,” 『신약논단』 23/4 (2016), 895-931.
김현숙, “일제하 민간 협동조합 운동에 관한 연구,” 『사회와 역사』 9 (1987).
김형미, “협동조합운동에 스며든 기독교사상,” 『기독교사상』 655 (2013. 7), 9-21.
김형미, “공동체운동이란 무엇인가: ‘한국생활협동조합운동’을 중심으로,” 『황해문화』 80 (2013. 9).
김혜령, “마을공동체운동과 마을교회,” 『기독교사회윤리』 27, (2013. 12).
민슬기·박병호, “신기술로서 소비자의 공유경제 플랫폼의 수용에 영향을 미치는 요인들에 대한 분석: 차량 승차공유 서비스 플랫폼을 중심으로,” 『2019년 한국경영정보학회 추계학술대회 자료집』 (2019).
박만준, “사회생물학적 인간학에 대한 비판적 고찰,” 『철학논총』 68 (2012. 4).
박세진, “선물과 이름: ‘근본적인 인정 행위’로서의 증여,” 『비교문화연구』 22/1 (2016. 1).
박승탁, “마을목회에 대한 교회사회복지의 실천 방안 고찰,” 『신학과 목회』 53 (2020. 6).
박정호, “마르셀 모스의 증여론”, 『문화와 사회』 7 (2009. 11).
손영창, “데리다의 증여이론,” 『대동철학』 76 (2016. 9).
손 신, “지역사회와 함께 하는 교회의 실천 모델과 사례분석,” 『한국기독교신학논총』 77 (2011. 10), 291-315.

손은정, "우리나라 협동조합운동의 실태와 한계, 그리고 과제: 영등포산업선교회를 중심으로," 『기독교사상』 655 (2013. 7), 50-65.

송시형, "한국협동조합운동 현황과 전망," 『글로벌사회복지연구』 4/2 (2014. 12), 121-138.

송인설, "이중직 목회를 위한 목회 모델 연구: 선교적 교회와 협동조합을 중심으로," 『장신논단』 49/1 (2017). 173-196.

신창환, "사회적 경제의 실천 조건과 정책을 통해 본 사회적 협동조합의 과제," 『사회과학 담론과 정책』 8/2, (2015. 10).

오명석, "선물의 혼과 신화적 상상력: 모스 『증여론』의 재해석," 『한국문화인류학』 43/1 (2010. 1).

유영훈, "협동조합 사례: 도시빈민을 위한 가톨릭 협동조합운동인 명례방협동조합," 『한국협동조합연구』 33/2 (2015).

윤길순·최우석, "사회 돌봄 서비스를 제공하는 사회적 협동조합의 거버넌스에 관한 탐색적 연구," 『사회경제평론』 47, (2015).

윤덕영, "1920년대 초반 협동조합운동론의 형성과 특징," 『역사문제연구』 39 (2018).

이경란, "한국 근현대 협동운동의 역사와 생활협동조합," 『역사비평』 (2013. 2), 40-71.

이두희, "누가-행전에 나타난 나눔의 윤리," 『신약논단』 18/3 (2011), 717-751.

이명환, "슐쩨-델리취와 협동조합운동," 『서양사연구』 10 (1989).

이박행, "농촌마을목회-복내산촌생태마을 사례중심으로," 『종교문화학보』 18/2 (2021), 82-87.

이상봉, "이탈리아 사회적 협동조합의 이론적·실천적 의미: 공생의 지역사회 만들기의 관점에서," 『로컬리티 인문학』 16 (2016. 10).

이상호, "창조경제 시대의 협동조합," 『경남발전』 125 (2013. 9), 44-51.

이승길, "공유지의 비극과 관광공유재의 함수관계," 『관광연구저널』 31/5 (2017. 5), 75-87.

이승문, “로마공동체의 경제적 갈등과 공존: 로마서 14:1-15:13, 15:25-16:2을 중심으로,” 『신약논단』 18/2, (2011), 557-598.

이종록, “고대 이스라엘에서의 파산(破産)과 회생(回生)제도-레위기 25장을 중심으로,” 『종교연구』 43(2006). 1-20.

이종원, “기독교협동조합의 가능성,” 『신학과사회』 30/2 (2016).

이종원, “성서적 관점에서 본 협동조합운동,” 『신학과사회』 31/4 (2017).

이종원, “기독교 윤리적 관점에서 본 사회적 협동조합,” 『기독교사회윤리』 37 (2017. 4).

이종원, “협력과 호혜의 윤리-공유의 비극을 넘어 협력과 호혜의 경제공동체에로,” 『기독교사회윤리』 44, (2019. 8).

이종원, “협동조합의 정의와 가치, 그리고 이념,” 『농촌과 목회』 83 (2019. 9).

이종원, “기독교 윤리적 관점에서 본 공유경제,” 『기독교사회윤리』 50 (2021. 8).

이종원, “언택드 시대의 상생의 윤리,” 『기독교사회윤리』 52 (2022. 4).

이종원, “기독교 윤리적 관점에서 본 마을공동체 운동,” 『기독교사회윤리』 55 (2023. 4).

이철선, “고용복지 대안수단으로서 사회적 협동조합의 가능성진단,” 『보건복지포럼』 197 (2013. 3).

이항규, “1920년대 한국협동조합운동의 실태: 협동조합운동사, 함창협동조합, 평안협동조합을 중심으로,” 『한국협동조합연구』 3 (1985).

이혁배, “협동조합의 한계와 가능성,” 『기독교사상』 655 (2013. 7), 206-217.

장윤재, “피케티의 『21세기 자본』과 신학의 응답,” 『신학과교회』 3 (2015), 273-316.

전중환, “진화생물학의 은유–‘이기적인 유전자’와 ‘스팬드럴’을 중심으로,” 『대동철학』 54 (2011. 3).

정재돈, “왜 협동조합인가?,” 『사목정보』 5/10 (2012.10), 106-110.

정재돈, “가톨릭교회의 가르침과 협동조합운동의 전망,” 『사목정보』 5/12 (2012. 12), 105-110.

정재돈, “한국의 협동조합운동과 국내외 협동조합 모범사례,” 『사목정보』 5/12 (2012. 12).

정재영, “협동조합운동의 기독교적 가치와 선교적 가능성,” 『기독교사상』 655 (2013. 7), 42-49.

정헌목, “증여의 네 번째 의무,” 『비교문화연구』 24/2, (2018. 8).

조미형, “지역사회복지실천모델로서 사회적협동조합의 가능성 탐색,” 『농촌지도와 개발』 21/3 (2014).

조용훈, “협동조합운동에 대한 기독교윤리적 이해,” 『기독교사회윤리』 33 (2015. 12), 349-377.

조용훈, “지역공동체운동을 통한 농촌교회 활성화 방안-마을기업을 중심으로,” 『장신논단』 49/4 (2017), 166-189.

조용훈, “사회윤리적 관점에서 본 지역교회의 마을공동체 운동,” 『선교와 신학』 44 (2018), 43-70.

조우석, “또 다른 세상을 가능케 하는 힘: 우리가 협동조합에 주목해야 하는 이유,” 『우리교육』 251 (2013. 3).

조태연, “갈릴리의 경제학,” 『신약논단』 4 (1998). 62-88.

최경석, “기독교 사회윤리학에서 바라본 한국 개신교의 경제운동에 대한 평가,” 『기독교사회윤리』 42 (2018).

최혁진, “사회적 협동조합의 등장과 교회의 역할,” 『기독교사상』 655, (2013. 7).

하승우, “협동조합운동의 흐름과 비판적 점검,” 『문화과학』 73 (2013. 3), 91-109.

한경호, “한국 기독교 협동조합운동의 역사와 성격,” 『기독교사상』 655 (2013. 7), 22-40.

한규무, “1950년대 기독교연합봉사회의 농민학원 설립과 운영,” 『한국기독교와 역사』 33 (2010),

허광진, “공유자원은 어떻게 관리해야 하나,” 『산위의 마을』 38 (2020. 6), 84-90.

Bowen, Eugene Rider. “Social Implications of the Cooperative Movement,” *American Catholic Sociological Review* 2/4 (1941. 12).

Brooks, Jonathan. “Be a neighbor,” *U.S. Catholic* 84/10 (2019. 10).

Estey, Ken. “Cooperative Ownership: Reconsidering a Social Gospel

Legacy," *Baptist History and Heritage* 35/2 (2000). 37-48.

Fisher, Galen Merriam. "Kagawa and Co-operative Societies as an Economic Panacea," *International Review of Mission,* 27/4 (1938. 10).

Mashdurohatun, Anis. & Halomoan, Kumia. "The Urgency of the Public Police of the Construction Service Cooperatives in Realizing the Welfare of the Community Based on Justice Value," Hamdard Islamicus, 43/1 (2020), 355-367.

Michel, Virgil George. "The Cooperative Movement and the Liturgical Movement," *Orate Fratres* 14/4 (1940). 152-160.

Nilsson, J. & G. Hendrikse. "Gemeinshaft and Gesellschaft in Cooperatives." Tuunanen, M. & Windsperger, J. & Cliquet, G. & Hendrikse, G. *New Developments in the Theory of Networks*. New York : Springer. 2011. 339-352.

Pembroke, Neil. "Trust and Moral Commitment in Co-operative Business: A Covenantal Perspective," *Practical Theology* 6/3 (2013).

Olney, Fred. & Burton, Lewis M., "Parish church and village community: the interchange of social capital in a rural setting," *Rural Theology* 9/1 (2011), 27-38.

Schirber, Martin Edward. "Cooperatives and the Problem of Poverty," *American Catholic Sociological Review* 6/1 (1945. 3).

Symons, W G. "The Social Significance of Co-operative Societies," *International Review of Mission*, 27/ 4 (1938. 10).

고용노동부 2023. 9. 1. 보도자료 〈제4차 사회적 기업 기본계획 발표〉

https://www.socialenterprise.or.kr/social/board/view.do?m_cd=D020&board_code=BO06&category_id=&seq_no=250087&pg=&search_type=&search_word= (검색 2023년 11월 30일)

https://www.socialenterprise.or.kr/index.do (검색 2023년 11월 30일)

색인

ㅇ

ㅈ

ㅊ

ㅋ

영문

저자 소개

이종원

숭실대학교 철학과(B. A), 장로회신학대학원(M. Div.), 연세대학교 연합신학대학원(Th. M)에서 수학한 후 숭실대학교 대학원(Ph. D.)에서 기독교윤리학으로 철학박사 학위를 받았다. 숭실대학교 베어드학부대학 조교수를 거쳐 지금은 계명대학교 타불라라사대학에 재직하면서 교목실장과 연합신학대학원장 직무대리를 맡고 있으며, 한국연구재단 등재 학술지 『기독교사회윤리』를 발간하는 한국기독교사회윤리학회의 학회장을 맡고 있다. 저서로는 『기독교윤리로 보는 현대사회』, 『기독교 생명윤리, 『희생양과 호모 사케르』(2020년 세종 우수학술 도서 선정), 『선한 영향력과 서번트 리더십』 등이 있으며, 그 외 다수의 공저가 있다.

저서 목록

공저, 『성서다시보기』, 숭실대학교출판부, 2008

『기독교윤리로 보는 현대사회』, 북코리아, 2011.

『기독교 생명윤리』, 북코리아, 2013.

『희생양과 호모 사케르』, 계명대학교출판부, 2019.

『선한 영향력과 서번트 리더십』, 계명대학교출판부, 2021.

이종원, 류은숙 공역, 『히포크라테스와 생명윤리, 북코리아, 2013.

공저, 『가치가 이끄는 삶』, 동연, 2013.

공저, 『능력주의의 함정』, 새물결플러스, 2023.